Nuances of Latin American Art

Matices del arte en América Latina

Andrea
Hineregger
De Mayo

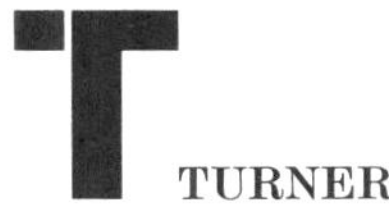

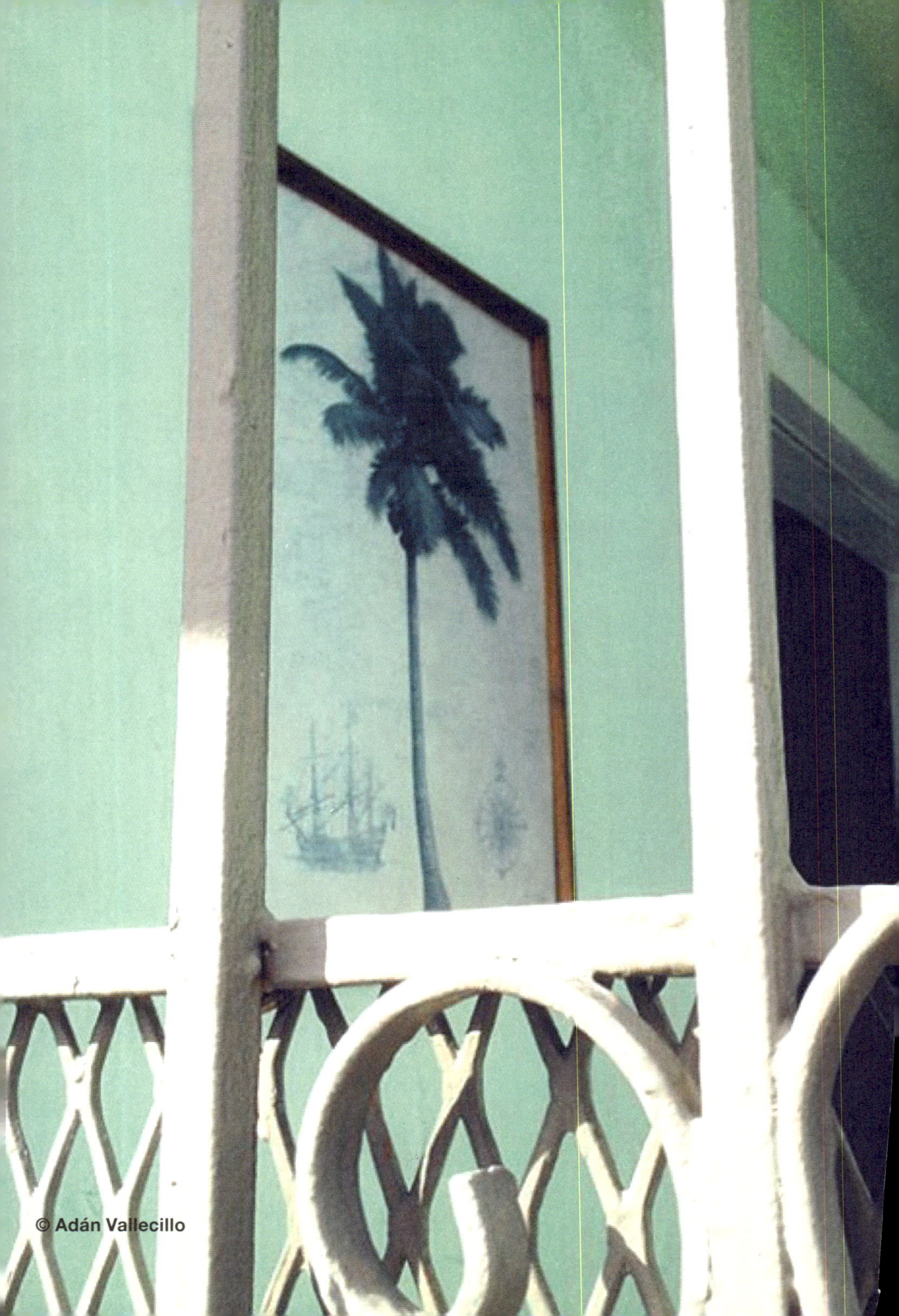

© Adán Vallecillo

Contents   Índice

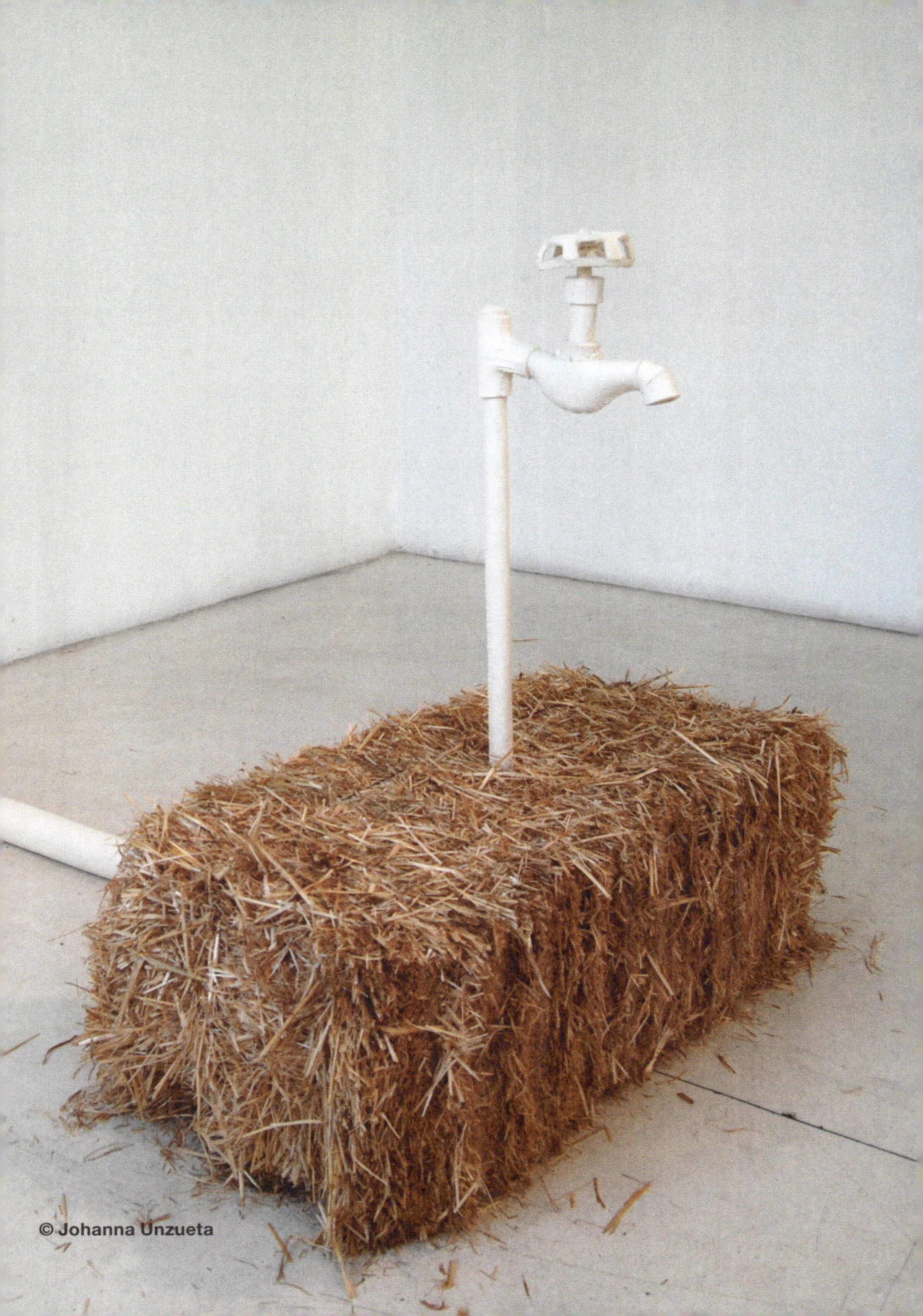
© Johanna Unzueta

Introduction / Introducción

EN Latin America has long been portrayed to the outside world through stereotype and myth. It started back in the 16th century when El Dorado, the mirage of a golden king in a golden city, first excited the greed of the Spanish conquistadores. Back in Europe, idealized accounts of the Inca and Mayan civilizations inspired Thomas More's *Utopia.* The West has both plundered and been dazzled by Latin America ever since.

Duncan Green and Sue Branford

ES Latinoamérica ha sido retratada desde hace mucho tiempo por el resto del mundo a través de estereotipos y mitos. Todo empezó en el siglo XVI cuando El Dorado, el espejismo de un rey de oro en una ciudad de oro, despertó la avaricia de los conquistadores españoles. En Europa, los relatos idealizados de las civilizaciones inca y maya inspiraron la *Utopía* de Tomás Moro. Desde entonces, Occidente ha saqueado Latinoamérica a la vez que se ha visto deslumbrado por esta.

Duncan Green y Sue Branford

About the Author

Andrea Hinteregger De Mayo

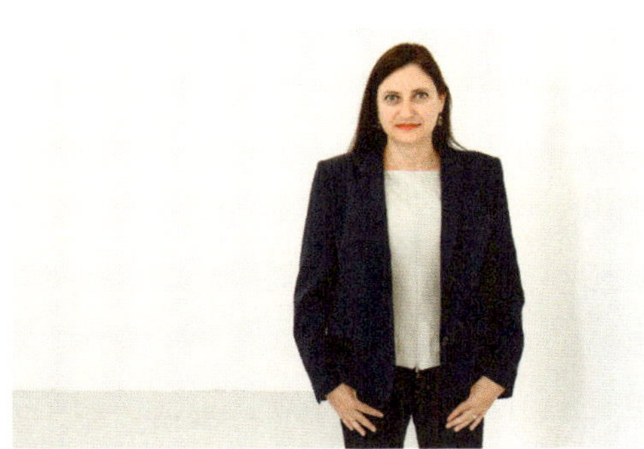

EN   Andrea Hinteregger De Mayo has nineteen years of experience in the art market. She currently works at Mai 36 Galerie, Zurich, as director of Latin American art. She is also the founder and director of Artrepco, an independent consulting firm at the interface between culture and art. Artrepco offers customized services for collectors, companies, foundations, artists, and academic institutions, in the fields of art consulting, arts management, intercultural investigations, project planning, and research.

In 2016, she curated the show *Everyday Alchemy* with nine Latin American artists at the gallery Von Bartha, Basel.

Between 2009 and 2015, she was a director and cofounder of Christinger De Mayo in Zurich, a gallery that became a well-established platform for artists from Europe and Latin America with the aim of building bridges between the two continents. She has curated art exhibitions in Switzerland, United Kingdom, Mexico, and Brazil. Since 2012, she has been a guest lecturer on Art Market Studies at the University of Zurich and has supervised seven postgraduate theses, three on Latin America.

Sobre la autora

Andrea Hinteregger De Mayo

ES   Andrea Hinteregger De Mayo cuenta con diecinueve años de experiencia en el mercado del arte. Actualmente trabaja en Mai 36 Galerie, Zúrich, como directora de la sección de arte latinoamericano. Además, es la fundadora y directora de Artrepco, una consultora independiente en el campo de la interacción entre cultura y arte. Artrepco ofrece servicios personalizados a coleccionistas, empresas, fundaciones, artistas e instituciones académicas en las áreas de consultoría de arte, gestión de las artes, investigaciones interculturales, planificación de proyectos e investigación.

En 2016 curó la exposición *Everyday Alchemy* con nueve artistas latinoamericanos en la galería Von Bartha, de Basilea.

Entre 2009 y 2015, Hinteregger De Mayo fue cofundadora y directora de la galería Christinger De Mayo en Zúrich, una plataforma sólidamente establecida para artistas de Europa y de Latinoamérica con el objetivo de tender puentes entre los dos continentes. Ha sido curadora de exposiciones de arte en Suiza, Reino Unido, México y Brasil. Desde 2012 es docente invitada de la Universität Zürich para el programa de posgrado en Estudios de Mercado del Arte y ha supervisado siete tesis de maestría, tres de ellas sobre Latinoamérica.

What is Latin American Art?

Let's start with a question: Is there such a thing as Latin American art? Does it need this label in a global art world?

It is, of course, clear that there is no such thing, just as there is no African or European art. It would be interesting though to include Caribbean art (which of course doesn't exist either), and talk about specific forms of creolization – in the way that Édouard Glissant means it – from a global perspective that is not just Western. If we look at different artistic expressions in different local contexts within a geo-graphic and linguistic area called Latin America, the insights we get are very interesting. It might remind us of a kalei-doscope, an ever changing, glittering flux of perspectives on a fluid carrier medium.

Through extensive field research involv-ing travel in Argentina, Brazil, Colombia, Honduras, Mexico, and Peru, I have been seeking to answer these questions and go into the "Looking Glass." In order to learn about local traditions, I have explored a small portion of the Amazonas on the border of Tres Fronteras, and stayed with an indigenous family on one of the islands of Lake Titicaca. Additionally, in Peru I visited the art school in Cusco, which is famous for the Cuzco School paintings. Whether in rural settings or the urban landscapes of Latin America, my approach has always been to be humble, to listen and learn, aware that my perspective is that of a Western woman.

The discovery of immense cultural diversity broadened my horizons intensely. In order to develop an understanding of Latin American art, I have realized that attempting to describe it requires an open mind that stretches beyond any preconceived Eurocentric notions. Only then it is possible to appreciate the enormous variety of artistic expressions and contexts throughout multiple Latin American regions.

The projects described here reflect fifteen collaborations that were carried out over a period of six years, and which involved thirty-four artists. In some cases, the exchanges included galleries in various Latin American countries. The themes explored were diverse and varied. They ranged from the abstract and highly con-ceptual to the more tangible and material. Together, the culminating exhibitions have each contributed to exploring essential questions about Latin American art. The answers, however, are far from sim-ple or complete. Beyond the collection gathered here, the process of discovery continues. So far, I have only witnessed the seedlings of my understanding beginning to emerge. During the process of trying to better understand Latin American art, and through producing exhibitions in Switzerland, as well as curating content in Mexico City and Brazil, it has become clear that cultural bridges can be built through the universal interests that inform artistic expression. These successful projects have demonstrated enormous potential for future artistic collaborations of all sorts. The possibilities are endless.

Andrea Hinteregger De Mayo, 2018

¿Qué es el arte latinoamericano?

Comencemos con una pregunta: ¿Existe algo que pueda llamarse arte latinoamericano? ¿Se necesita esta etiqueta en un mundo de arte globalizado?

Evidentemente, no existe tal cosa, como tampoco existe el arte africano ni el europeo. Sería interesante, sin embargo, incluir el arte caribeño (que, por cierto, tampoco existe) y hablar de formas específicas de "criollización" –en el sentido que le da Éduoard Glissant– desde una perspectiva global que no es solo occidental. Si observamos las diferentes expresiones artísticas en sus distintos contextos locales dentro del área geográfica y lingüística llamada Latinoamérica, los resultados son muy interesantes. Quizá sea algo parecido a un caleidoscopio, un fluir continuo y destelleante de perspectivas en un medio líquido.

Mediante un exhaustivo trabajo de campo en Argentina, Brasil, Colombia, Honduras, México y Perú, he intentado encontrar la respuesta a estas preguntas atravesando, como Alicia, el espejo. Para aprender sobre las tradiciones locales, he explorado un rincón del Amazonas en el límite de las Tres Fronteras y me he hospedado con una familia indígena en una de las islas del lago Titicaca. En el Perú visité la escuela de artes de Cusco, famosa por sus pinturas. Tanto en estos entornos rurales como en los paisajes urbanos, mi enfoque ha sido siempre ser siempre humilde, escuchar y aprender, consciente de que mi perspectiva es la de una mujer occidental.

El descubrimiento de esta inmensa diversidad cultural amplió intensamente mis horizontes. Para poder entender el arte latinoamericano, me he dado cuenta de que describirlo requiere de una mente abierta que va más allá de cualquier concepto eurocéntrico preconcebido.

Los proyectos descritos en este libro reflejan quince colaboraciones a lo largo de un periodo de seis años, que involucraron a treinta y cuatro artistas. En algunos casos, los intercambios incluyeron galerías en algunos países de Latinoamérica. Los temas que abordamos fueron diversos y abarcaron desde lo abstracto y muy conceptual hasta lo más tangible y material. Juntas, las exposiciones de estos proyectos han contribuido a la indagación en cuestiones fundamentales sobre el arte latinoamericano. Pero las respuestas distan de ser sencillas o completas. Más allá de los proyectos reunidos aquí, el proceso de exploración continúa. Hasta la fecha, apenas estoy comenzando a ver brotar las semillas de mi conocimiento. Durante el proceso de intentar entender mejor el arte latinoamericano y de organizar exposiciones como curadora, ha resultado evidente que los puentes culturales pueden construirse al unir los intereses universales que impulsan la práctica artística. Estos exitosos proyectos han demostrado el enorme potencial de seguir generando todo tipo de colaboraciones artísticas en el futuro. Las posibilidades son ilimitadas.

Andrea Hinteregger De Mayo, 2018

2016

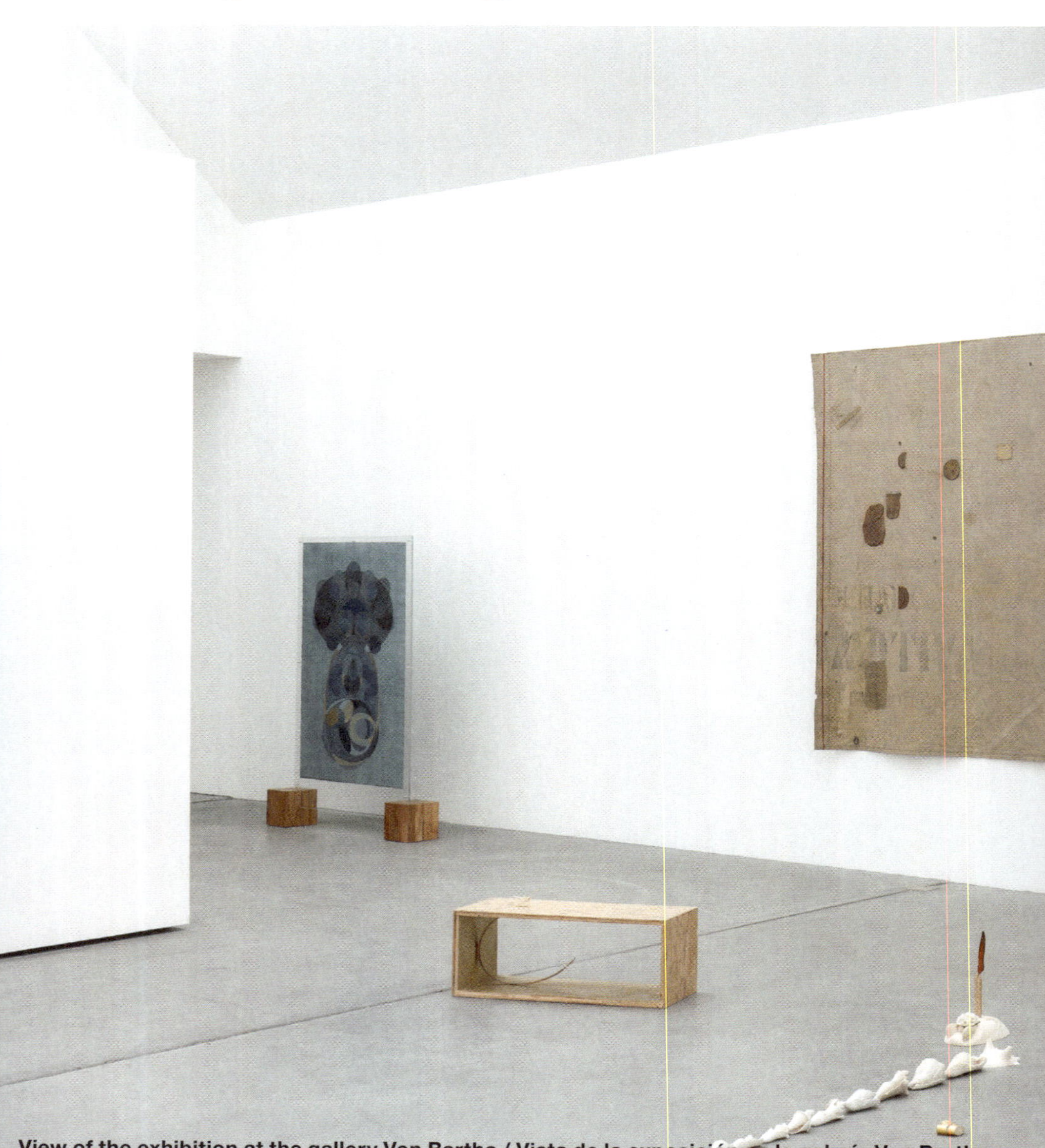

View of the exhibition at the gallery Von Bartha / Vista de la exposición en la galería Von Bartha
Johanna Unzueta, Omar Barquet, Montez Magno

Everyday Alchemy

Alquimia del día a día

Adán Vallecillo — Honduras

Michael Günzburger — Switzerland

Bruno Baptistelli — Brazil

Monika Bravo — Colombia

Elena Damiani — Peru

Montez Magno — Brazil

Engel Leonardo — Dominican Republic

Omar Barquet — Mexico

Johanna Unzueta — Chile

Otto Berchem — USA-Colombia

EN   The 3rd Havana Biennial held in Cuba in 1989 was a site and a moment of remappings. Not only did the event coincide with the fall of the Berlin Wall together with the ideological and territorial frontiers solidified during the Cold War years. It has since been credited with broadening the global scope of what was considered contemporary art by impelling a shift of focus onto this socialist island in the Caribbean Sea. Given this spirit of interchange between artists from countries beyond the conventional remit of metropolitan centers, it seems fitting that the work that Brazilian artist Montez Magno exhibited at the biennial that year was a large-scale installation entitled *Caribe* (1989). Like a giant textile map made up of strips and fragments all stitched and frayed, Magno's work offered a rich cartography of metaphors. It conjured shifting frontiers, diminutive islands, isolation and interconnection: a sea-soaked archipelago shaped by human landings.

As this same work resurfaces today, in the "island" of Switzerland, it does so amid new settings. The recent rapprochement between the United States and Cuba has once again redirected ideological currents and it is beginning to generate new flows of transnational capital that had long been staunched. At the same time, art produced in and on Latin America no longer dwells on the peripheries of the global map of contemporary art but has been made increasingly visible. In this context, we might ask on what journeys the artworks gathered here under the framework of *Everyday Alchemy* allow us to embark. To what transits and exchanges do their forms and materializations attest? And, what processes of transmutation do these artists stage before our eyes?

From the standpoint of the twenty-first century, with its widespread human conflicts, environmental degradation, and economic precarity, the notion of the universal panacea held up as the ideal throughout the long history of alchemy could not seem further away from our horizon. *Everyday Alchemy* dialogues with this milieu, at once acknowledging and interrupting the logic of modernity, in which the material world has been reconceived as a rationalized system of measurable resources, traceable flows, and profitable exchanges. In the works on show, matter is neither an idealized philosopher's stone, nor simply a mute or inert presence ripe to be hewn into useful and legible forms. Instead, at every turn we encounter matter that is inscrutable and evocative: media, commodities, and objects that have been extracted, recycled, and repurposed in ways that interrupt striated systems of meaning and resist easy classification. The work of art in its double sense – the object itself and the labor involved in its making – cuts across conventional systems of the production of value, communication, and the pursuit of "pure" form.

In Latin America and the Caribbean, such aesthetic strategies have deep resonance. Colonial economies of extraction were fueled by fantastical visions of El Dorado: an alchemist's dream of a city built in gold that could be pillaged and loaded onto ships bound for Europe. Conquest generated contact zones between vastly distinct worldviews, whose differing conceptions about the natural world have an enduring legacy in the frontiers of extraction in which the rights of nature and the will to profit frequently clash. Art has also been the site of interchanges and transits in the region, in which the frictions between modernist form and uneven modernization emerge amid unstable yet fertile terrain. Through their works, the artists in this show bring such dilemmas to the surface in oblique and ingenious ways. Elena Damiani's *Not Every Resultant Is Clearly Traceable in Its Components* (2012) is paradigmatic inasmuch as it announces from its very title an epistemological obstacle by proposing that the components of a result do not attest to the process of its elaboration: the assemblage of found materials circumvents the conventional rules of engagement whereby coherent messages are articulated through context, image, and text. Here, the images are several times orphans: stripped of their archival genealogy, their original purpose, and their mode of circulation.

In other works, commodities act as vectors that track histories of global capitalist expansion – transatlantic interchanges through which the colonial gaze has figured exotic and tropical realms as wellsprings of primary resources and as tourist havens ripe for mass consumption. The bleeding border between the Salvadorian indigo dye and pristine white English cotton in Engel Leonardo's *Añil* (2016) suggests an entanglement of places that although distant are by no means distinct. By presenting us with contact zones, the works conjure a cartographic imaginary, perhaps plumbing the inky blue to suggest the ocean as a site of cultural transactions or dissolving hierarchical essentialisms of purity and otherness through the overlapping colors. These speculative associations run equally through Adán Vallecillo's assemblages, in which the reclamation of discarded tires, which are cut up and repurposed, allows the afterlife of extraction to unfold through the work, disrupting the runaway cycle of extraction, production, and waste. Rubber has historically been ensnared in this cycle, not only through early European incursions into heartlands of the Amazon to tap its trees, but also through the modern spread of industrial plantations and automobile culture, whose contemporary vestiges include the rusting frontier zone of Fordlândia, a ruined company town long abandoned in Brazil.

In Omar Barquet's installations, castoff objects also gain a second life, confronting us with a poetics of provisionality where context becomes much more elusive. Against geometric patterns, Barquet configures alternate axes, disfiguring, shifting, bending, and emplacing found objects that have been extrapolated from their original sites and uses and reassembled in ways that conjure past scenarios as specters revived: a trail of enigmatic remnants from the unknown. Johanna Unzueta's meticulous drawings, which although anchored by their titles in specific places and times, trace vibrational fields that are more metaphysical than material. These uprooted works speak more to dimensional expansion rather than site-specificity, at once centering attention on an intimate experience and itineraries, while probing the visual potential of micro-acts instead of sweeping epic landscapes. So, too, Michael Günzburger, whose works chart fleeting journeys of one, two, or three seconds imprinted on the paper as obscure records that are then annotated and opened up as he scribbles on them in ink…

Such works abandon the formal grids associated with cartographic charts, as with urban design and the two-dimensional plane of the canvas. Others, by contrast, allow us to retrace steps to the aesthetic modernism and geometric abstraction that blossomed in Latin America as elsewhere. These explorations of form, color and movement constitute a living heritage with which contemporary artists continue to dialogue. Monika Bravo's multimedia *Bild Objekt* series (2016) probes dynamic interactions between color and pattern, using everyday materials, like tape, cardboard, and fabric, while Bruno Baptistelli's assemblage of minimalist paintings nod both to Kasimir Malevich and the formal inquiries of

Brazilian Neo-Concretism, as well as recalling, through their divisions and lines, the diagrammatic coding of news publications whose content, in this case, has been made elusively absent, replaced by silence. Otto Berchem's *Protest Pieces* series engages in related play with language. Here, he takes archival photographs of social and political demonstrations, from places as distinct as Tunisia and Miami, as his primary materials, suppressing the messages of their placards with bold, monochromatic forms. This confrontation of two media produces instances of inscrutability, transforming the photograph into an uncertain document: at once an index of an event in a still-identifiable location and an adulterated record of a specific protest, which has been pushed toward the universalist precept that drove the quest for "pure" modernist form.

In their various ways, these encounters between form and context, between the abstract and the concrete, generate tensions between the notion of aesthetic autonomy and the obdurate materiality of the quotidian world – those sites, histories, objects, and experiences, which through everyday acts of alchemy resurface once again to map speculative and unpredictable terrains.

Lisa Blackmore

Lisa Blackmore is a postdoctoral researcher at the University of Zurich who specializes in the Latin American experience of modernity and its visual, architectural, and cultural expressions. She worked as a curator and lecturer in Caracas for nearly a decade and is the author of *Spectacular Modernity: Dictatorship, Space, and Visuality in Venezuela* (University of Pittsburgh Press, 2017).

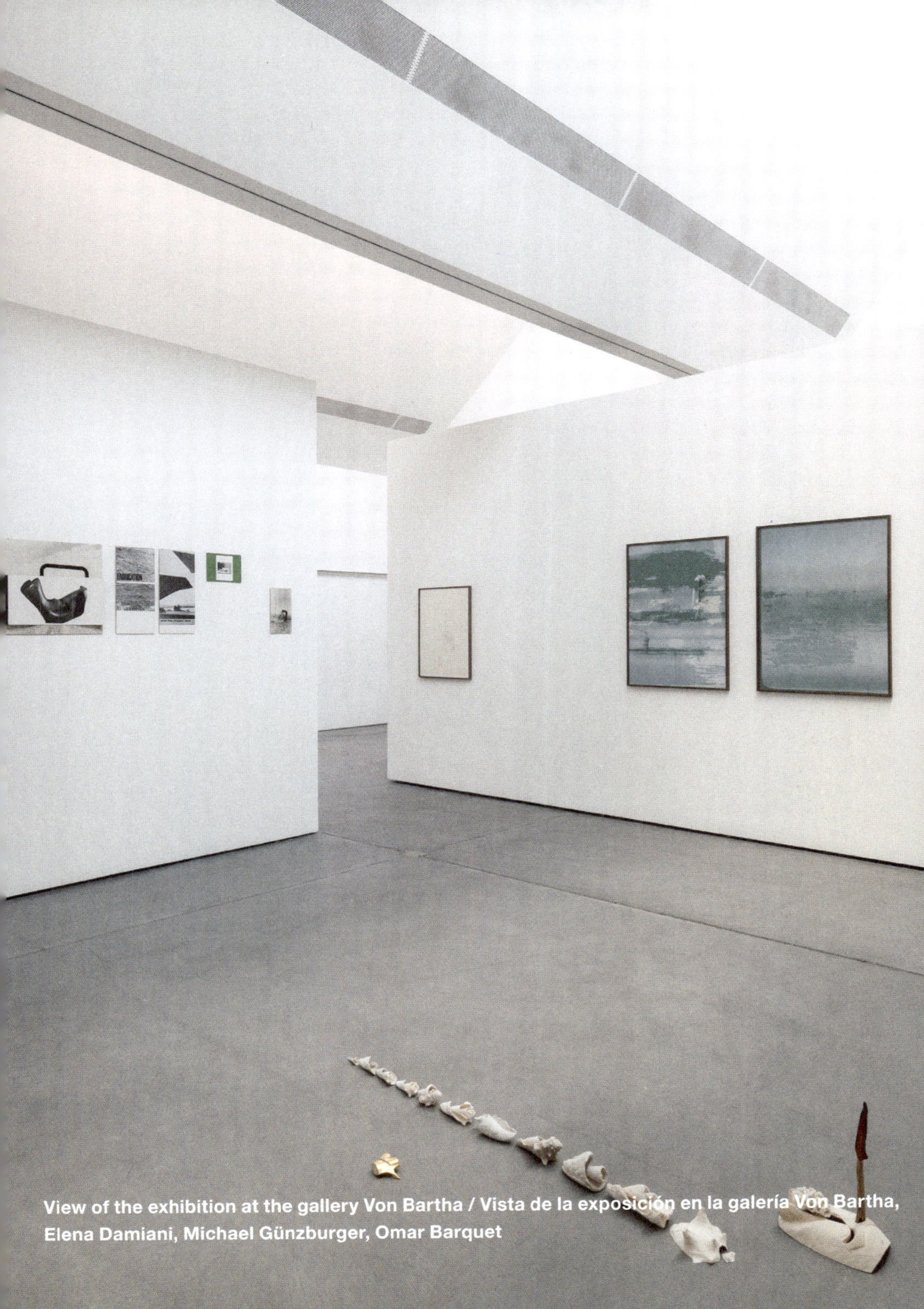

View of the exhibition at the gallery Von Bartha / Vista de la exposición en la galería Von Bartha, Elena Damiani, Michael Günzburger, Omar Barquet

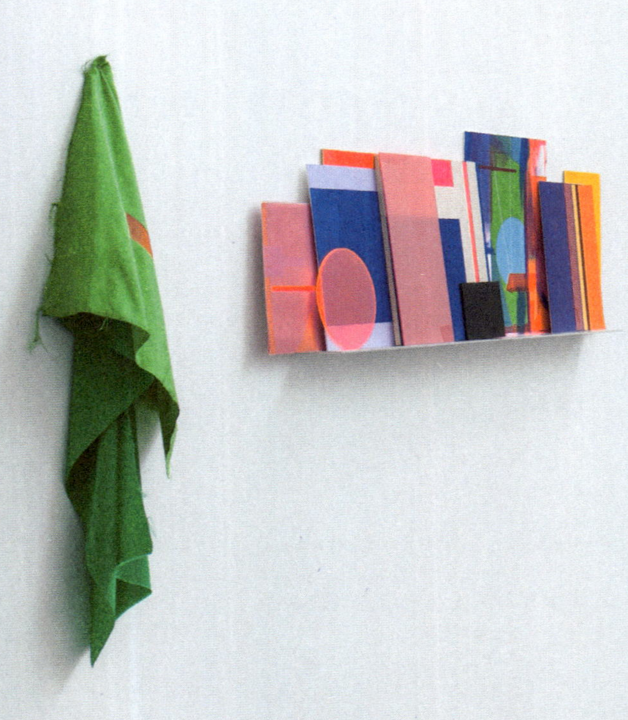
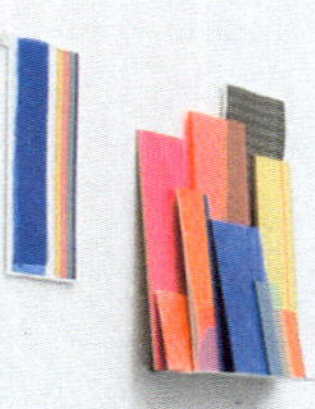

Monika Bravo, *Bild-Objekte # 1, 2, 6*, 2016, mixed media / técnica mixta

ES La 3ª Bienal de La Habana celebrada en Cuba en 1989 fue un lugar y un momento de reajustes cartográficos. El evento no solo coincidió con la caída del muro de Berlín y las fronteras ideológicas y territoriales consolidadas durante los años de la Guerra Fría. Desde entonces, se ha considerado que la bienal, al dirigir la mirada hacia esta isla comunista del mar Caribe, generó un cambio de foco que ha ampliado el alcance global de lo que se había considerado arte contemporáneo. Dado este espíritu de intercambio entre artistas de países más allá de los centros metropolitanos convencionales, parece adecuado que la obra del artista brasileño Montez Magno expuesta en la bienal ese año fuese una instalación a gran escala titulada *Caribe* (1989). Como un gigantesco mapa textil hecho de franjas y fragmentos cosidos y deshilachados, el trabajo de Magno ofrecía una rica cartografía de metáforas. Evocaba fronteras móviles, islas diminutivas, aislamiento e interconexión: un archipiélago bañado por mares y moldeado por desembarcos humanos.

Cuando esta misma obra resurge hoy en la "isla" de Suiza, lo hace en medio de nuevos escenarios. El reciente acercamiento entre Estados Unidos y Cuba ha redirigido una vez más las corrientes ideológicas y está comenzando a generar nuevos flujos de capital transnacional que desde hace tiempo había permanecido estancado. Al mismo tiempo, el arte producido en y sobre Latinoamérica ya no reside en las periferias del mapa global del arte contemporáneo, sino que se ha hecho cada vez más visible. En este contexto, podríamos preguntarnos en qué viajes nos permiten embarcarnos las obras de arte reunidas aquí bajo la etiqueta de *Alquimia del día a día.* ¿Qué tránsitos e intercambios atestiguan sus formas y materialidades? Y, ¿qué procesos de transmutación escenifican los artistas ante nuestros ojos?

Desde el punto de vista del siglo XXI, con sus conflictos humanos generalizados, la degradación del medioambiente y la precariedad económica, la noción de la panacea universal –vista en la larga historia de la alquimia como un ideal– no podría estar más lejos de nuestro horizonte. *Alquimia del día a día* dialoga con este entorno reconociendo e interrumpiendo simultáneamente la lógica de la modernidad, según la cual el mundo material ha sido reconcebido como un sistema racional de recursos medibles, flujos rastreables e intercambios rentables. En las obras expuestas, la materia no es una piedra filosofal idealizada ni tampoco una presencia muda e inerte, lista para moldearse en formas útiles y legibles. En cambio, a cada paso encontramos una materia que es inescrutable y evocativa: medios, productos y objetos que han sido extraídos, reciclados y reorganizados de manera tal que interrumpen sistemas estriados de significación y se resisten a una clasificación fácil. El trabajo artístico en sus dos acepciones –el objeto en sí y el proceso que implica realizarlo– trascienden los sistemas convencionales de producción de valor, comunicación y búsqueda de una forma "pura".

En Latinoamérica y el Caribe, tales estrategias estéticas tienen una profunda resonancia. Las economías coloniales de explotación se nutrían de imágenes fantásticas de El Dorado: el sueño de un alquimista acerca de una ciudad hecha de oro que podría ser saqueada y cargada en naves con destino a Europa. La conquista generó zonas de contacto entre visiones del mundo muy distintas, cuyas diferentes aproximaciones a la naturaleza conservan su legado en las fronteras de la extracción donde chocan frecuentemente los derechos medioambientales y el ánimo de lucro. El arte también ha dado lugar a intercambios y tránsitos en la región, donde las fricciones entre la forma modernista y la modernización irregular brotan en terrenos tan inestables como fértiles. A través de sus obras, los artistas en esta muestra traen a la superficie dilemas como estos de una manera oblicua e ingeniosa. En efecto, la serie de Elena Damiani *No todos los resultados son claramente trazables en sus componentes* (2012) resulta paradigmática en la medida en que anuncia desde su propio título un obstáculo epistemológico. Este ensamblaje de materiales encontrados evade las reglas convencionales para articular mensajes coherentes mediante el contexto, el texto y la imagen. Aquí, las imágenes quedan huérfanas en repetidas ocasiones: desprovistas de su genealogía archivística, de su propósito original y de su modo de circulación.

En otras obras, las mercancías actúan como vectores que trazan historias de la expansión del capitalismo global. En tales intercambios transatlánticos, la mirada colonial ha configurado dominios exóticos y tropicales como fuentes de recursos primarios y como refugios turísticos maduros por el consumo masivo. La frontera desteñida entre la tintura índigo salvadoreña y el blanco puro del algodón inglés en la obra de Engel Leonardo *Añil* (2016) sugiere un enredo de lugares que a pesar de ser distantes no están separados. Al presentar zonas de contacto, este trabajo evoca un imaginario cartográfico donde acaso con una plomada de tinta de azul se sugiere el océano como un lugar de transacciones culturales, o se superponen colores para disolver esencialismos jerárquicos de pureza y alteridad. Estas asociaciones especulativas se encuentran igualmente en los ensamblajes de Adán Vallecillo, en los que la recuperación de llantas desechadas, que son cortadas y utilizadas con un nuevo propósito, le otorga una segunda vida a la extracción que se despliega a través de esta obra, perturbando el ciclo desbocado de extracción, producción y desecho. El caucho se ha visto atrapado en este ciclo, no solo por las incursiones tempranas europeas en el corazón del Amazonas para explotar sus árboles, sino también a través de la propagación de las plantaciones industriales modernas y la cultura del automóvil, cuyos vestigios contemporáneos incluyen la herrumbrosa zona fronteriza de Fordlandia, una ciudad industrial en Brasil abandonada hace tiempo y ahora arruinada.

En las instalaciones de Omar Barquet, los objetos desechados también cobran una segunda vida, confrontándonos con una poética de la provisionalidad donde el contexto se convierte en algo mucho más elusivo. Contra los patrones geométricos, Barquet configura ejes alternos desfigurando, cambiando, doblando y emplazando objetos encontrados que han sido extraídos de sus sitios y usos originales y reensamblados en formas que evocan escenarios pasados como espectros revividos: rastros enigmáticos de lo desconocido. A pesar de estar anclados por sus títulos en lugares y tiempos específicos, los dibujos meticulosos de Johanna Unzueta trazan campos vibracionales que son más metafísicos que materiales. Estas obras desarraigadas hablan más de la expansión dimensional que de un lugar específico, a la vez que centran la atención en experiencias e itinerarios íntimos e indagan en el potencial visual de los microactos, en vez de en los paisajes épicos. Asimismo, Michael Günzburger realiza obras que trazan viajes fugaces de uno, dos o tres segundos, que imprime en papel como registros oscuros que luego son anotados y desplegados conforme él los garabatea en tinta…

Dichas obras abandonan la cuadrícula formal asociada con los diagramas cartográficos, el diseño urbano y los planos bidimensionales del lienzo. Otros, en contraste, nos permiten volver sobre los pasos de la modernidad estética y la abstracción geométrica que floreció tanto en Latinoamérica como en otras partes. Estas exploraciones de forma, color y movimiento constituyen un patrimonio viviente con el que los artistas contemporáneos continúan dialogando. En la serie multimedia *Bild Objekt* (2016), Monika Bravo investiga las interacciones dinámicas entre el color y el patrón, usando materiales del día a día, como cinta, cartón y tela, mientras que el ensamblaje de pinturas minimalistas de Bruno Baptistelli atestigua influencias de Kazimir Malévich y de las preguntas formales del neoconcretismo brasileño, como también evocan, a través de sus divisiones y líneas, los códigos diagramáticos del periodismo impreso cuyo contenido, en este caso, ha estado elusivamente ausente, reemplazado por el silencio. En la serie *Piezas de protesta,* Otto Berchem participa en un juego relacionado con el lenguaje. Toma como sus materiales primarios fotografías de archivo de manifestaciones sociales y políticas en lugares tan distintos como Túnez y Miami, y reemplaza los mensajes de sus pancartas por formas enfáticas monocromáticas. Esta confrontación de dos medios produce instancias de inescrutabilidad que transforman la fotografía en un documento incierto: un índice de un evento en un lugar todavía identificable y al mismo tiempo un registro adulterado de una protesta específica, que ha sido empujado hacia el precepto universalista que condujo a la búsqueda de la forma moderna "pura".

En sus diferentes modos, estos encuentros entre forma y contexto, entre lo abstracto y lo concreto, generan tensiones entre la noción de autonomía estética y la materialidad obstinada del mundo cotidiano. Esos lugares, historias, objetos y experiencias que a través del acto de la alquimia del día a día surgen nuevamente para trazar terrenos especulativos e impredecibles.

Lisa Blackmore

Lisa Blackmore es investigadora posdoctoral de la Universität Zürich, especialista en la experiencia latinoamericana de la modernidad y sus expresiones visuales, arquitectónicas y culturales. Trabajó como curadora y profesora en Caracas durante casi una década y es autora de *Spectacular Modernity: Dictatorship, Space, and Visuality in Venezuela* (University of Pittsburgh Press, 2017).

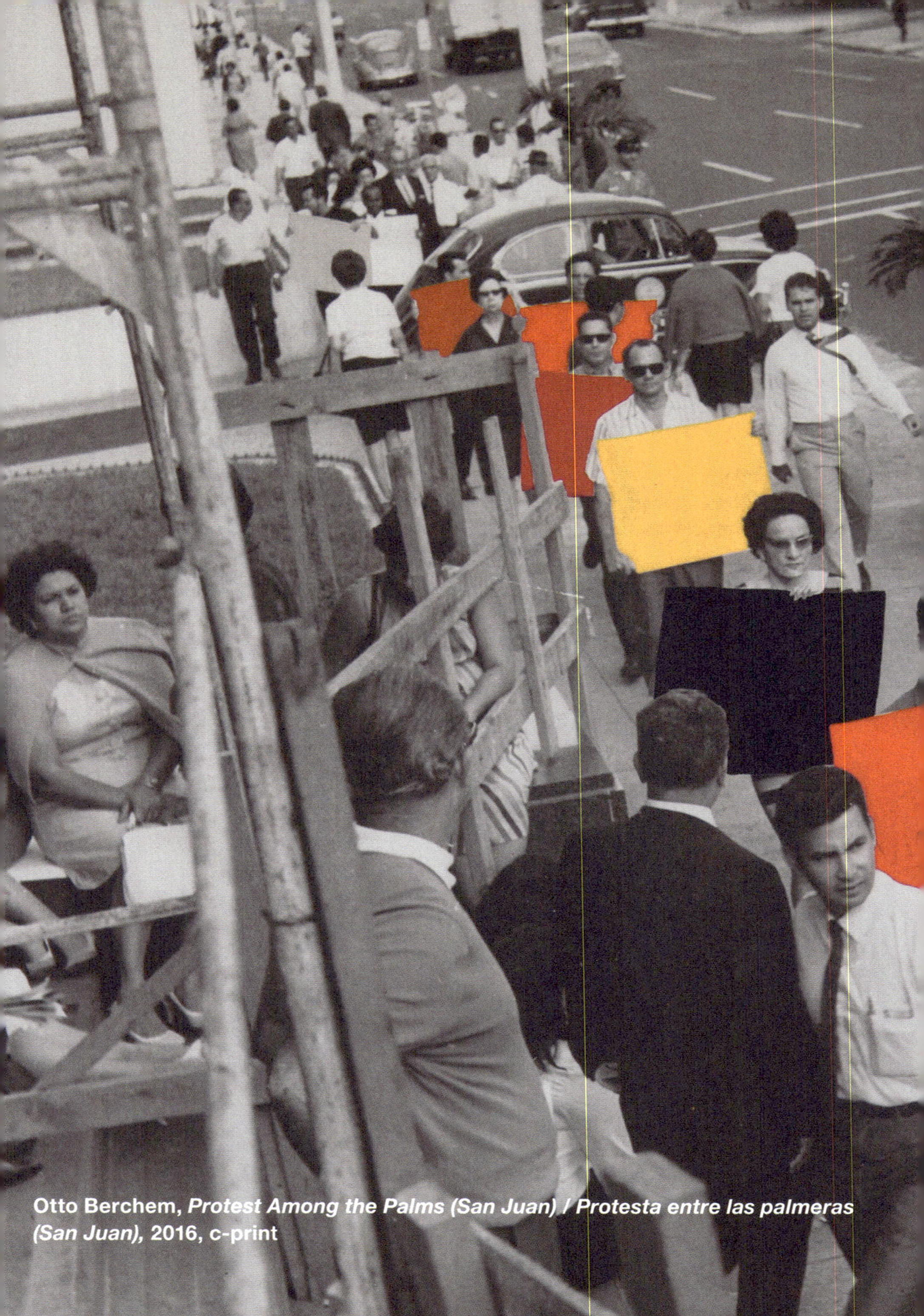

Otto Berchem, *Protest Among the Palms (San Juan) / Protesta entre las palmeras (San Juan)*, 2016, c-print

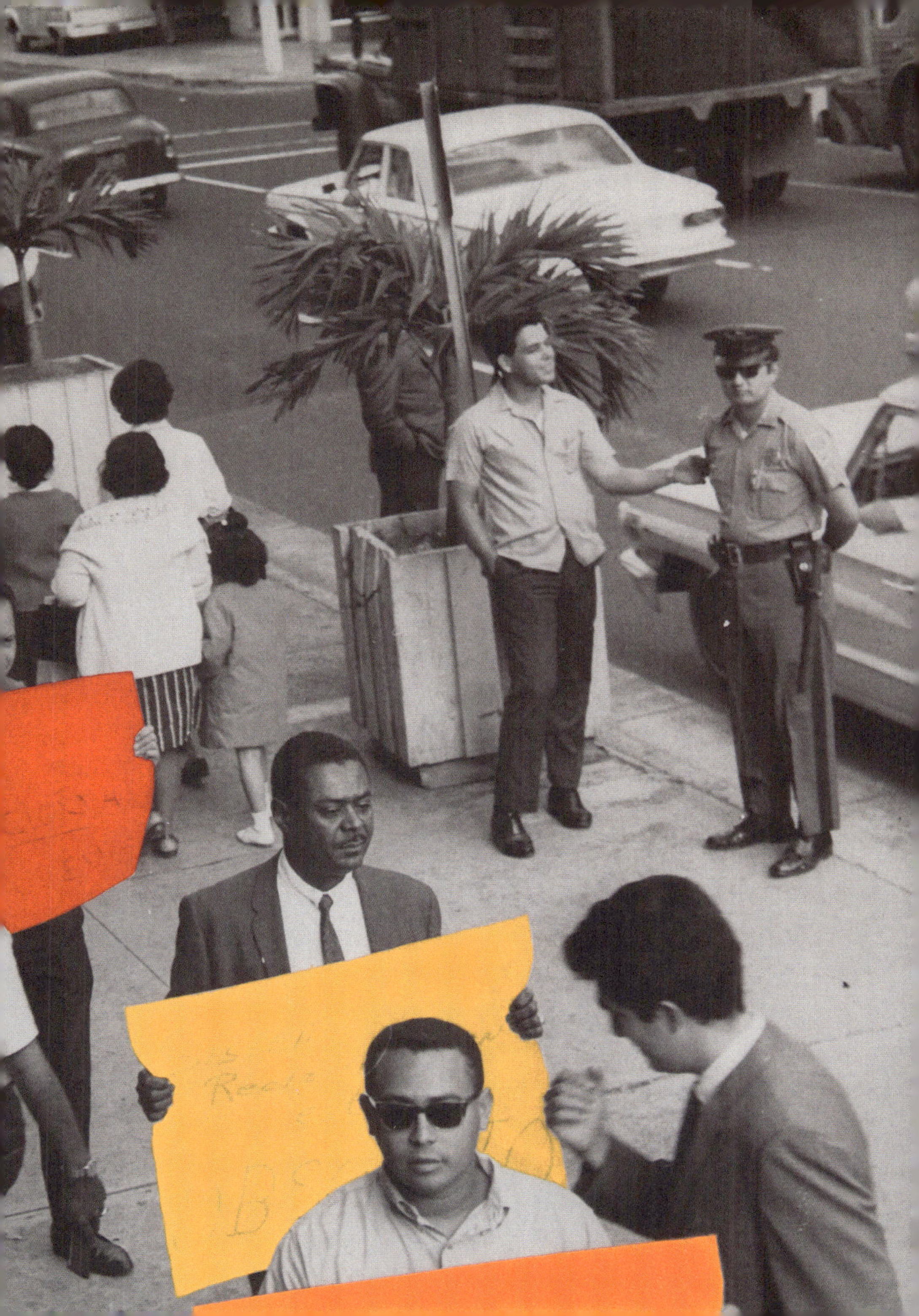

2015

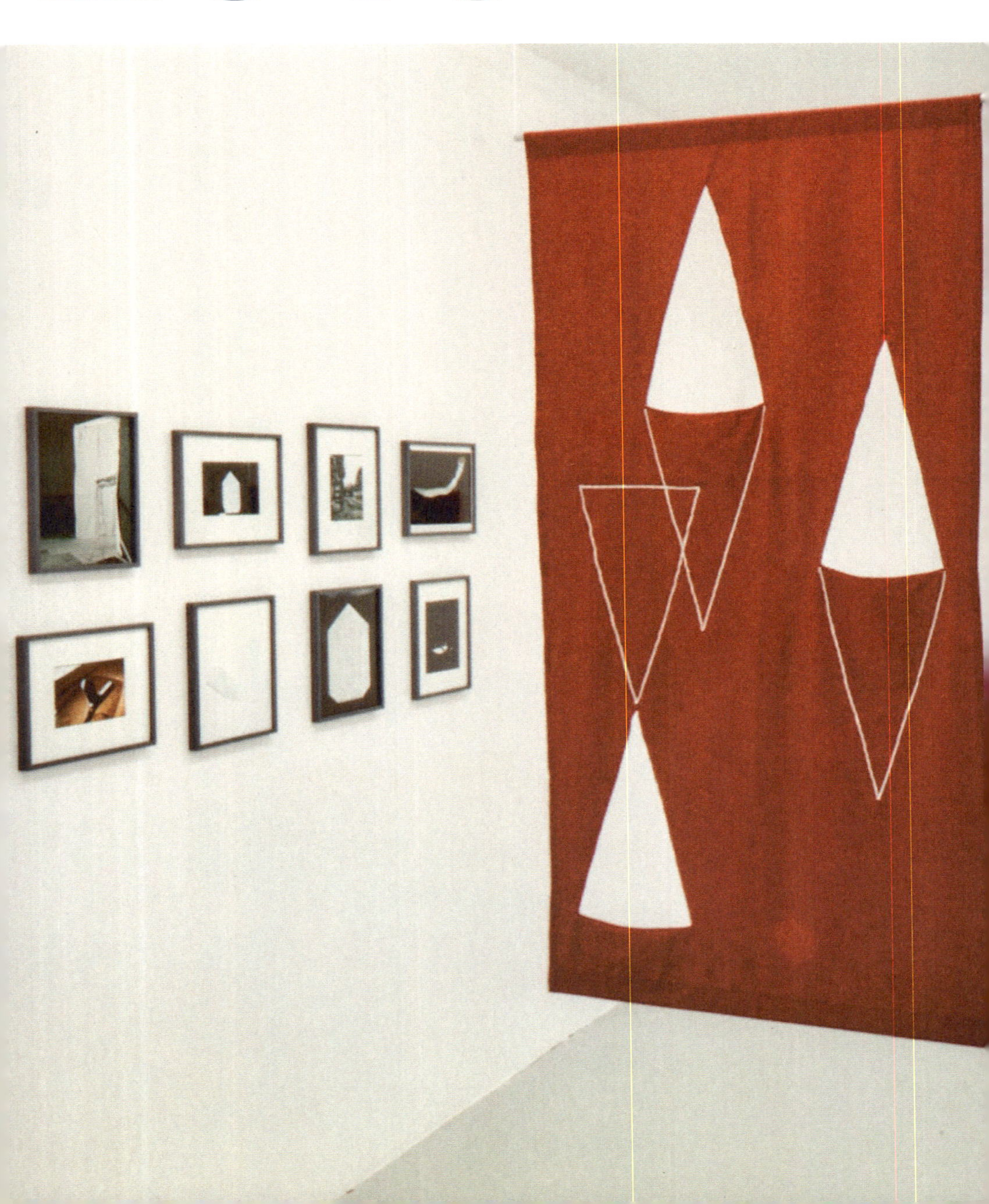

Shadows Appeared on the Hanging Cloth

Las sombras aparecieron en la ropa colgada

10 October
—
7 November

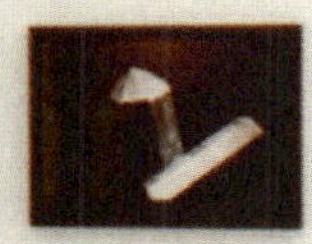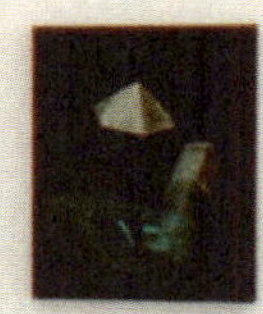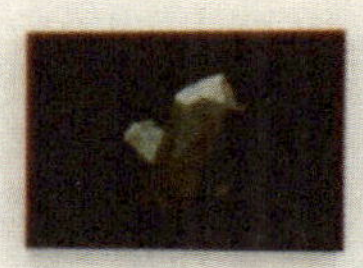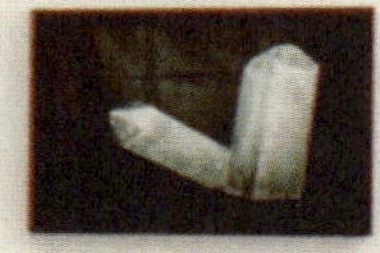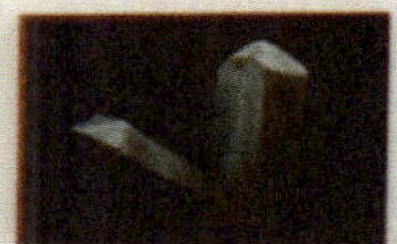

Felipe Mujica Chile

Herbert Weber Switzerland

EN   *Even the most perfect reproduction of a work of art is lacking in one element: its presence in time and space, its unique existence in the place where it happens to be. This unique existence of the work of art determines the history to which it is subject throughout the time of its existence. This includes the changes, which it may have suffered in physical condition over the years as well as the various changes in its ownership. The traces of the first can be revealed only by chemical or physical analysis, which are impossible to perform on a reproduction; changes of ownership are subject to a tradition, which must be traced from the situation of the original.*

Walter Benjamin, *The Work of Art in the Age of Mechanical Reproduction*

The history of modernism in Europe and Latin America is of course deeply interconnected, albeit quite different. Reproductions of artworks and architecture in books have played a key role in the perception and dissemination of modernist ideas from Europe in Latin America. These reproductions, predominantly black-and-white, had a similar function to etchings in the history of European art since the Renaissance, shaping our ways of thinking about and looking at art.

The aesthetical influence of etchings and reproductions on art history is strangely absent from mainstream art historical academia, yet it used to be the common resource for practicing artists. This was how they learned, how ideas and shapes were disseminated into the art world.

These artists understood the reproduction was an editing of the original and the inherent dialectics of this problem was used for their own adaptations and interpretations.

An echo of that era can be found in the current artworks of Felipe Mujica (1974, Chile) and Herbert Weber (1975, Switzerland), although materialized in very different elements and forms. Mujica transforms the shapes and thinking of modernism through adaptation and appropriation – stitching and cutting textile signs or banners to create spatial "drawings." While Weber's approach is based more on the experimental research of the relations between representation, reproduction, and object. In common, they have the knowledge that art cannot be reinvented anymore, but playfully subverted.

Herbert Weber

Born in 1975 in Frauenfeld, Switzerland. Master of Fine Arts at the Zürcher Hochschule derl Künste (HdKZ) in 2006. Various solo and group exhibitions, including: Fotomuseum Winterthur; Alte Fabrik, Rapperswil-Jona; Coalmine, Winterthur; Centre d'art PasquArt, Biel; and Essl Collection, Vienna. He lives and works in Ebnat-Kappel.

Felipe Mujica

Born in 1974 in Santiago de Chile. In 1997, he obtained his degree in Fine Arts from the Pontificia Universidad Católica de Chile. Various solo and group exhibitions, including: 3rd Guangzhou Triennial; Museo del Barrio, New York; Kunsthalle Exnergasse, Vienna; Museu de Arte Contemporânea, São Paulo; Ex-Civic Room, London; Inheritance, Shenzhen; and Swiss Institute, New York. He lives and works in New York.

ES   *Incluso en la reproducción mejor acabada falta algo: el aquí y ahora de la obra de arte, su existencia irrepetible en el lugar en que se encuentra. En dicha existencia singular, y en ninguna otra cosa, se realizó la historia a la que ha estado sometida en el curso de su perduración. También cuentan las alteraciones que haya padecido en su estructura física a lo largo del tiempo, así como sus eventuales cambios de propietario. No podemos seguir el rastro de las primeras más que por medio de análisis físicos o químicos impracticables sobre una reproducción; el de los segundos es tema de una tradición cuya búsqueda ha de partir del lugar de origen de la obra.*

Walter Benjamin, *La obra de arte en la época de su reproducción técnica*

La historia del movimiento moderno en Europa y Latinoamérica está, por supuesto, profundamente interconectada, aunque es bastante diferente. Las reproducciones en libros de obras de arte y arquitectura han desempeñado un papel clave en la percepción y la difusión de las ideas modernas de Europa en Latinoamérica. Estas reproducciones, predominantemente en blanco y negro, tenían una función parecida a la que tomaron los grabados en la historia del arte europeo desde el Renacimiento, lo que configura nuestra manera de reflexionar sobre el arte y de contemplarlo.

La influencia estética de grabados y reproducciones en la historia del arte está extrañamente ausente en la corriente principal de la academia del arte histórico; sin embargo, era el pan de cada día para la práctica de los artistas. Así fue como ellos aprendieron, como las ideas y las formas se difundieron en el mundo del arte.

Estos artistas eran muy conscientes de que la reproducción era una edición del original y de que la dialéctica inherente a este problema se utilizaba para sus propias adaptaciones e interpretaciones.

Un eco de aquella época se puede encontrar en las obras actuales de Felipe Mujica (Chile, 1974) y Herbert Weber (Suiza, 1975), aunque materializado a través de elementos y formas diferentes. Mujica transforma las formas y el pensamiento de la modernidad a través de la adaptación y la apropiación –cose y corta carteles o pancartas de tela para crear "dibujos" espaciales–. Mientras que el enfoque de Weber se basa más en la investigación experimental de las relaciones entre la representación, la reproducción y el objeto. Comparten el convencimiento de que el arte ya no puede ser reinventado, sino subvertido de una manera lúdica.

Herbert Weber

Nacido en 1975 en Frauenfeld. En 2006 obtuvo una Maestría de la Zürcher Hochschule der Künste. Ha realizado diferentes exposiciones individuales y colectivas en diversos museos y espacios de arte; por ejemplo: Fotomuseum Winterthur; Alte Fabrik; Rapperswil-Jona; Coalmine, Winterthur; Centre d'art PasquArt, Biel; Essl Collection, Viena. Vive y trabaja en Ebnat-Kappel.

Felipe Mujica

Nacido en 1974 en Santiago de Chile. En 1997 obtuvo la licenciatura en Arte en la Pontificia Universidad Católica de Chile. Ha realizado diferentes exposiciones individuales y colectivas en diversos museos y espacios de arte como, por ejemplo, en la 3ª Trienal de Guangzhou, China; en el Museo del Barrio, Nueva York; la Kunsthalle Exnergasse, Viena; el Museu de Arte Contemporânea, São Paulo; el Ex-Civic Room, Londres; el Inheritance, Shenzhen, y el Swiss Institute, Nueva York. Vive y trabaja en Nueva York.

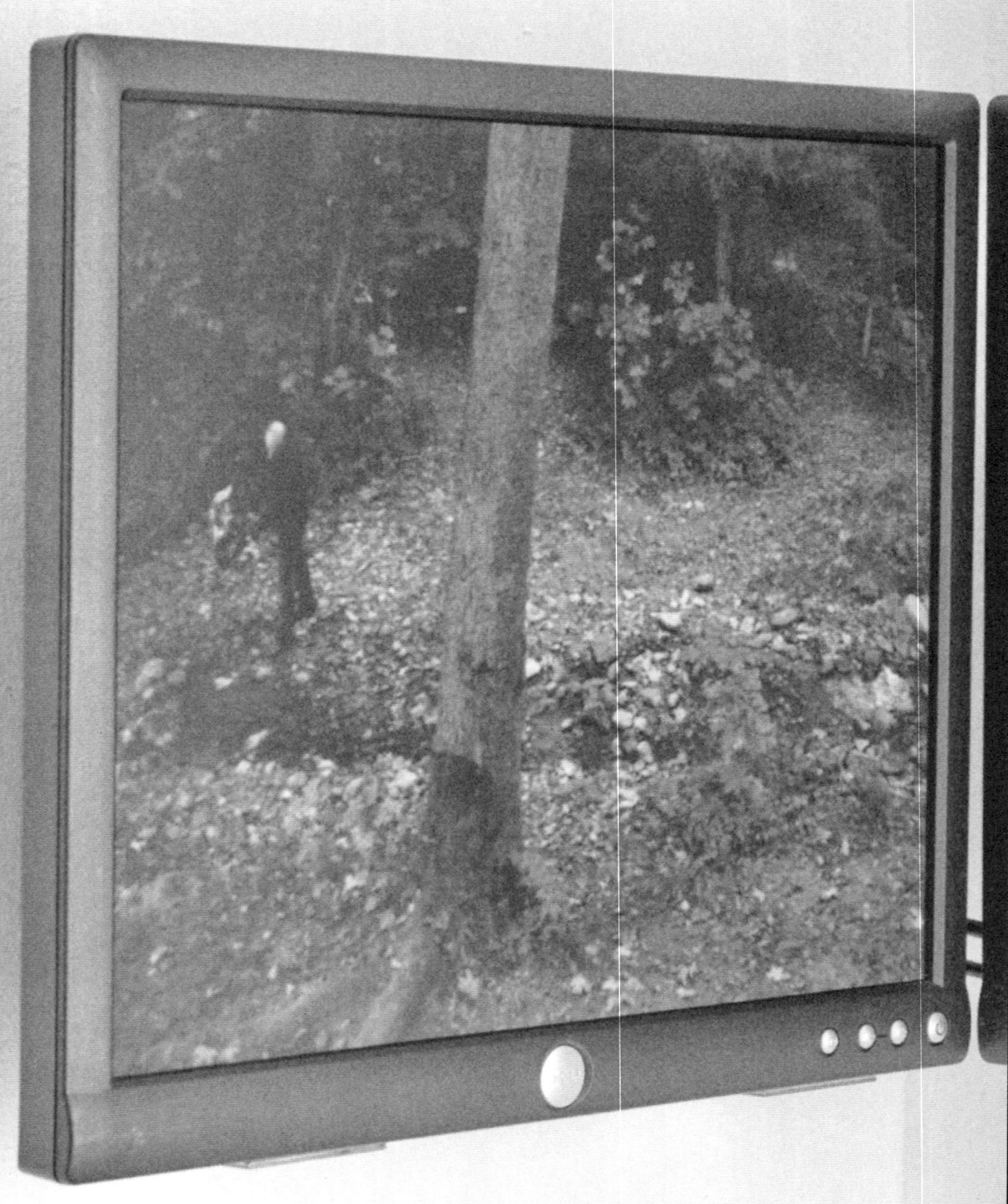

Herbert Weber, *Sisyphos oeconomicus,* **2015, video on 2 monitors, looped, without audio / vídeo en 2 monitores en loop, sin audio**

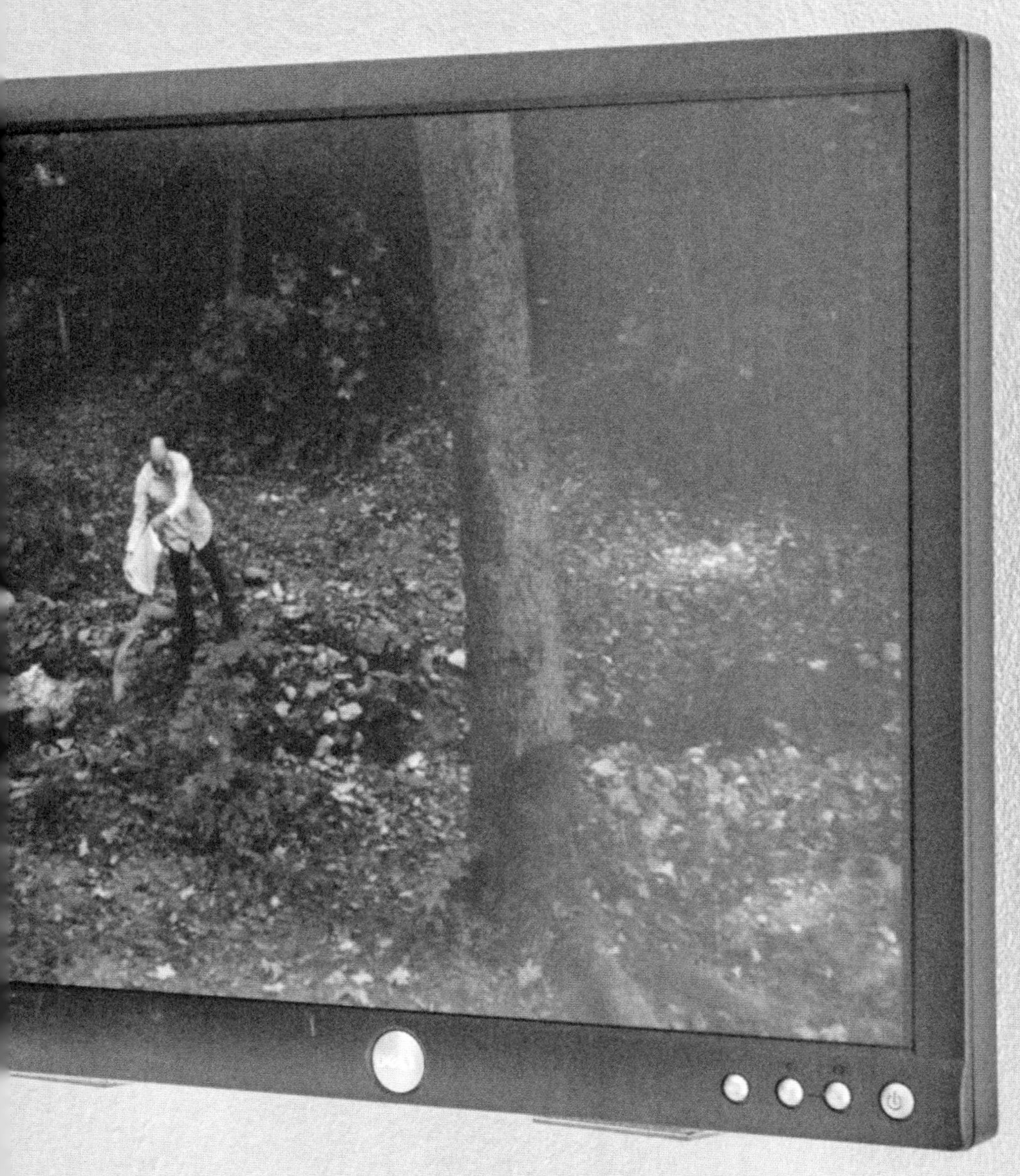

2015

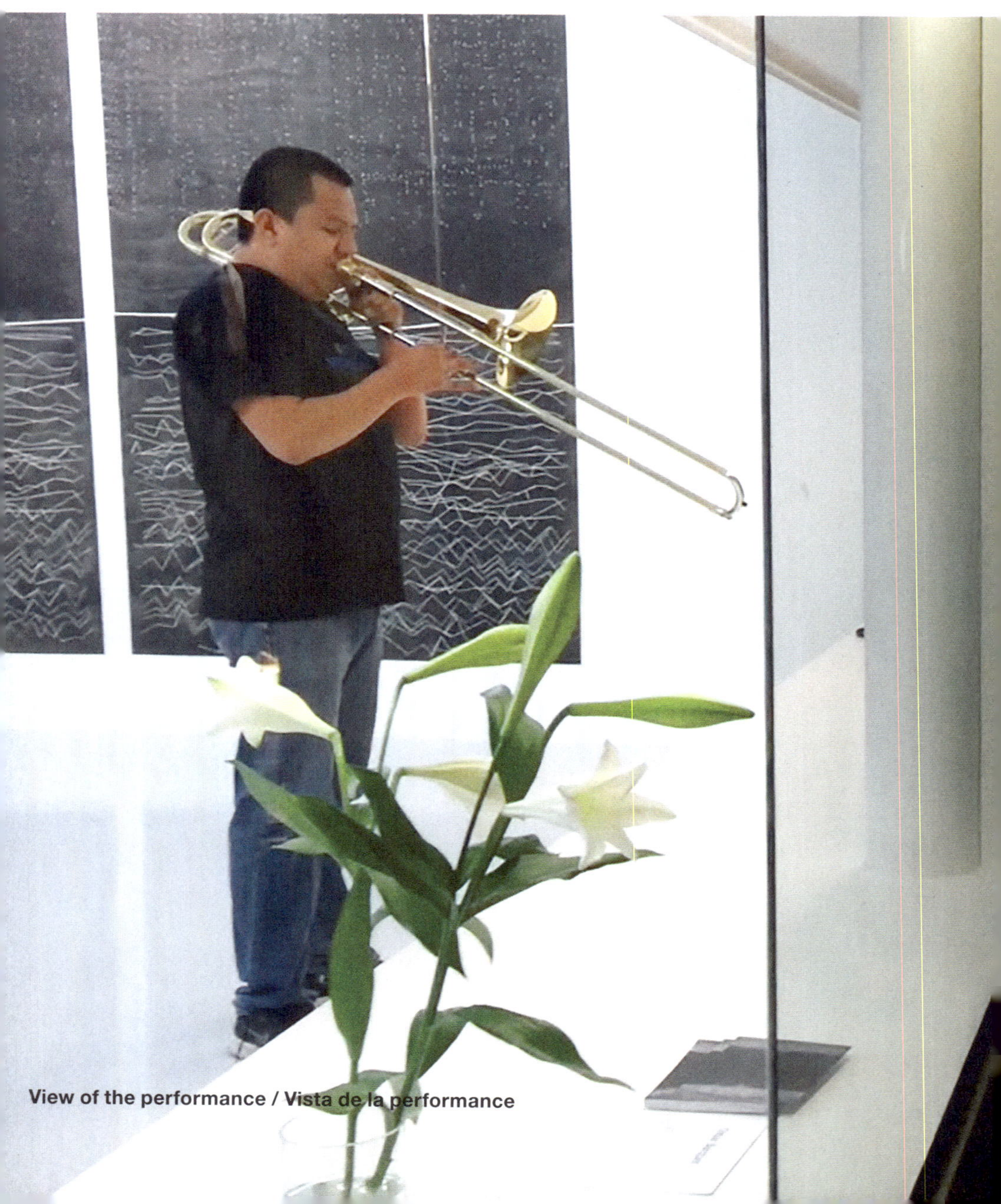

View of the performance / Vista de la performance

Ghost Variations' 3rd Fugue: The Shining Sequence

La 3ª fuga de las Variaciones Fantasma: la secuencia brillante

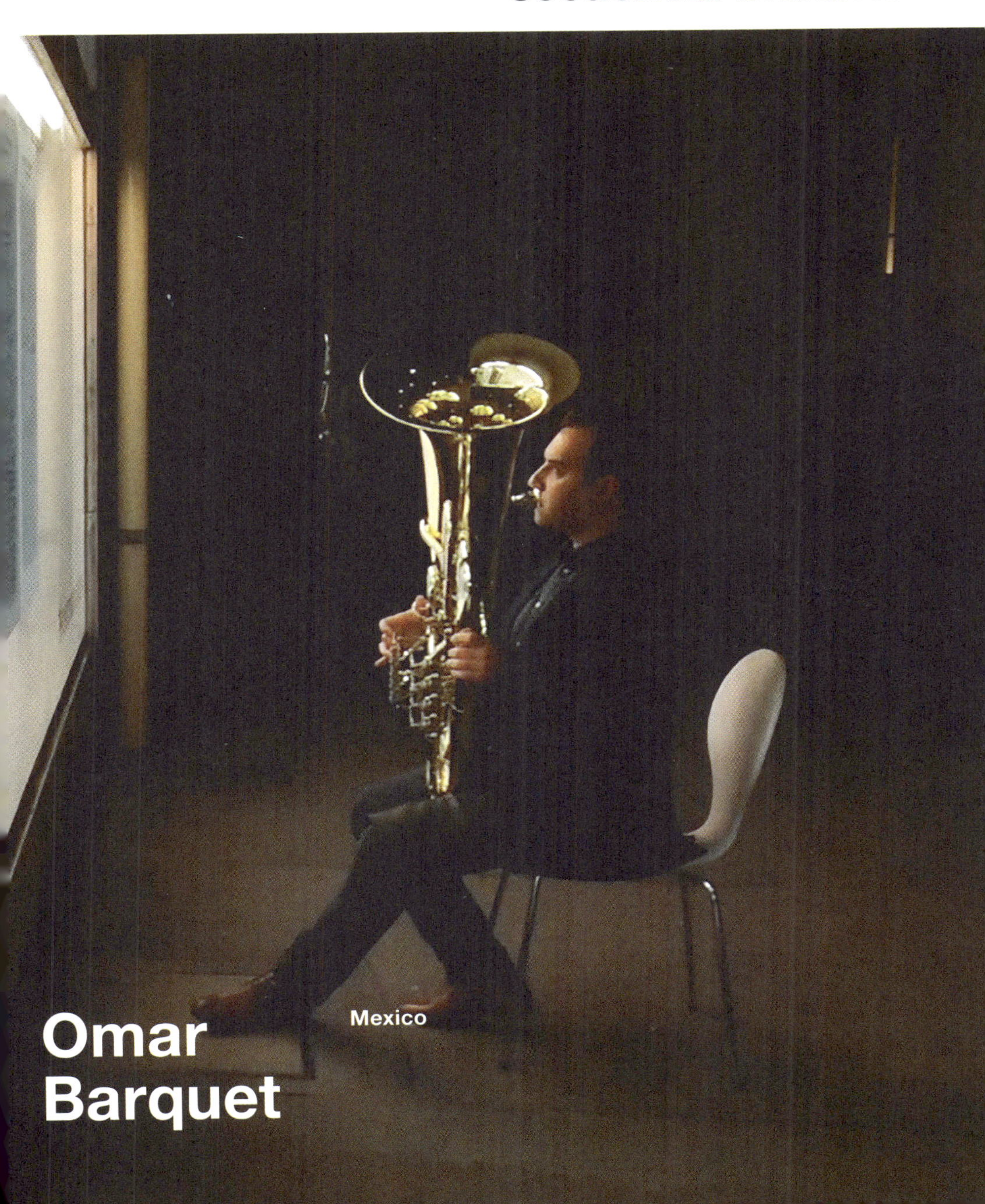

Omar Barquet

EN   *I dreamt that the city was inside
of the most dead of the dead seas.
It was a winter dawn,
and drizzled drops of silence.*

Ramón López Velarde, "El
sueño de los guantes negros" [A
dream of black gloves], 1924

Imagine yourself in a hammock in the
Yucatan. There is a storm outside, no
electricity, candles make a dance of
shadows across the walls, and you
are listening to classical piano music
on a transistor radio. You are fifteen,
and as is sometimes the case at this
age, the combination of the storm, the
music, and the moving forms lead to a
rare moment of clarity, an epiphany.
The practice of Omar Barquet, born
1979 in Chetumal, Mexico, could be
described as a constant and patient
search to recreate such a moment
that reverberates with the viewer.
Working with different media and
often collaborating with other artists, he combines his interest in the
possibilities of visual art with his
passion for the poetics of music.

For his first solo exhibition at Christinger De Mayo, he takes the *Geistervariationen* by Robert Schumann
(1810-1856) as a starting point from
which he develops a series of works
and a performance. The *Geistervariationen* is the last piece of music that
Schumann wrote before committing
himself to an asylum. Already torment-
ed by visions, he wrote the variations
as a gift to his beloved Clara, who
noted in her diary that the work was
based on a melody dictated by the
ghosts of Mendelssohn and Schubert
that her husband sang in his head.

The original sheet music published by
Henle consisted of nine pages called
"Thema mit Variationen," which are
reflected by Barquet in nine huge
woodblock prints. These works are the
result of the artist's transcription of the
music and can be seen by the viewer as
nighttime seascapes. The poetic quali-
ties of the music find their reverberation
within the work's printed lines and dots
– what at first glance seems to be an
abstraction could be a visualization of
something ephemeral in a tangible way.

The Greek philosopher Pythagoras
presented the idea of spherical music,
which stated that the movement of
planets and stars cause a sound within
the universe that cannot be heard by
human ears, but which creates a harmo-
ny within the universe. In Greek this is
called a *symphonia.* Although this was
not a direct inspiration for the project
Ghost Variations, it can still be seen
as an underlying blueprint, one of the
secrets dug up in Barquet's cabbalistic
research on the interconnectivity between music, memory, and the visual.

Imagine yourself in a hammock
in the Yucatan. Now close your
eyes. Can you hear the storm?

Omar Barquet

Born 1979 in Mexico, he holds a Degree
in Fine Arts from "La Esmeralda," the
National School of Painting, Sculpture,
and Printmaking in Mexico City, where
he has lived and worked since 2000.
Barquet has received numerous awards
including the de Young Artist Fellowship
in painting and printmaking from FON-
CA (Mexico), the Museum Carrillo Gil &
Bancomer Contemporary Art grant, a
2009 artist-in-residency awarded at CA-
PACETE in Rio de Janeiro, Brazil, and in
2014 he was selected for the XV Rufino
Tamayo Painting Biennial. During his
career, Barquet established the Second
Floor Art Collective and currently acts
as the Project Coordinator for Re Cover,

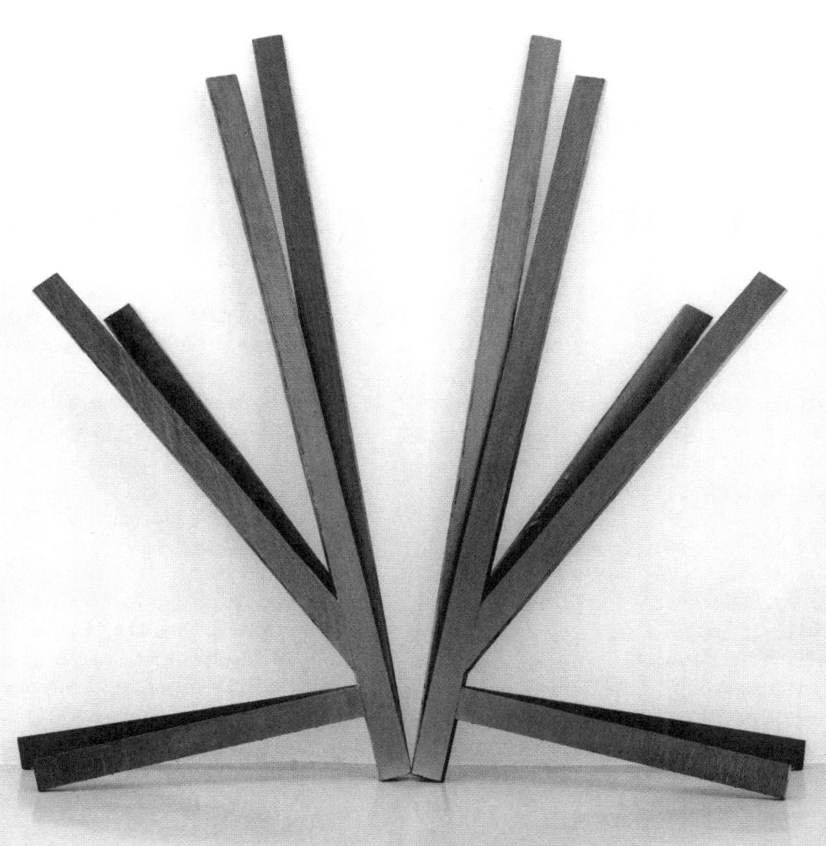

Omar Barquet, *Shining / Resplandeciente*, 2014, structures
on enameled wood / estructuras sobre madera esmaltada

a Mexico City music and art festival. His work has been shown in national and international museums and galleries, including solo shows at the Mandragoras Art Space, New York; the Museo Experimental El Eco, Mexico City; the Museo Fernando García Ponce-MACAY, Merida, Mexico; and the KUNSTHALLE São Paulo, amongst others.

ES   *Soñé que la ciudad estaba dentro del más bien muerto de los mares muertos.*
Era una madrugada del invierno y lloviznaban gotas de silencio.

Ramón López Velarde, "El sueño de los guantes negros", 1924

Imagínese en una hamaca en Yucatán. Hay una tormenta afuera, no hay electricidad, las velas hacen una danza de sombras en las paredes y usted está escuchando música clásica de piano en un transistor. Usted tiene quince años y, como a veces sucede a esa edad, la combinación de la tormenta, la música y las formas en movimiento le lleva a un inusual momento de lucidez, una epifanía.

El trabajo de Omar Barquet, nacido en 1979 en Chetumal, México, podría ser descrito como una investigación constante y paciente para recrear ese momento que reverbera con el espectador. Trabajando con diferentes materiales y colaborando a menudo con otros artistas, combina su interés en las posibilidades del arte visual con su pasión por la poética de la música.

Para su primera exposición individual en Christinger De Mayo, toma la obra *Geistervariationen* de Robert Schumann (1810-1856) como punto de partida y desarrolla una serie de trabajos y una performance. *Geistervariationen* es la última pieza que Schumann escribió antes de internarse en un psiquiátrico. Ya atormentado por sus visiones, escribió las variaciones como regalo a su amada Clara, quien anotó en su diario que el trabajo estaba basado en una melodía dictada por los fantasmas de Mendelssohn y Schubert, que su esposo entonaba en su cabeza.

La partitura original publicada por Henle consistía en nueve páginas tituladas "Thema mit Variationen", que Barquet refleja mediante nueve enormes grabados en bloques de madera. Estas piezas son el resultado de la transcripción de la música hecha por el artista y pueden ser vistas por el espectador como paisajes marinos nocturnos. Las cualidades poéticas de la música encuentran su reverberación entre las líneas y los puntos impresos en la obra; lo que a primera vista parece ser una abstracción podría ser la visualización de algo efímero de una manera tangible.

El filósofo griego Pitágoras formuló la teoría de la armonía de las esferas, que establecía que el movimiento de los planetas y de las estrellas causa un sonido en el Universo que no puede ser oído por los humanos, pero que crea una armonía en este. En griego esto se llama sinfonía. Aunque esto no fue una inspiración directa del proyecto *Variaciones Fantasma,* puede verse como un plano subyacente, uno de los secretos que Omar desenterró en su investigación cabalística sobre la interconectividad entre la música, la memoria y lo visual.

Imagínese en una hamaca en Yucatán. Ahora cierre los ojos. ¿Puede oír la tormenta?

Omar Barquet

Nacido en 1979 en México, es licenciado en Artes Plásticas en la Escuela Nacional de Pintura, Escultura y Grabado "La Esmeralda", en Ciudad de México, donde ha vivido y trabajado desde 2000. Barquet ha recibido numerosos premios, la beca para artistas jóvenes en pintura y grabado del FONCA (México); la beca de arte actual Museo Carrillo Gil-Bancomer; en 2009, la residencia artística otorgada por CAPACETE en Río de Janeiro, Brasil, y en 2014 fue seleccionado para la XV Bienal de Pintura Rufino Tamayo. A lo largo de su carrera, Barquet fundó el colectivo de arte Segundo Piso y actualmente es el coordinador del proyecto Re Cover, un festival de música y arte en Ciudad de México. Su obra ha sido expuesta en museos y galerías nacionales e internacionales, incluidas las exposiciones individuales en el Mandragoras Art Space, Nueva York; el Museo Experimental El Eco, Ciudad de México, el Museo Fernando García Ponce-MACAY, Mérida, México, y el KUNSTHALLE, São Paulo, entre otros.

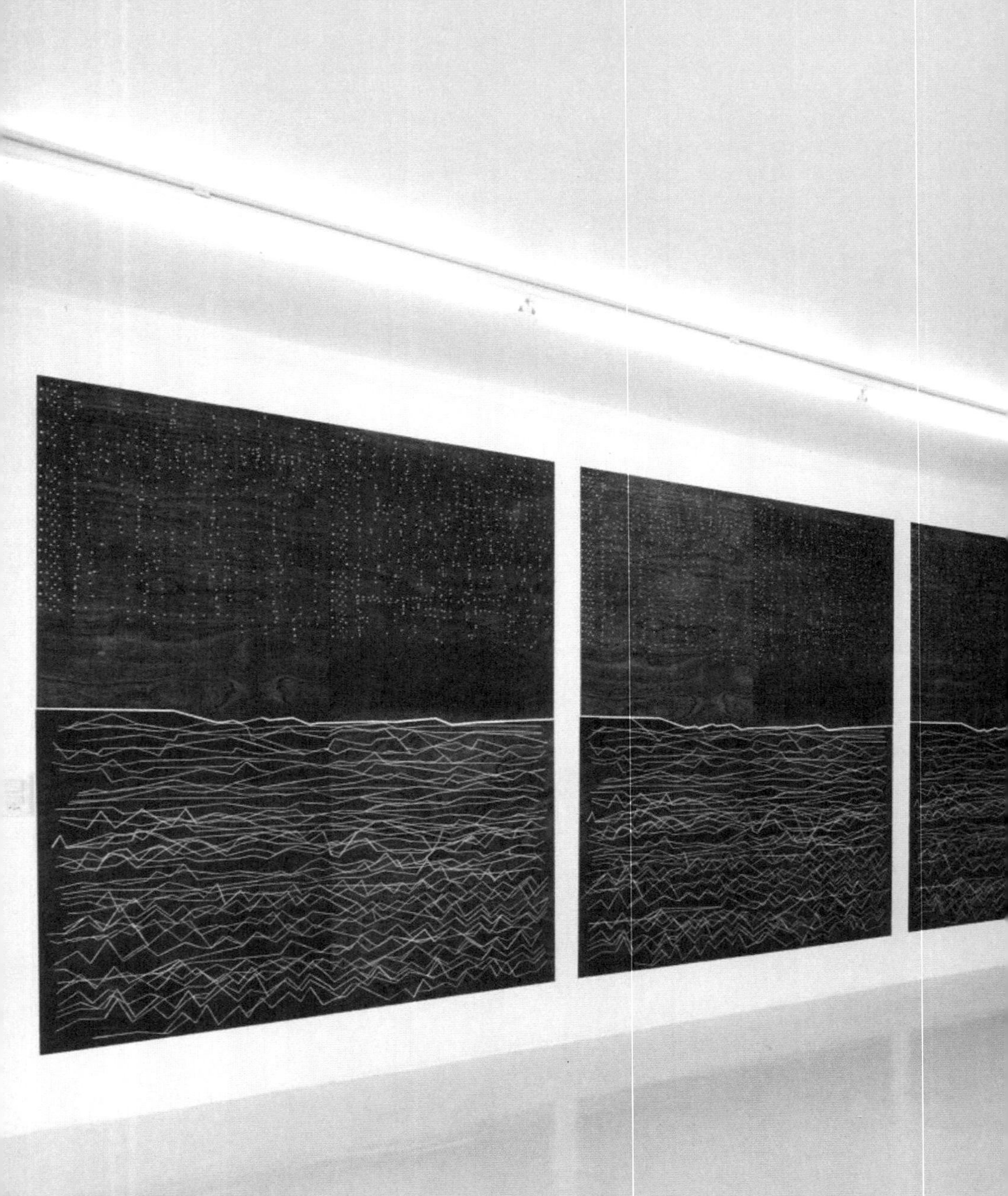

**View of the exhibition *Ghost Variations' 3rd Fugue* /
Vista de la exposición *3ª fuga de las Variaciones Fantasma***

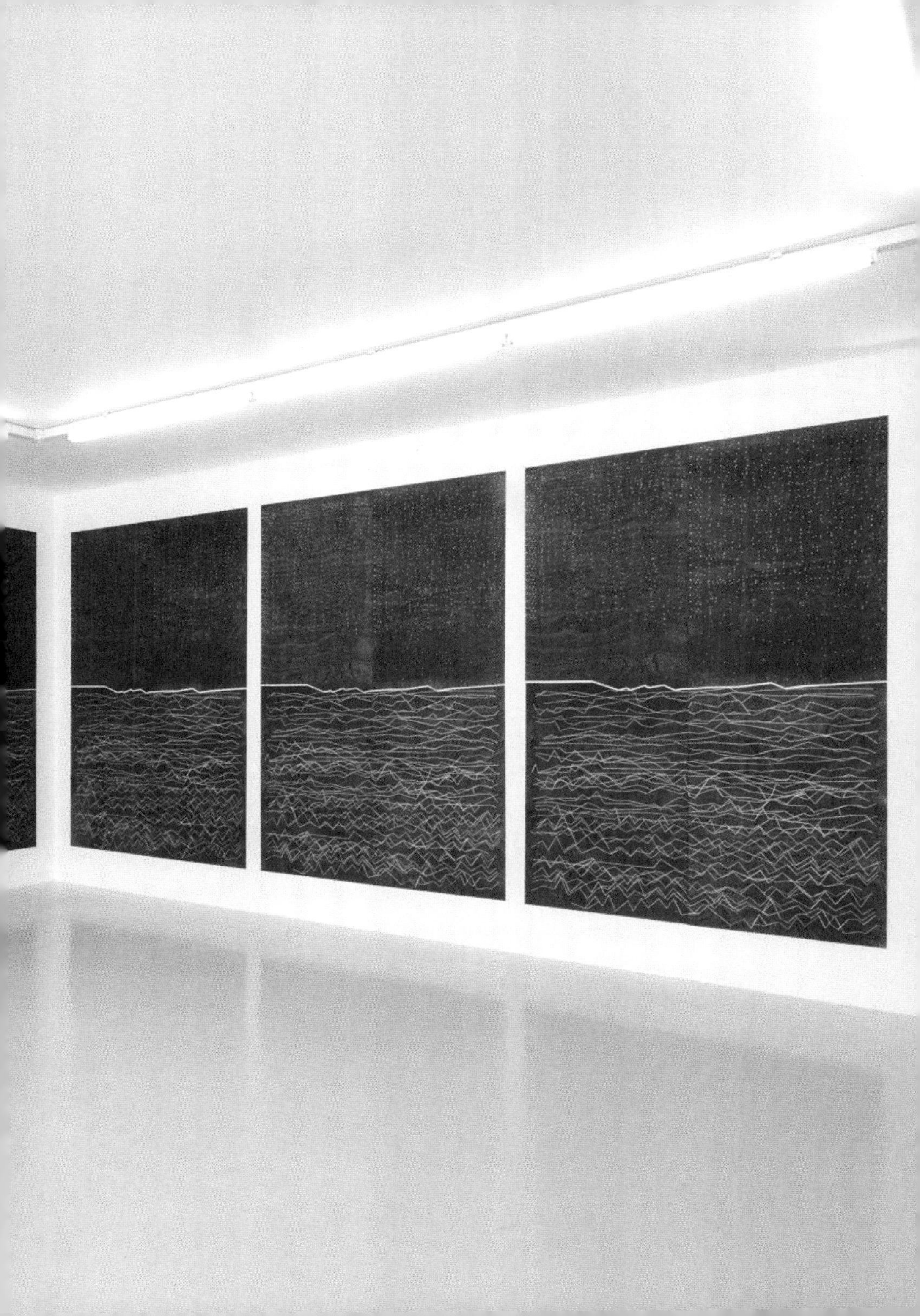

2015

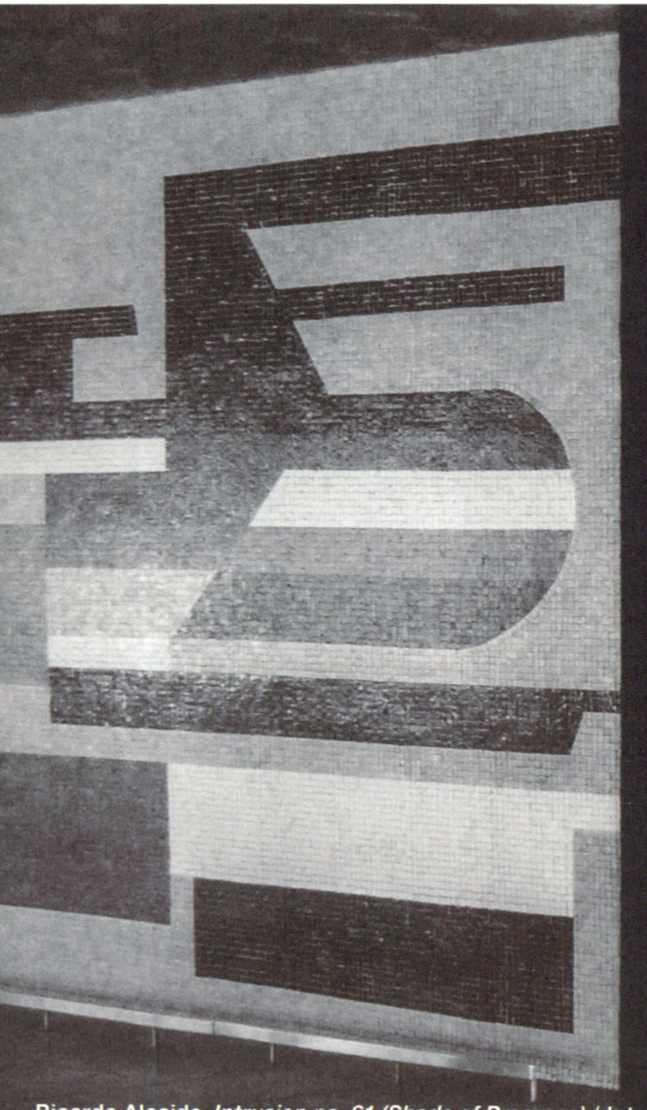

Ricardo Alcaide, *Intrusion no. 61 (Shade of Progress)* / *Intrusión n.° 61 (Sombra de progreso)*, 2015, acrylic on card paper and inkjet print / acrílico sobre cartulina e impresión inkjet

Critical Form

Forma Crítica

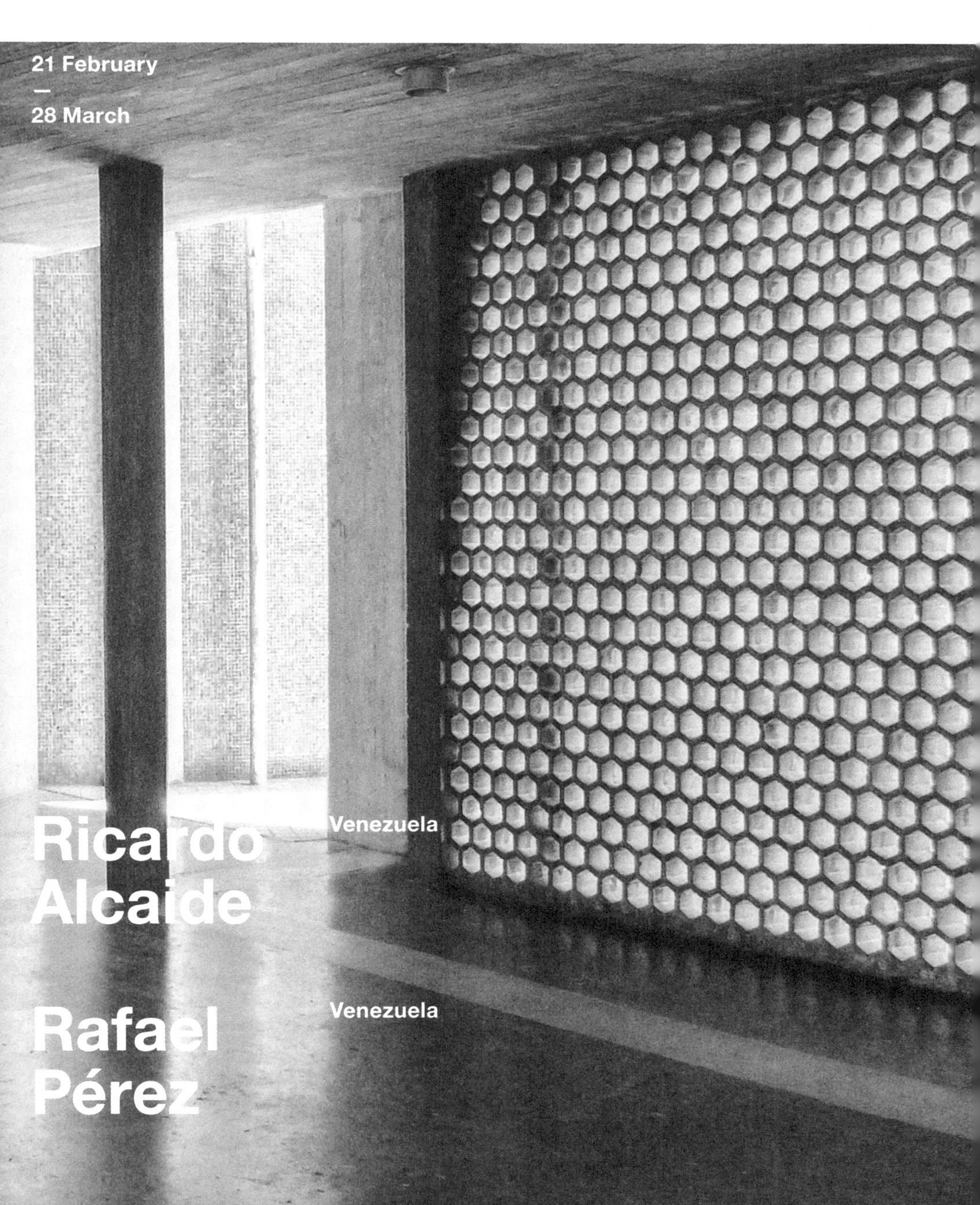

EN   *Critical Form* enables two artists that have never met to begin a dialogue. Ricardo Alcaide (1967) and Rafael Pérez (1938–2001), born and raised in Venezuela, come from two generations of artists who, in order to study, left their country when young never to return. While appearing like a Grand Artistic Tour, nevertheless it has to be seen in the light of the precarious political circumstances of Venezuela's young democracy and instability during the 1970s, as well as in the actual antidemocratic *Revolución socialista* [socialist revolution] in that country. A permanent return was not, and is not, a promising alternative, especially for artistic development. The consequence of this biographical parallel is that that the two artists were mainly to work outside Venezuela, but with the focus on a non-figurative language of forms, geometrically marked and tied to a tradition that since the 1950s has played a key role on the path towards "modernity" in Venezuela.

After living in Spain and Italy for a long time, Rafael Pérez settled in Switzerland, where he came into contact with the Zurich Concretists. With some skepticism regarding absolute terminology, he called his art Neo-Concrete, to which the artist favored the open reference non-figurative. In the works of Pérez, this resulted in a language of consequent and geometric forms as well as in the search for ways of conceiving three dimensions – they were mobile elements or overlapping frames. Its central desire applies a continuous analysis of colors and their effect. In heterogeneous phases of work, the central denominator is the relevance of the color composition, which is also reflected in the titles of his paintings. While early works such as *Chromatic Fragmentations* were numbered, color was later brought into the title.

In managing the colors, Pérez did not trust either in a default system – which sets him apart from the Concretists – or in the almost mythical artistic inspiration, but rather he himself developed numerous color studies to finally follow his intuition. This objective management and undogmatic color were invariably interpreted in Europe – an ethnographic *kitsch* – as "South American colors" or "tropical joy," to which Pérez objected vehemently as psychosocial observations and stereotypes. Instead, he attached great importance to the sources of his studies because, along with classic European teachers of color such as Josef Albers, Johann Wolfgang von Goethe, Paul Klee, Wassily Kandinsky, and Johannes Itten, Pérez was especially fascinated by the symbolism of color for the indigenous peoples of Latin America, such as the Maya, who assigned to their deities corresponding colors and directions. Therefore, it follows that the effect of shape and color in Pérez also has a spiritual component that requires contemplation on the part of each viewer.

Ricardo Alcaide, who after studying in London now lives in São Paulo, takes up the critique of modernity, among other things, in his work *Intrusions* and his series "Shade of Progress", in which he manipulates icons of Latin American architecture. Like abstract art, the architecture of the 1950s established a decisive position in Venezuela. During the regime of Marcos Pérez Jiménez, which should have transformed the country into a *Nuevo Ideal National* [New National Ideal], and which was also supposed to be manifested through the built environment, many prestigious buildings – both public and private – arose, namely the following examples: Villa Planchart (1953–57) and Carlos Raúl Villanueva's University City in Caracas (1944–58). In particular, the campus, the concept for which was subject to the synthesis of art, was built noting the promise of progress. For the work *Intrusions* Alcaide utilizes black-

and-white photographs of precisely those buildings, which he intervenes with monochromatic geometrical elements. The tones of the utilized colors refer to popular Latin American culture – in this case Brazil – and therefore are associated with precarious conditions.

The already heterogeneous synthesis of art will be completed with more levels. Not without irony, the artist causes disturbances in spaces, which in their architectural reception are considered impeccable. The components of the change in time and chance are in line with modern speech. Both aspects are manifest in Alcaide's environment with materials and *objets trouvés* like the iron gate: a "lost form." The original unconnected function tests the useless and superfluous gate, which Alcaide found in a neighborhood in São Paulo because of the changes in the life of the city. These phenomena of metamorphosis are made available to the artist through abandoned materials – be they old packaging or furniture – to collect, paint, and/or manipulate, and therefore provoke a new meaning.

Muriel Pérez
February 2015

ES *Forma Crítica* permite a dos artistas que nunca se han encontrado iniciar un diálogo. Ricardo Alcaide (1967) y Rafael Pérez (1938-2001), nacidos y criados en Venezuela, pertenecen a dos generaciones de artistas que, debido a sus estudios, dejaron tempranamente su país, para finalmente no retornar. Lo que parece un *grand tour* artístico –no solo injustificado– tiene, sin embargo, que ser contemplado a la luz de las circunstancias políticas precarias tanto en la joven e inestable democracia de los años setenta como en la antidemocrática "revolución socialista" actual en el país. Un regreso permanente no era y no es una alternativa prometedora, menos aún para el desarrollo artístico. Este paralelismo biográfico tiene como consecuencia que la mayor parte de la obra de ambos esté fuera de Venezuela, pero con el foco en un lenguaje de formas no figurativo, marcado geométricamente y atado a una tradición que desde los años cincuenta desempeñó un papel clave en el camino hacia la "modernidad" en Venezuela.

Tras una larga residencia en España e Italia, Rafael Pérez se estableció en Suiza, donde entró en contacto con los concretistas suizos. Con escepticismo hacia la terminología absoluta, denotó su arte como neoconcreto, aquel en el que el artista se inclinaba por la referencia abierta no figurativa. En las obras de Pérez esto resultó en un lenguaje de formas consecuentes y geométricas, así como en la búsqueda de medios para concebir las tres dimensiones –que eran elementos móviles o cuadros sobrepuestos–. Su afán fundamental, en cambio, es el de aplicar un análisis continuo de los colores y su efecto. En fases heterogéneas de su obra, el denominador común es la relevancia de la composición del color, lo que también se plasma en los títulos de sus cuadros. Si bien obras tempranas como *Fragmentaciones cromáticas* fueron numeradas, más tarde le dieron un color al título.

En el manejo de los colores, Pérez no confiaba ni en un sistema predetermina-do –lo que lo aparta de los concretistas– ni en la inspiración artística casi mítica, sino que él mismo elaboró numerosos estudios sobre el color para finalmente seguir su intuición. Este manejo objetivo y no dogmático del color fue interpreta-do en Europa una y otra vez –un *kitsch* etnográfico– como "colores sudameri-canos" o "alegría tropical", contra los que Pérez se opuso vehementemente en tanto que tópicos y estereotipos psicosociales. Por el contrario, dio gran importancia a las fuentes de sus estu-dios, pues al igual que a los maestros europeos del color como Josef Albers, Johann Wolfgang von Goethe, Paul Klee, Vasili Kandinski o Johannes Itten, a Pérez le fascinaba sobre todo el simbo-lismo del color de los pueblos indígenas de Latinoamérica, como los mayas, que asignaban a sus deidades los colores y los puntos cardinales correspondientes. De ahí que el efecto de la forma y el color de Pérez presente también un componente espiritual que debe ser contemplado por los espectadores.

Ricardo Alcaide, que después de sus estudios en Londres vive ahora en São Paulo, retoma la crítica a la modernidad, entre otros, en su trabajo *Intrusiones* y en su grupo de obras *Sombre del progreso,* en los que manipula iconos de la arquitectura latinoamericana. Como al arte abstracto, a la arquitectura de los años cincuenta le correspondió una posición decisiva en Venezuela. Durante el régimen de Marcos Pérez Jiménez, que debió haber transformado el país en un "nuevo ideal nacional", lo que se suponía que también se manifestaría en el entorno construido, surgieron numerosos edificios de prestigio, tanto públicos como privados; por nombrar unos ejemplos, la Villa Planchart (1953-

1957) y la Ciudad Universitaria de Carlos Raúl Villanueva en Caracas (1944-1958). En especial el campus, cuya concepción obedece a la síntesis del arte, debía señalar la promesa construida del progreso. Para el trabajo *Intrusiones* Alcaide utiliza fotografías en blanco y negro de dichas edificaciones y las interviene con elementos geométricos monocromáticos. Los tonos de los colores utilizados hacen referencia a la cultura popular latinoamericana –en este caso a Brasil– y por consiguiente están asociados con condiciones precarias.

La ya heterogénea síntesis del arte será completada con más niveles. No sin ironía, el artista causa perturbaciones en los espacios, que en su recepción arqui-tectónica se consideran impecables. Los elementos del cambio en el tiempo y el azar están en línea con el discurso mo-derno. Ambos aspectos se manifiestan en el entorno de Alcaide con materiales y *objets trouvés* como el portón de hie-rro –una "forma perdida"–. La función original desligada pone a prueba el inútil y superfluo portón que Alcaide encon-tró en un barrio de São Paulo, por las casualidades y los cambios de vida en la ciudad. Estos fenómenos de metamor-fosis se ponen a disposición del artista a través de materiales abandonados –ya sean empaques o muebles viejos– para coleccionar, para pintar o para mani-pular y así suscitar un nuevo sentido.

Muriel Pérez
Febrero de 2015

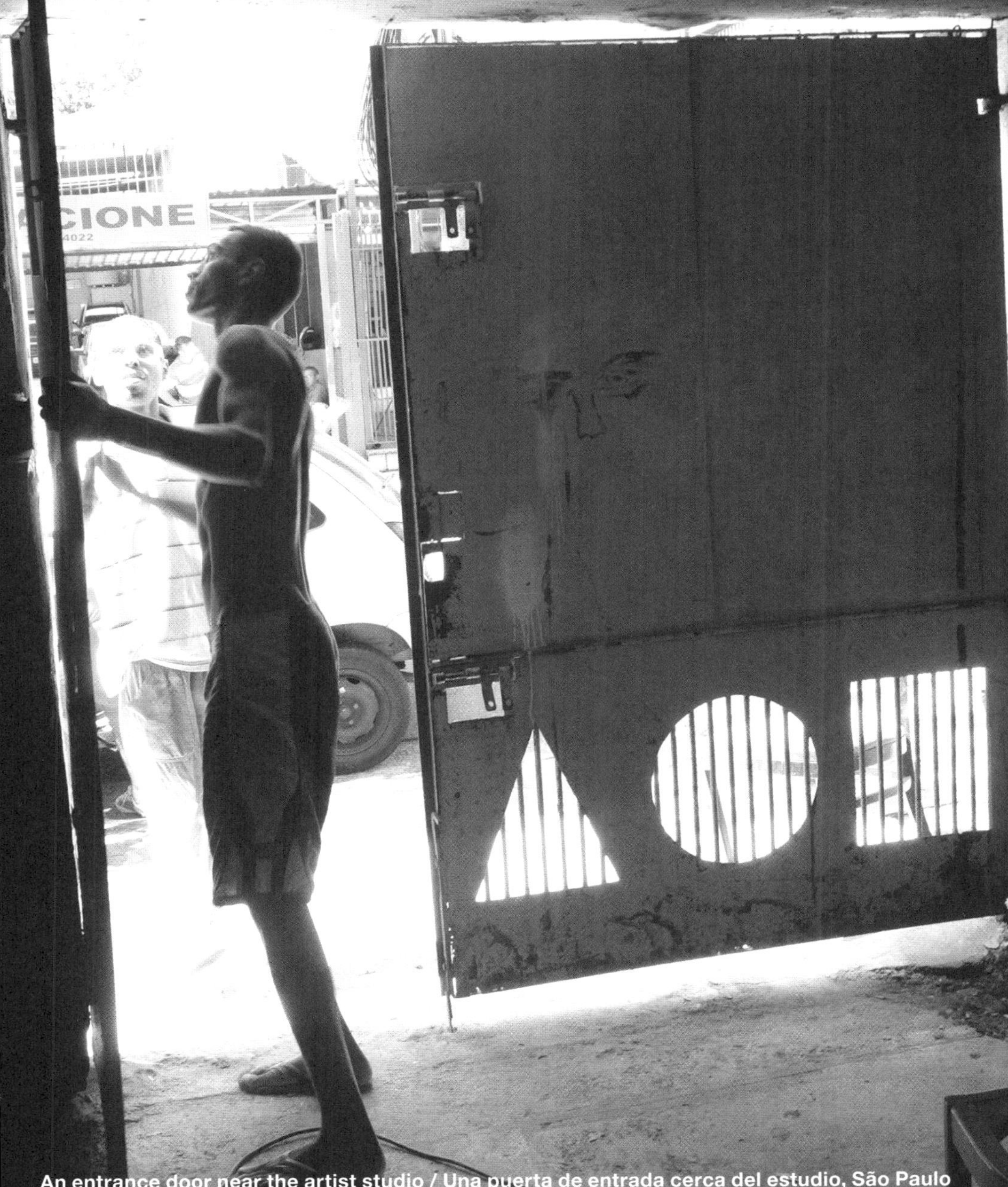

An entrance door near the artist studio / Una puerta de entrada cerca del estudio, São Paulo

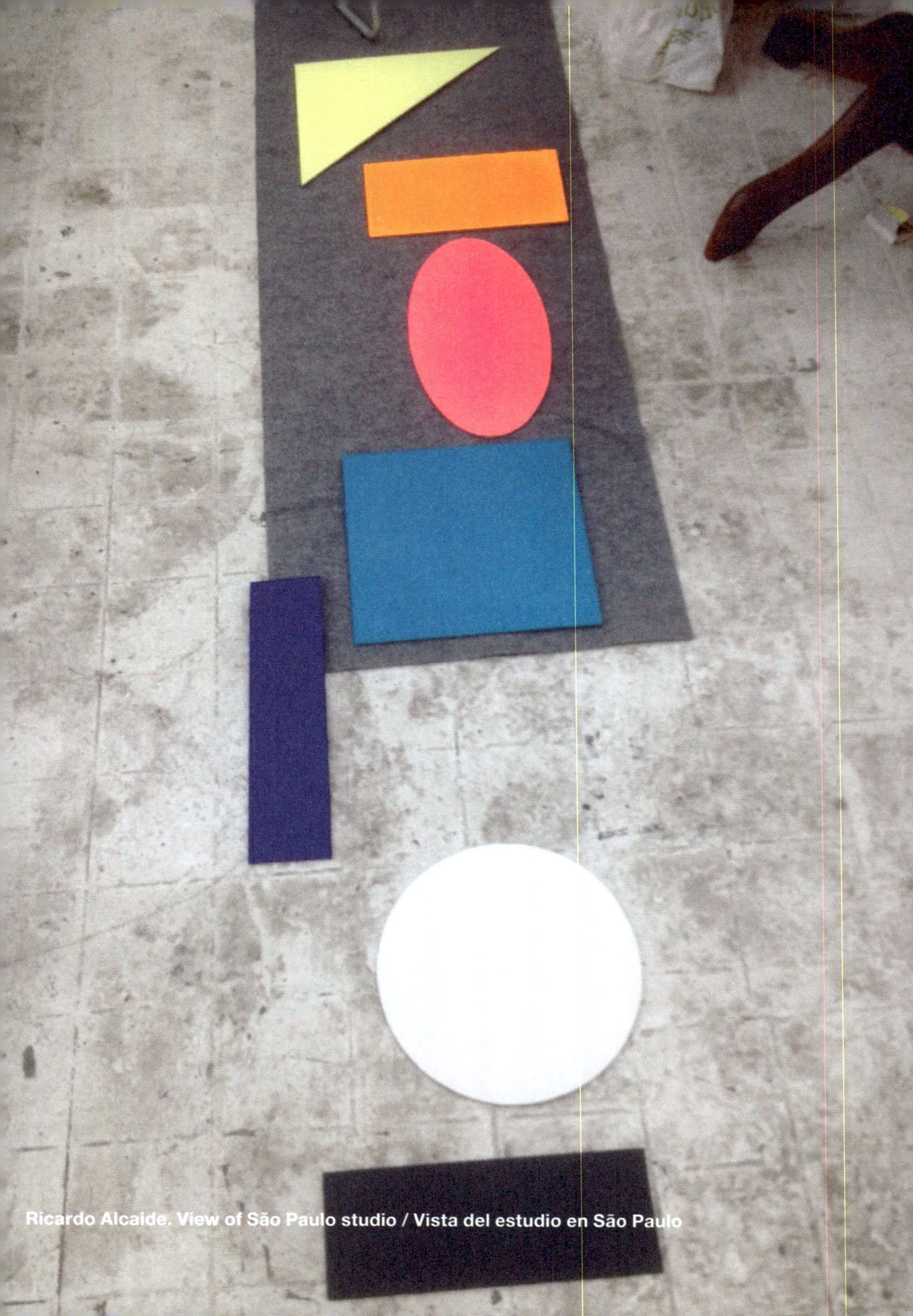

Ricardo Alcaide. View of São Paulo studio / Vista del estudio en São Paulo

Ricardo Alcaide, *Intrusion no. 55 (Shade of Progress)* / *Intrusión n.º 55 (Sombra de progreso)*, 2015, acrylic on card and inkjet print / acrílico sobre cartulina e impresión inkjet

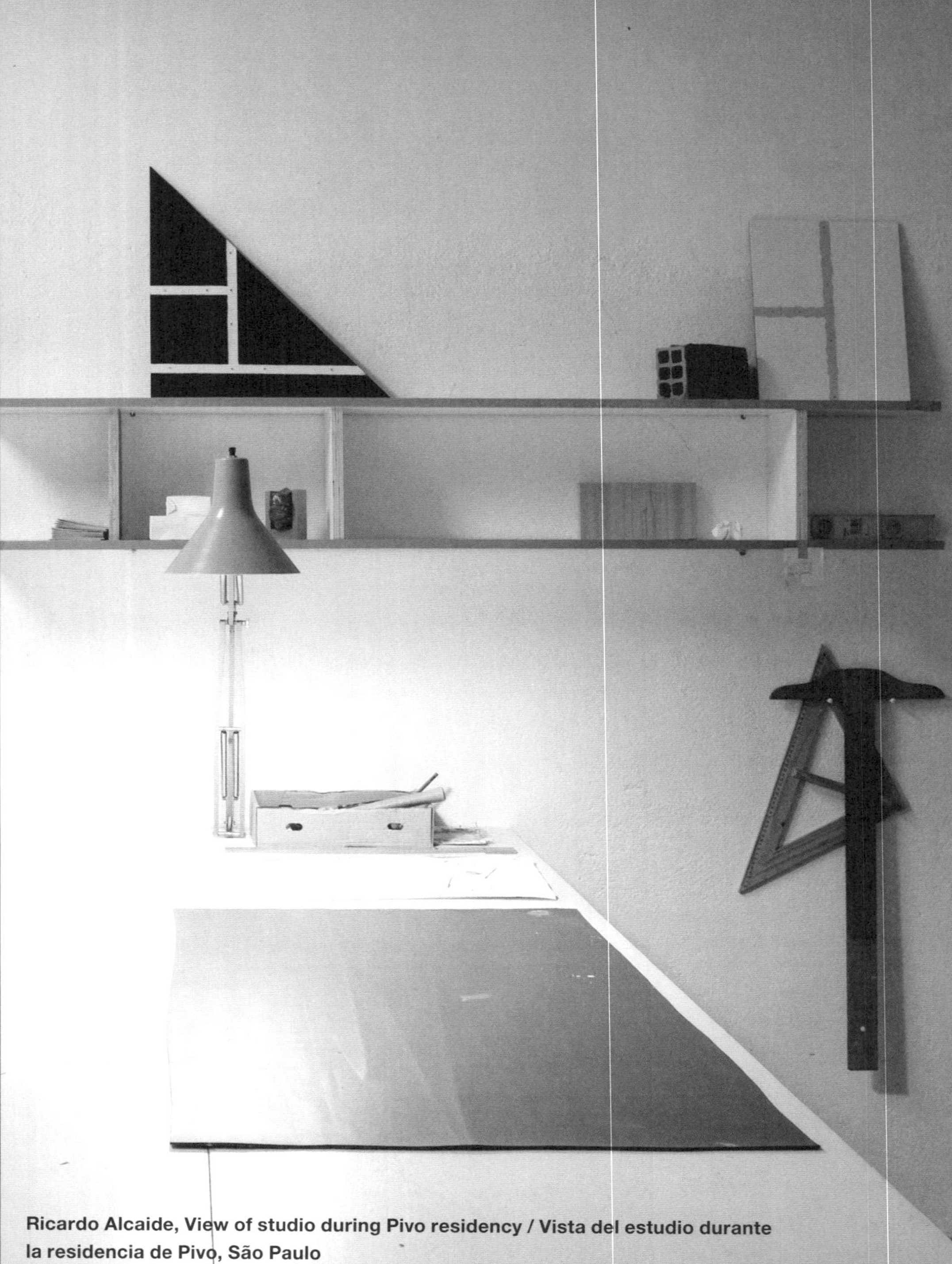

Ricardo Alcaide, View of studio during Pivo residency / Vista del estudio durante la residencia de Pivo, São Paulo

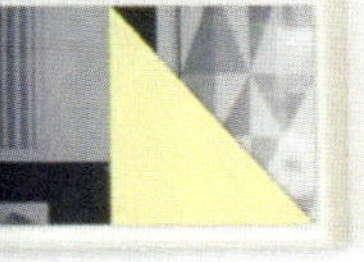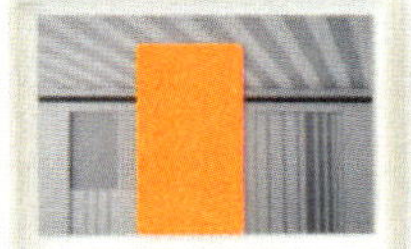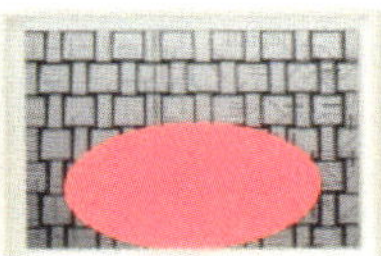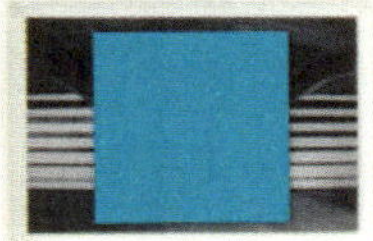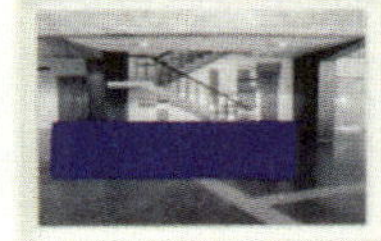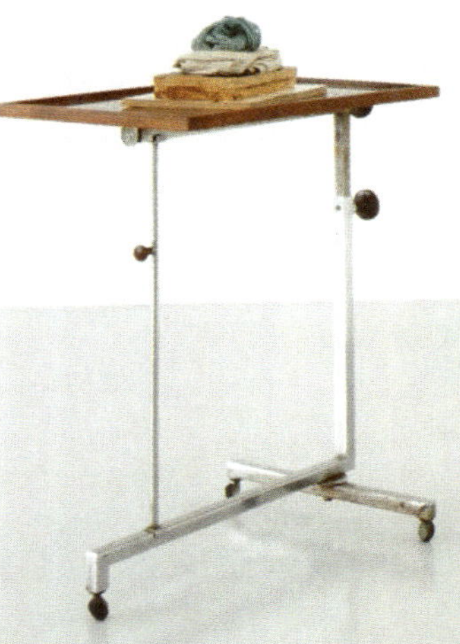

Ricardo Alcaide. View of the exhibition *Critical Form* / Vista de la exposición *Forma crítica*

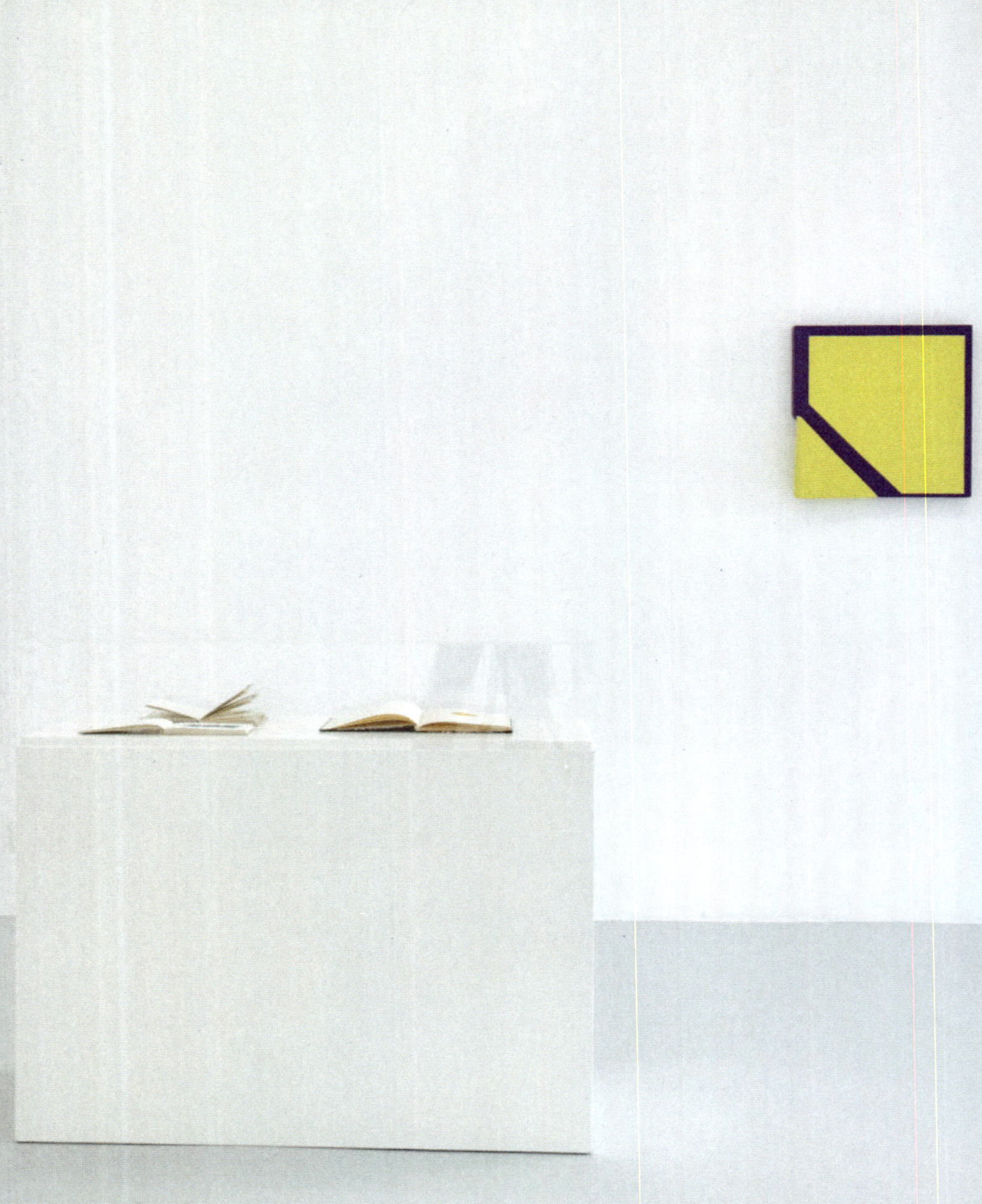

Rafael Pérez. View of the exhibition *Critical Form* / Vista de la exposición *Forma crítica*

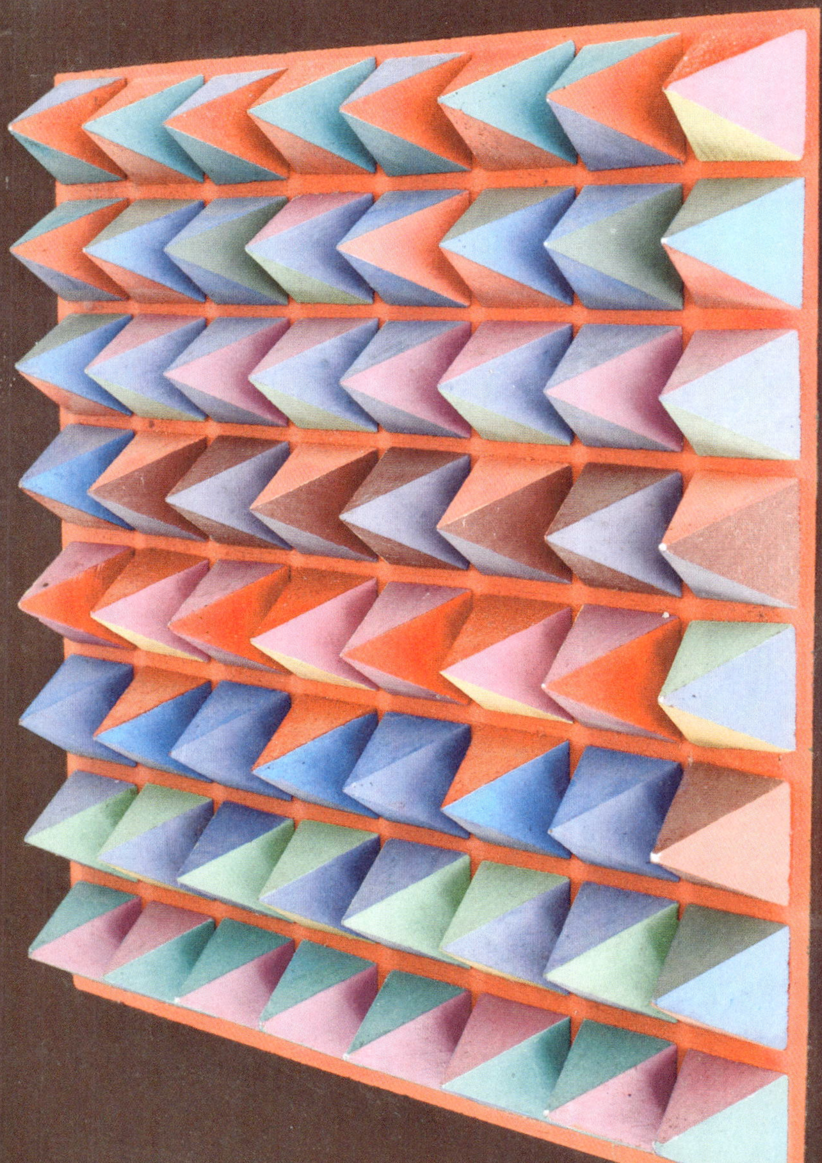

Rafael Pérez, *Untitled / Sin título*, 1967, acrylic on wood / acrílico sobre madera

2014

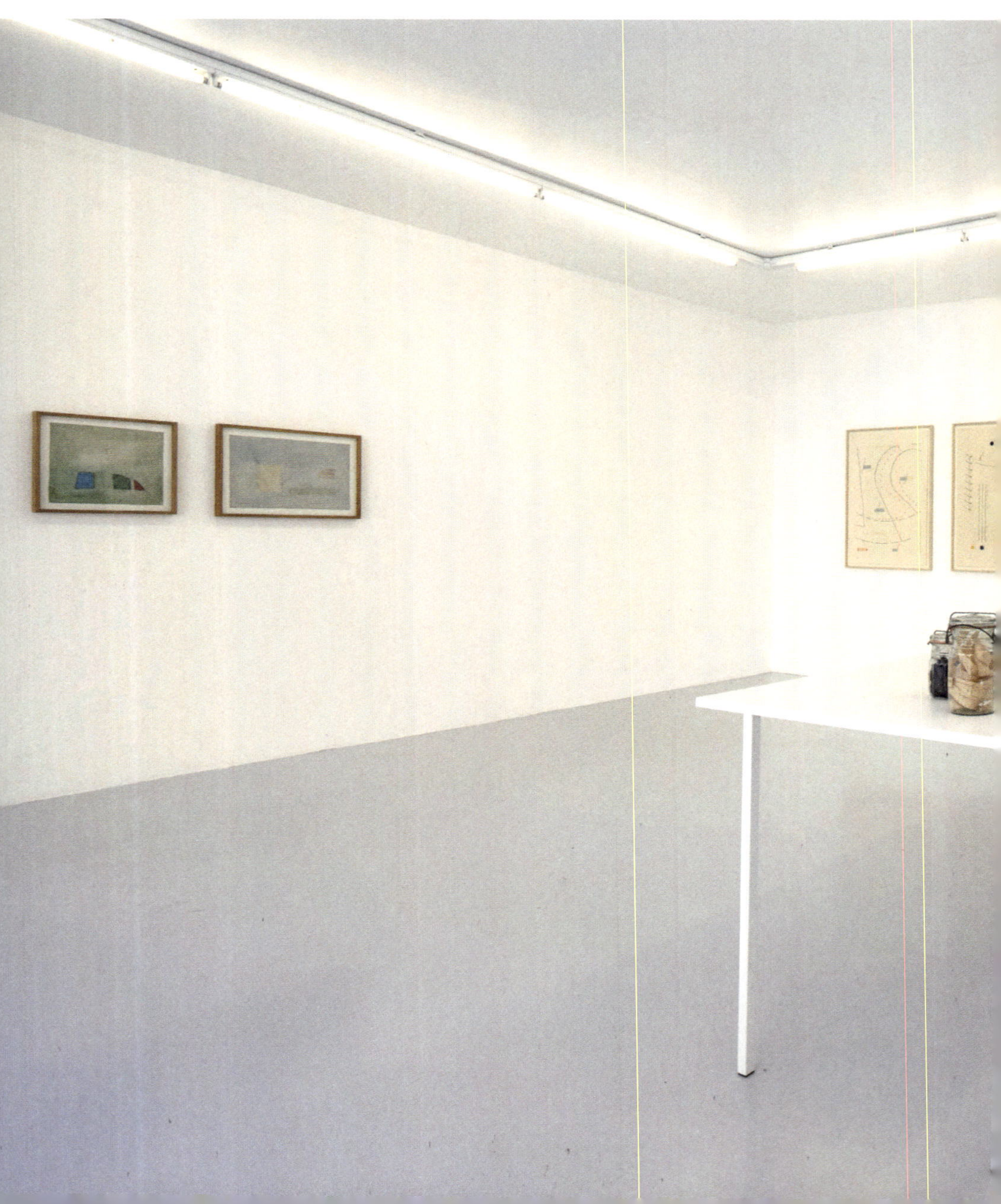

Galaxies of Invention

Galaxias de invención

4 October
—
8 November

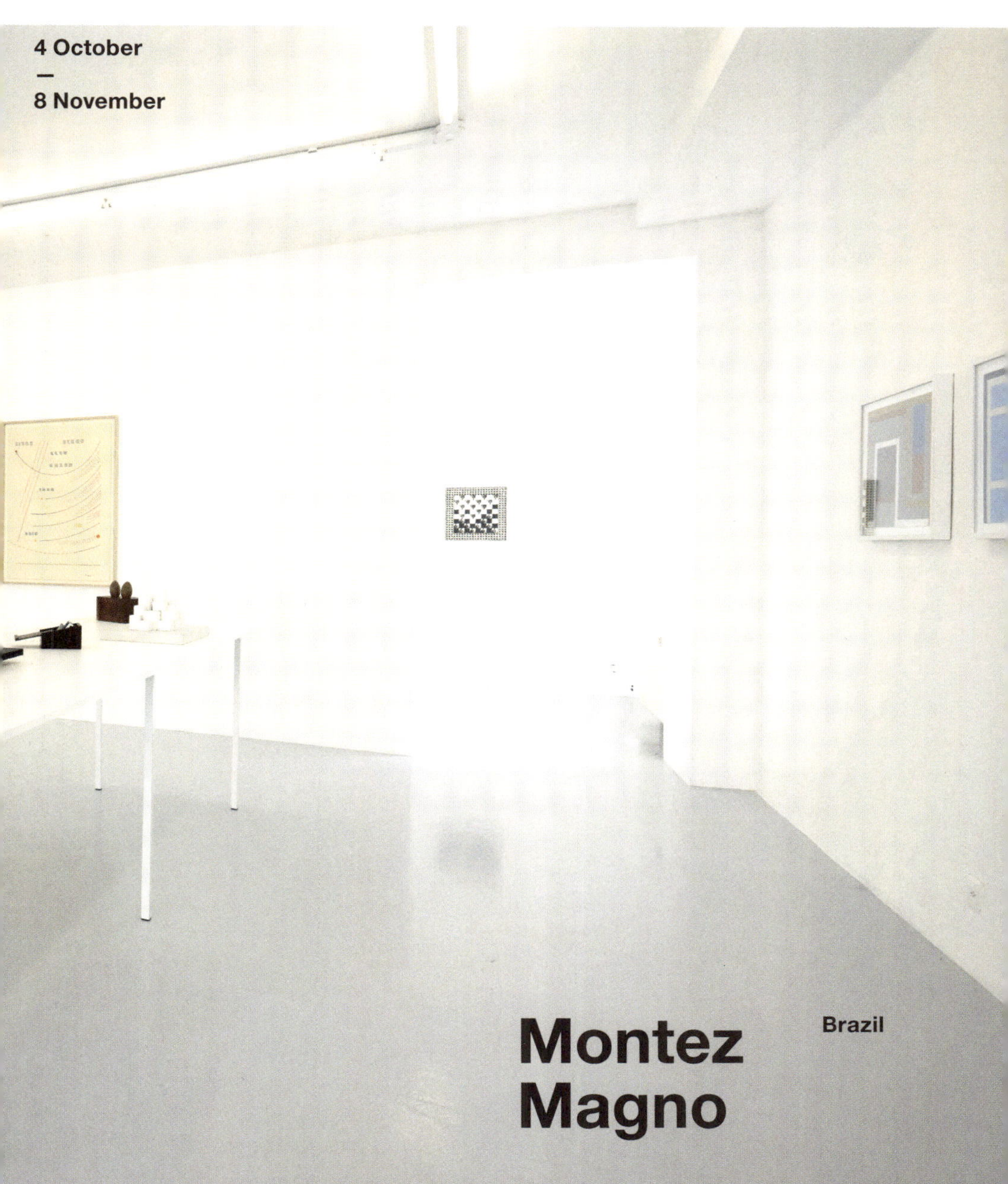

Montez Magno

Brazil

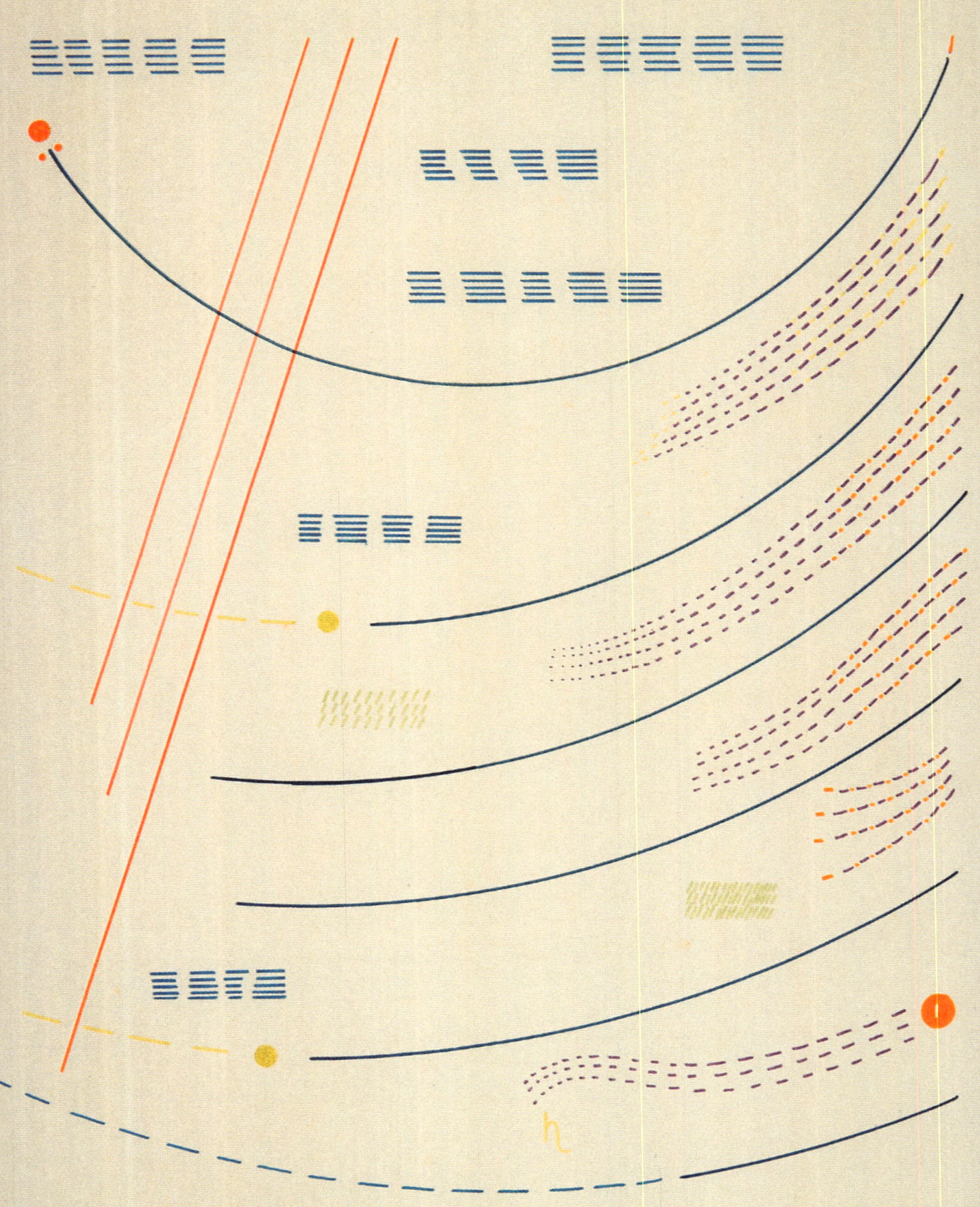

Montez Magno, *Scores – Notrassons / Partituras – Notrassons*, 1972, felt pen on paper / bolígrafo de fieltro sobre papel

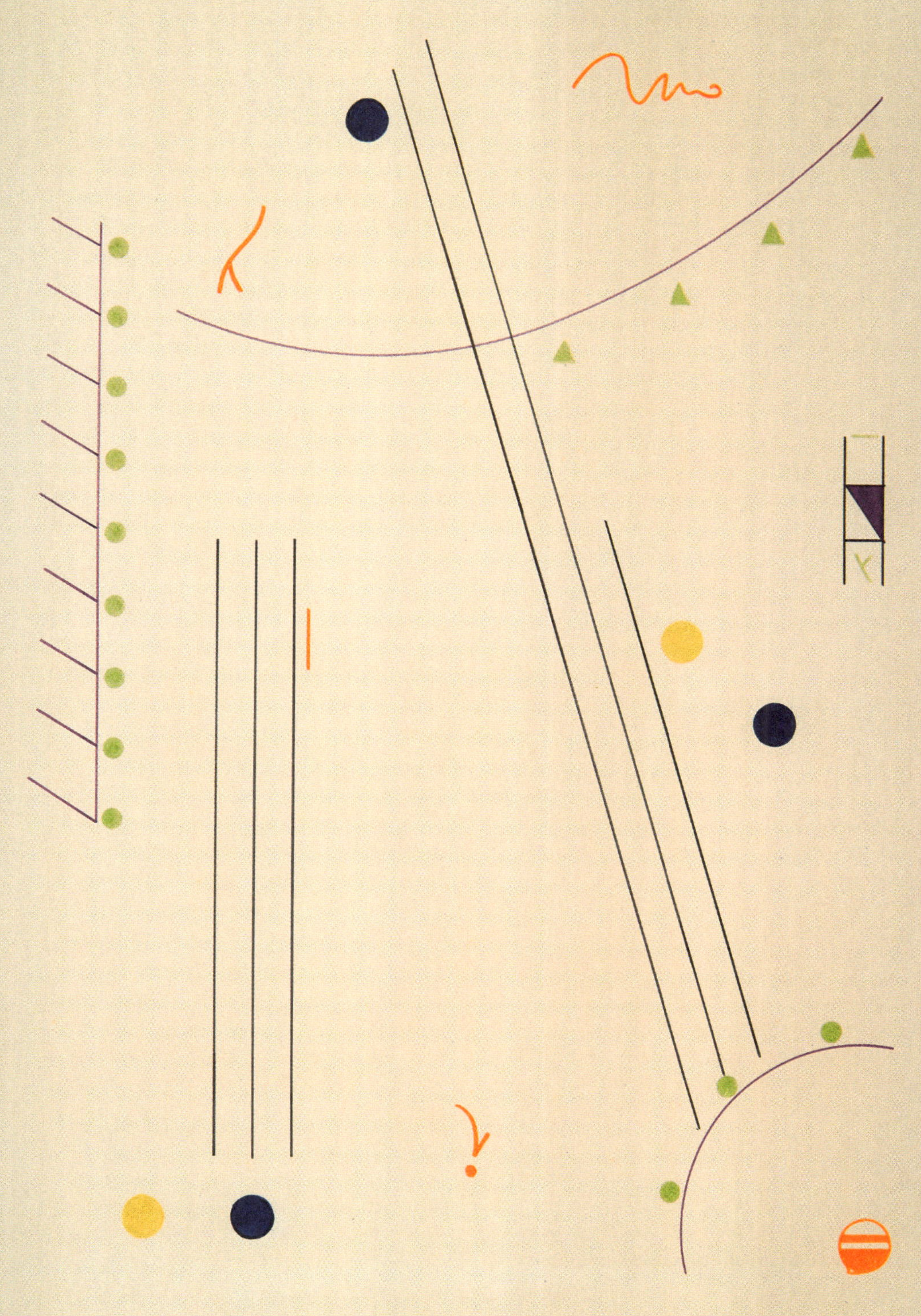

EN   As a rowdy inhabitant of the *great world of invention,*[1] Montez Magno has continuously recreated cosmologies and cosmogonies for the universe. His freedom resides in blurring the boundaries between the *logos* (knowledge, science) and the *gon* (the territory of the imagination). In this invented (because inventive) cosmos, fields that might be seen as far-removed or contradictory run into each other boundlessly. Thus, his work explores apparently scientific concepts or methods – combinatorics, fragmentation, design, metric, and synthesis – for predominantly anarchical purposes. Without wishing to delimit sets of truths, apart from enjoying the pleasure of suggesting them only to contradict them, the artist will build endless series of galaxies of the world and for his work, in an investment in the chameleonic – transformative and unstable – character of life and art. "There is a trend among artists to be monolithic. I have always been chameleonic."[2]

And so, it was in the early 1960s that Magno experimented with a kind of invention that every now and then the artist would vigorously revisit in his work: the entropic action of fragmenting, of dispersing, of deconstructing. "I was making a more formal abstraction using more compact shapes, so [...] I had the idea of fragmenting the shape – and that is when I began this fragmentation work. Essentially, it is as if I wanted to see what would happen inside matter, a kind of atomization [...]."[3] This fragmentary impulse – an inventive gesture that in Magno's work reverberates in spatial and unique logical investigations of organization – would be based on diverse intentions and forms, constituting a galaxy of possibilities: of an evidently phenomenological connotation (as in some of his series, in which gesture and expressional character are protagonists) of the most blatant conceptual and linguistic implications (like in the musical scores *Notassons* [1970–92]) of the touching on urbanistic concerns – the *Cidades imaginárias* [Imaginary Cities] series (1972) and its offshoots – or even of the relative to the status quo of culture, like *Museu portátil* [Portable Museum] (2009), whose inconstant forms and arrangements poke fun at the "museumification" of ever-changing meanings and values.

Therefore, this exhibition offers a selection of Magno's works that have developed this entropic impulse, broadly rooted in a sensitive and experimental dimension of spatiality. In the context of these spatial investigations – marked by the rearrangement of simple elements that are combined and, from their changing positions, configure varying rhythms and spatialities – emerges a silent musicality that, in the albums *Notassons* (1970–92), is also treated as a language. Since 1970, with the series Sonata para *olho e ouvido* [Sonata for Eye and Ear], Montez faces the question of musical notation (of code) and, like a frustrated inventor, reconfigures habitual sign rules, freely drawing a musicality that he would subsequently call "random music." Thus, although already present in his early works – such as the *collages* of 1962, where the suavely geometric elements seem to occupy the surface with solitude or melancholy – it would be in the works intimately bound to the musicality of the void, the pauses and the silences that become primordial, constructive values in the artist's work. Fascinated by unfinished works, Magno creates from this void an inventive, constant impulse: "I don't follow a manual, I open paths."[4]

In this galactic dimension of paths that multiply in a state of constant expansion, the inventor Magno has worked with simple, everyday materials that lend themselves to persistent rearrangements that barely adhere to the logical fetishists of the art market. As the notorious Lygia Pape said in 1968: "It is anti-art. A proposal from the almost-nothing. From that which is used and, now, is a new-act. [...] The material provokes creation, suggests invention, spontaneous, free of any particular connotation. It reassumes a new origin not that used daily but that of the colorful dream."[5] Thus, more interested in invention, in the force of creation not only as an act, but rather as a constant exercise, Magno rearranges materials as diverse and ordinary as a bar of soap, a watercolor pen, or screws, constituting a centrifugal, variable, and open-to-others that unconcerned with "structuring the world" in a universal spatiality (whether cosmological or cosmogonical) are inclined, in turn, to create small, ephemeral, and punctual arrangements that, in response to all variety of political and sensitive contexts, nonetheless have the power to make inventors out of all of us.

Clarissa Diniz

1   Hélio Oiticica. Special contribution to the film *H.O.* (1979).

2   Montez Magno in an interview with the author, 2009.

3   Ibid.

4   Ibid.

5   Pape, Lygia, *Montez Magno. Diário de Notícias,* Rio de Janeiro, December 4, 1968.

ES   Como un habitante bullicioso del "gran mundo de la invención"[1], Montez Magno ha recreado incesantemente cosmologías y cosmogonías del universo. Su libertad radica en desvanecer las fronteras entre el *logos* (conocimiento y ciencia) y el *gon* (el territorio de la imaginación). En este cosmos inventado (tan ingenioso), los ámbitos que pueden ser vistos como distantes o antagónicos se topan entre sí de forma ilimitada. Así, su obra explora conceptos y métodos aparentemente científicos (combinatoria, fragmentación, diseño, métrica y síntesis) con fines predominantemente anárquicos. Sin pretender delimitar conjuntos de verdades, aparte de disfrutar del placer de sugerirlos para después contradecirlos, el artista construirá series ilimitadas de galaxias del mundo y de su trabajo, en una apuesta por el carácter camaleónico –transformador e inestable– de la vida y del arte: "Hay una tendencia entre los artistas a ser monolíticos. Yo siempre he sido camaleónico."[2]

Así fue como a principios de los años sesenta Magno experimentó con un tipo de invención que de vez en cuando revisitará con fuerza en su obra: la acción entrópica de fragmentar, de dispersar, de deconstruir. "Yo estaba haciendo una abstracción más formal usando formas más compactas, entonces [...] tuve la idea de fragmentar la forma y ahí fue cuando comencé con el trabajo de fragmentación. Esencialmente, es como si yo hubiera querido ver qué ocurría dentro de la materia, una especie de atomización."[3] Este impulso fragmentario –un gesto ingenioso que en el trabajo de Montez Magno reverbera en investigaciones espaciales y lógicas singulares de organización– estaría basado en intenciones y formas diversas y constituye una galaxia de posibilidades: una connotación evidentemente fenomenológica (como en una de sus series, en la que los gestos y el carácter expresivo son protagonistas) de las implicaciones conceptuales y lingüísticas más estridentes, como en la partitura *Notassons* (1970-1992), rozando tangencialmente preocupaciones urbanísticas –la serie *Cidades imaginárias* [Ciudades imaginarias] (1972) y sus derivaciones– o incluso el *statu quo* de la cultura, como *Museu portátil* [Museo portátil] (2009), cuyos inconsistentes formas y arreglos ironizan la museización de los siempre cambiantes sentidos y valores.

De esta manera, esta exposición ofrece una selección de los trabajos de Montez Magno que han desplegado este impulso entrópico basado en una dimensión sensitiva y experimental de la espacialidad. En este contexto de investigaciones espaciales marcadas por una reorganización de elementos simples que están combinados y, por sus posiciones cambiantes, configuran una variedad de ritmos y especialidades, emerge una musicalidad silenciosa que, en los álbumes *Notassons* (1970-1992), es también tratada como un lenguaje. Desde 1970, con la serie Sonata para *olho e ouvido* [Sonata para el ojo y el oído], Montez se enfrenta a la pregunta de notación musical (de código) y, como un inventor inconforme, reconfigura las reglas semióticas dibujando libremente una musicalidad que posteriormente llamaría "música aleatoria". Por consiguiente, aunque ya presente en sus trabajos iniciales –como en los *collages* de 1962, cuyos elementos suavemente geométricos parecen llenar la superficie de soledad y melancolía–, será en los trabajos íntimamente vinculados a la musicalidad de ese vacío, a las pausas y a los silencios en los que estos se tornarán en valores constructivos primordiales en la obra del artista. Fascinado por trabajos inconclusos, Montez Magno crea desde este vacío un ingenioso y constante impulso: "No sigo un manual, abro caminos".[4]

En esta dimensión galáctica de caminos que se multiplican en un estado constante de expansión, el inventor Magno ha trabajado con materiales simples, cotidianos, que se prestan a reconfiguraciones persistentes y que poco se remiten a las lógicas fetichistas del mercado del arte, tal como la notoria Lygia Pape dijo en 1968: "Es un anti-arte. Una propuesta de la casi-nada. De aquello que fue usado, y ahora es un nuevo acto. [...] El material provoca la creación, sugiere la invención, espontánea y libre de cualquier connotación particular. Reasume un nuevo origen no de uso diario, pero de sueño colorido".[5] De esta manera, más interesado en la invención, en la fuerza de la creación no solo como un acto, sino como un ejercicio constante, Montez Magno reorganiza materiales tan diversos y ordinarios como una pastilla de jabón, un pincel de acuarela o unos tornillos y constituye una obra centrífuga, variable y abierta a otros que no se han preocupado por "estructurar el mundo" en una espacialidad universal (tanto cosmológica como cosmogónica) y que se inclinan, a su vez, a crear pequeños arreglos efímeros y puntales que, en respuesta a los más diversos contextos sensibles y políticos, tienen sin embargo el poder de hacernos a todos inventores.

Clarissa Diniz

1 Hélio Oiticica. Contribución especial a la película *H.O.* (1979).

2 Montez Magno en entrevista con la autora, 2009.

3 Ibíd.

4 Ibíd.

5 Pape, Lygia, *Montez Magno. Diário de Notícias,* Río de Janeiro, 4 de diciembre de 1968.

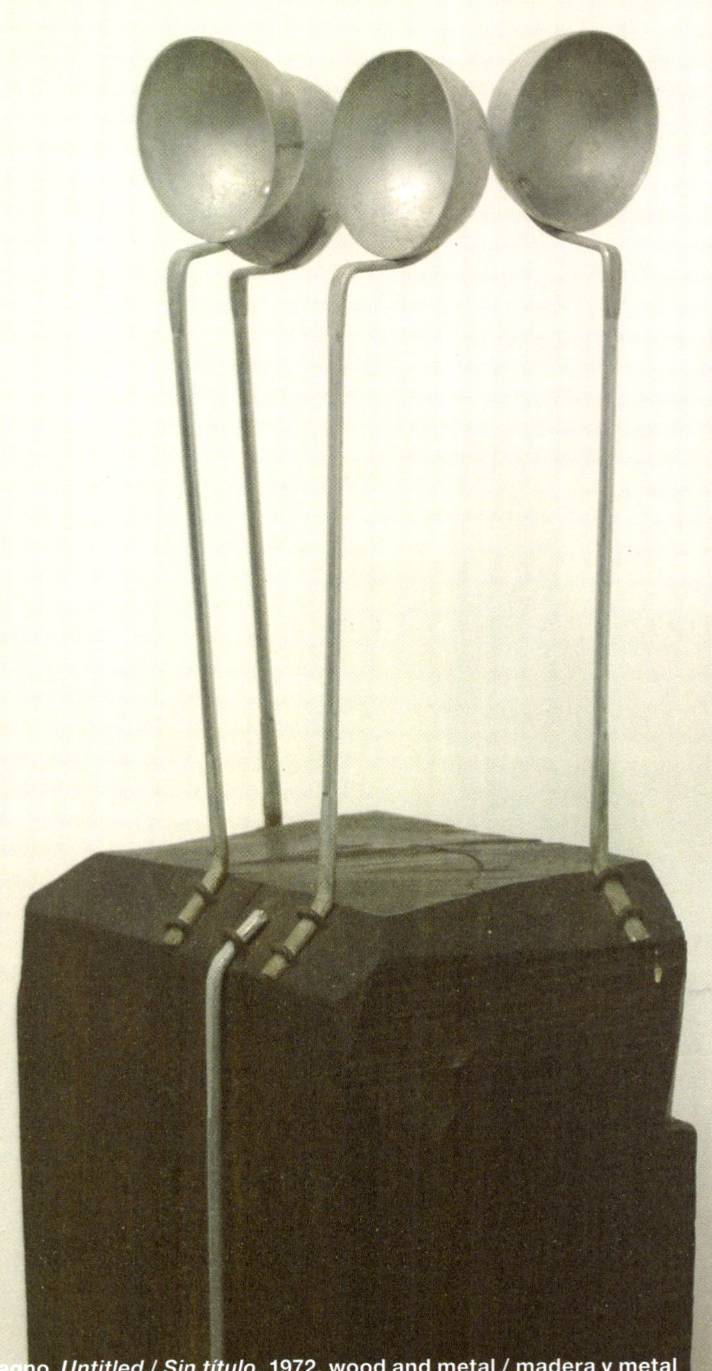

Montez Magno, *Untitled / Sin título*, 1972, wood and metal / madera y metal

2014

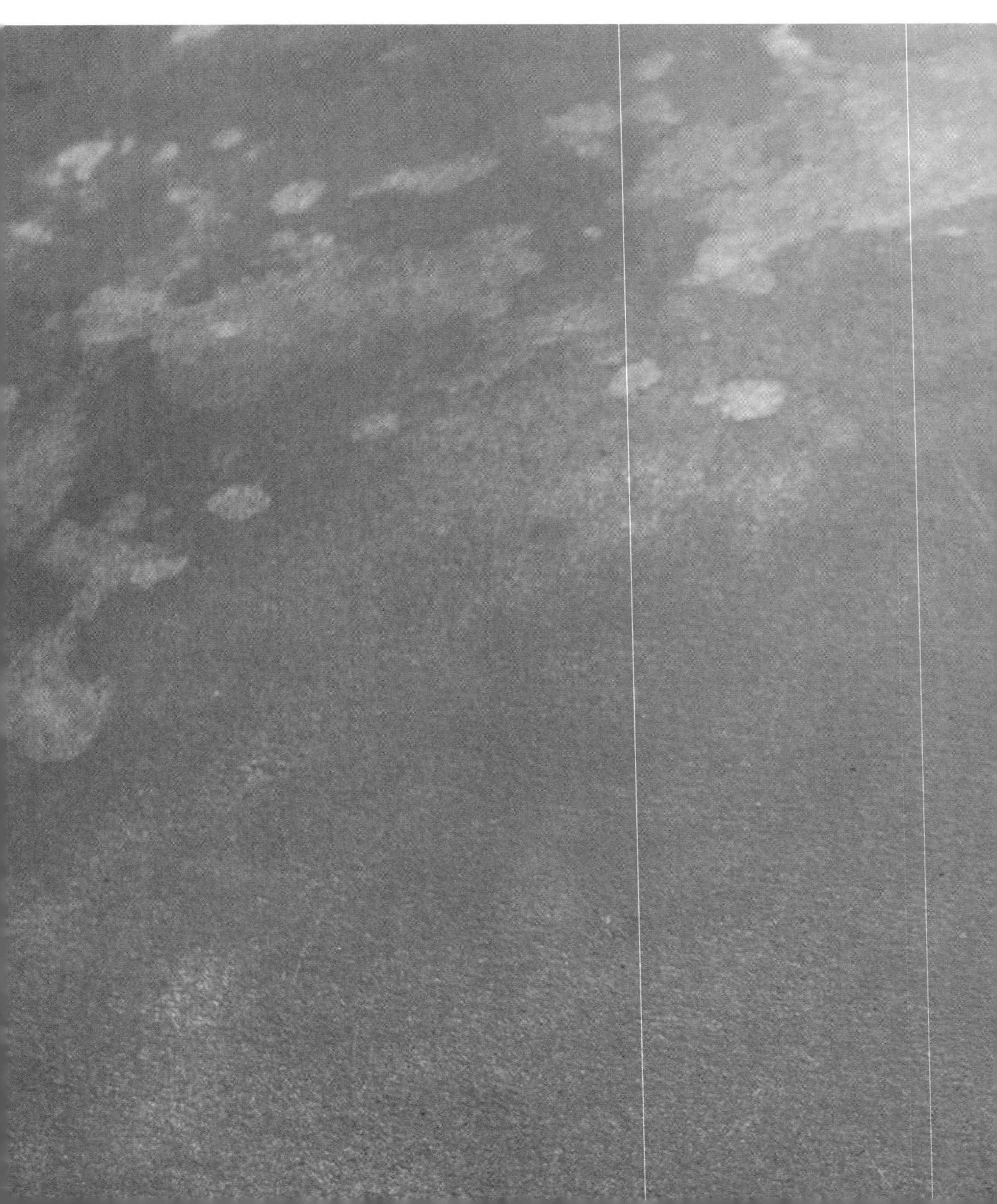

Chocobanana Game

El juego Chocobanana

28 August
—
27 September

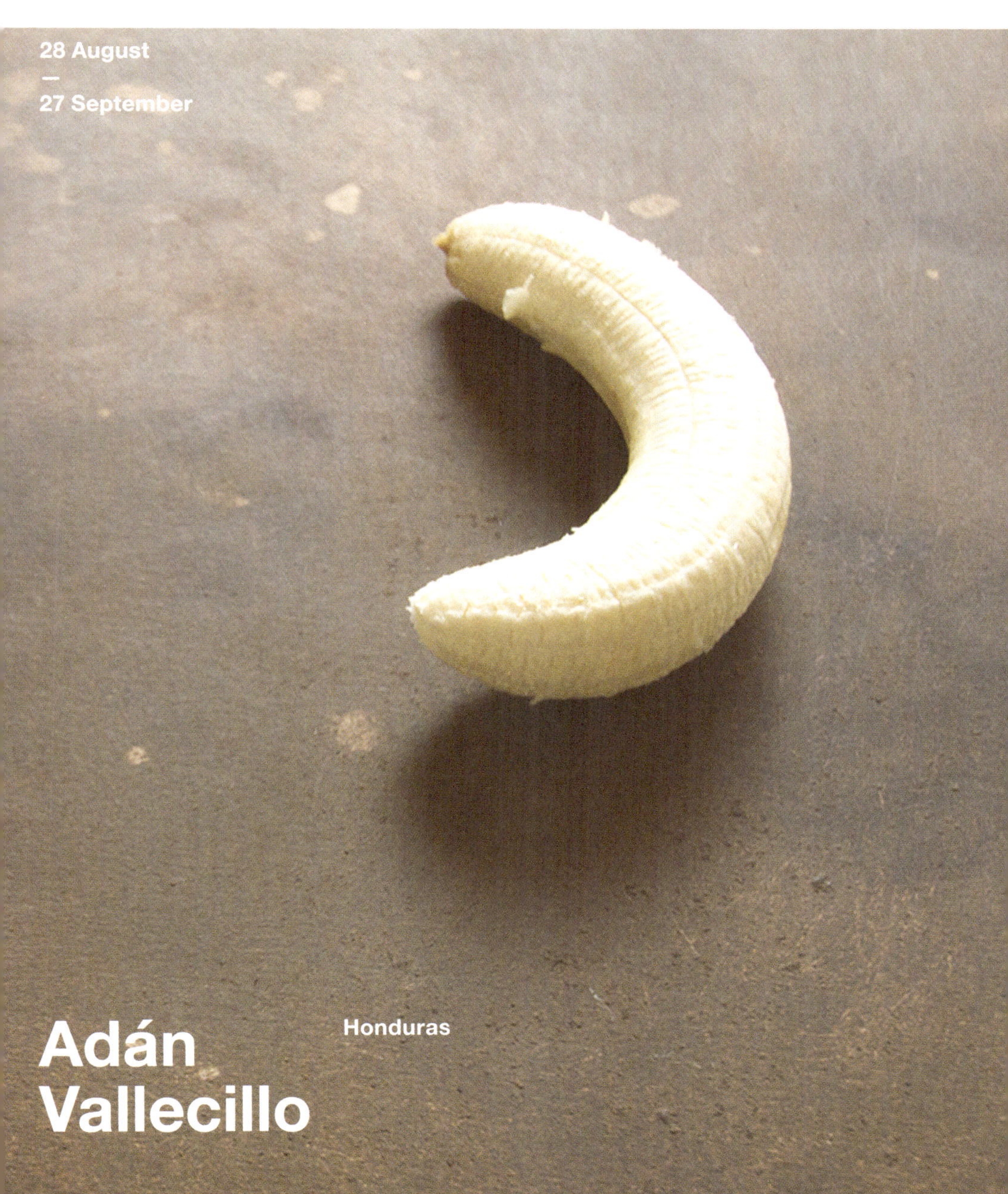

Adán Vallecillo

EN   *The cocoa bean is a phenomenon, for nowhere else has nature
concentrated such a wealth of valuable
nourishment in so small a space.*

Alexander von Humboldt

If we as Swiss travel abroad, we are commonly associated with four things: watches, banks, cheese, and chocolate. These things that are emblematically important components of our identity are based on very diverse constituents. The Swiss with a few tricks and the guarantee of state stability extended the idea of the Italians and the Fugger family organizing money trafficking internationally. Immigrated refugees from France brought important know-how for the fine mechanics of the watch industry. Local cheese is a genuine and autochthonous Swiss evolution, based on a homegrown resource: milk.

Adán Vallecillo's first solo exhibition with Christinger De Mayo broaches the issue of the history of chocolate and its hidden connections between Mesoamerican history, colonization, and fortuitous Switzerland.

His works and interventions however are never didactic or openly political, but rather convince through a sensual experience of a part of the world that seems far away and of which we know little, but with which we have nevertheless been aligned for hundreds of years.

Switzerland likes to think that it has no colonial past and prefers to believe that it never owned any colonies overseas. Through mercantile interests, however, Switzerland was deeply entangled in the mechanisms that define a colonial circulation of goods. The raw material of Swiss chocolate comes from Mesoamerica, where the fruits of the cacao tree, their pulp, and their kernel were prepared as a cultic drink by the Maya and possibly earlier cultures. Furthermore, cacao played a vital role as a currency in the economic system and in politics.

The products of Honduras, Vallecillo's home country, have not brought good fortune to the country as has been visible through the eventful history of the twentieth century. Bananas, cacao, coffee, and tobacco were and still are planted under arduous conditions. For the farmers of this violence-plagued country, the earnings are not enough for a humane existence. Only a rethinking by the consumers in the processing countries like Switzerland might lead to a change in the living conditions of those who cultivate these raw materials. If we are willing to invest more, a sustainable production might be possible.

In *Chocobanana Game,* the fault lines and clandestine connections between Switzerland and Honduras are made visible: the architecture of the Maya is reflected in the topography of a chocolate bar.

Adán Vallecillo

Born 1977 in Danlí, Honduras. Studied at the Escuela Nacional de Bellas Artes, Tegucigalpa, Honduras. Various solo and group exhibitions, including: Biennial of Cartagena; Orange County Museum of Art, California; Museo del Barrio, New York; 54th Venice Biennale; Museum of Latin American Art, Long Beach. His works are included in collections such as the Daros Latinamerica Collection and the Cisneros Foundation, among others.

ES   *La semilla de cacao es un fenómeno, ya que en ninguna parte la naturaleza ha concentrado nutrientes tan valiosos en tan pequeño espacio.*

Alexander von Humboldt

Cuando nosotros, como suizos, viajamos al extranjero nos asocian comúnmente con cuatro cosas: relojes, bancos, queso y chocolate. Estas cosas, que son elementos emblemáticos de nuestra identidad, se basan en constituyentes muy diversos. Los suizos, con unos pocos trucos y la garantía de la estabilidad del Estado, extendieron la idea de los italianos y de la familia Fugger como organizadores del tráfico internacional de divisas. Los refugiados que inmigraron desde Francia trajeron el importante know-how de la mecánica de precisión de la industria relojera. El queso local es una evolución suiza genuina y autóctona, basada en un recurso de producción propia: la leche.

La primera exposición individual de Adán Vallecillo con Christinger De Mayo aborda la historia del chocolate y sus conexiones ocultas entre la historia de Mesoamérica, la colonización y la fortuita Suiza.

Sus obras e intervenciones, sin embargo, nunca son didácticas ni abiertamente políticas, sino que nos convencen a través de una experiencia sensorial de una parte del mundo, que parece lejana y de la que sabemos muy poco, pero con la que, no obstante, hemos estado alineados durante cientos de años.

A Suiza le gusta pensar que no tiene un pasado colonial y prefiere creer que nunca ha tenido una colonia en el extranjero. Sin embargo, a través de intereses mercantiles, Suiza estuvo profundamente involucrada en los mecanismos que definen la circulación de bienes. La materia prima del chocolate suizo proviene de Mesoamérica, donde los frutos de la planta del cacao, su pulpa y su semilla fueron preparados como una bebida de culto por los mayas y posiblemente también por culturas anteriores. Además, el cacao desempeñó un papel fundamental como moneda en el sistema económico y político de dichas culturas.

Los productos de Honduras, el país natal de Adán Vallecillo, no han traído buena fortuna al país, como se ha evidenciado a lo largo del siglo XX. Los bananos, el cacao, el café y el tabaco fueron y aún hoy son cultivados bajo condiciones arduas. Para los campesinos de este país plagado de violencia, las ganancias no son suficientes para una existencia humana. Solamente un replanteamiento de los consumidores de los países de procesamiento como Suiza podría traer un cambio en las condiciones de vida de aquellos que cultivan estas materias primas. Si estamos dispuestos a invertir más, podría ser posible una producción sostenible.

En *El juego Chocobanana* se hacen visibles las fisuras y conexiones clandestinas entre Suiza y Honduras: la arquitectura maya está reflejada en la topografía de una tableta de chocolate.

Adán Vallecillo

Nacido en Danli, Honduras, en 1977, estudió en la Escuela Nacional de Bellas Artes en Tegucigalpa, Honduras. Ha realizado diferentes exposiciones individuales y colectivas en la Bienal de Arte de Cartagena; en la Orange County Museum of Art, California; el Museo del Barrio, Nueva York; la 54ª Biennale di Venezia, y el Museum of Latin American Art, Long Beach, California. Sus obras se incluyen en colecciones como la Daros Latinamerica Collection y la Cisneros Foundation, entre otras.

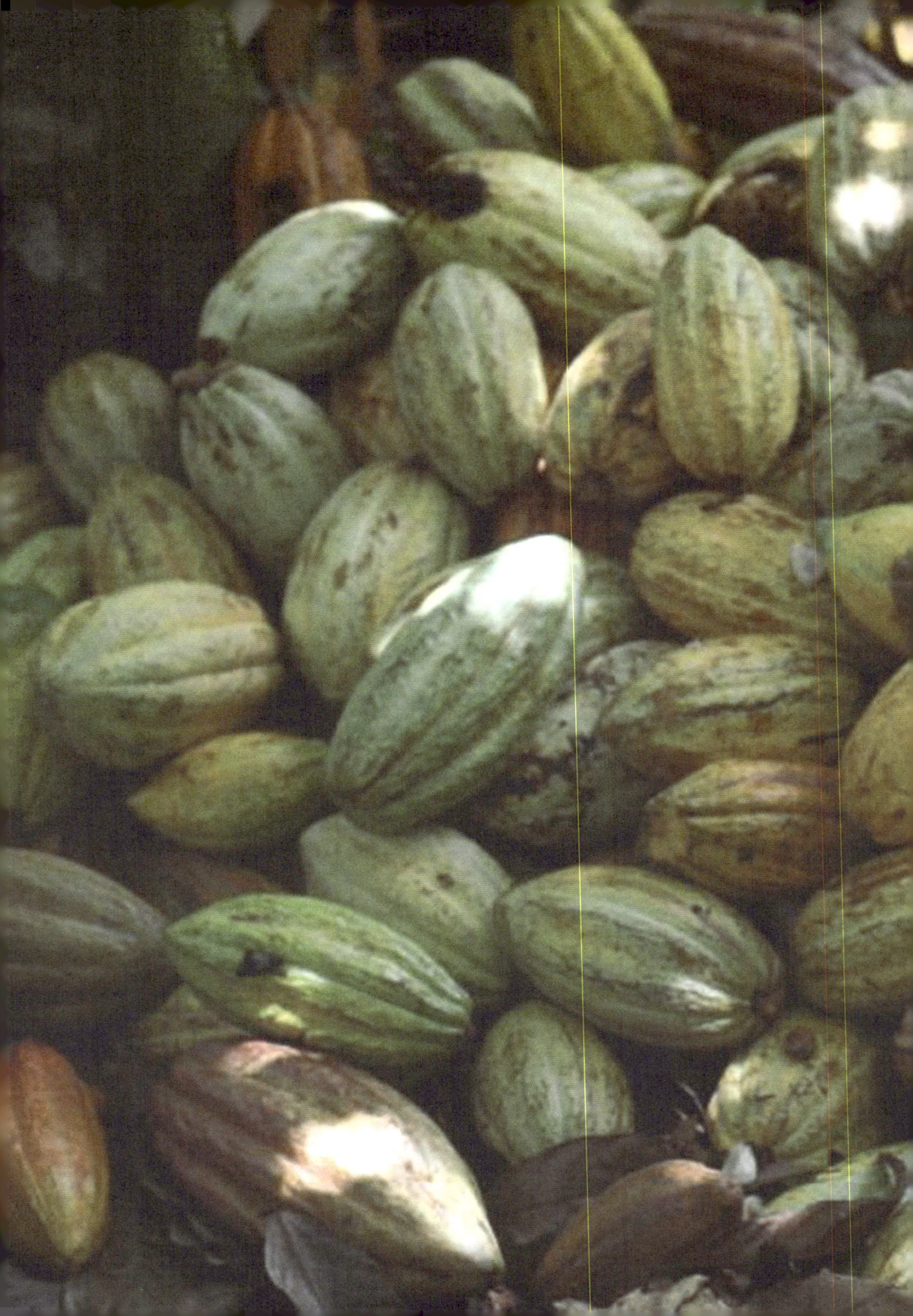

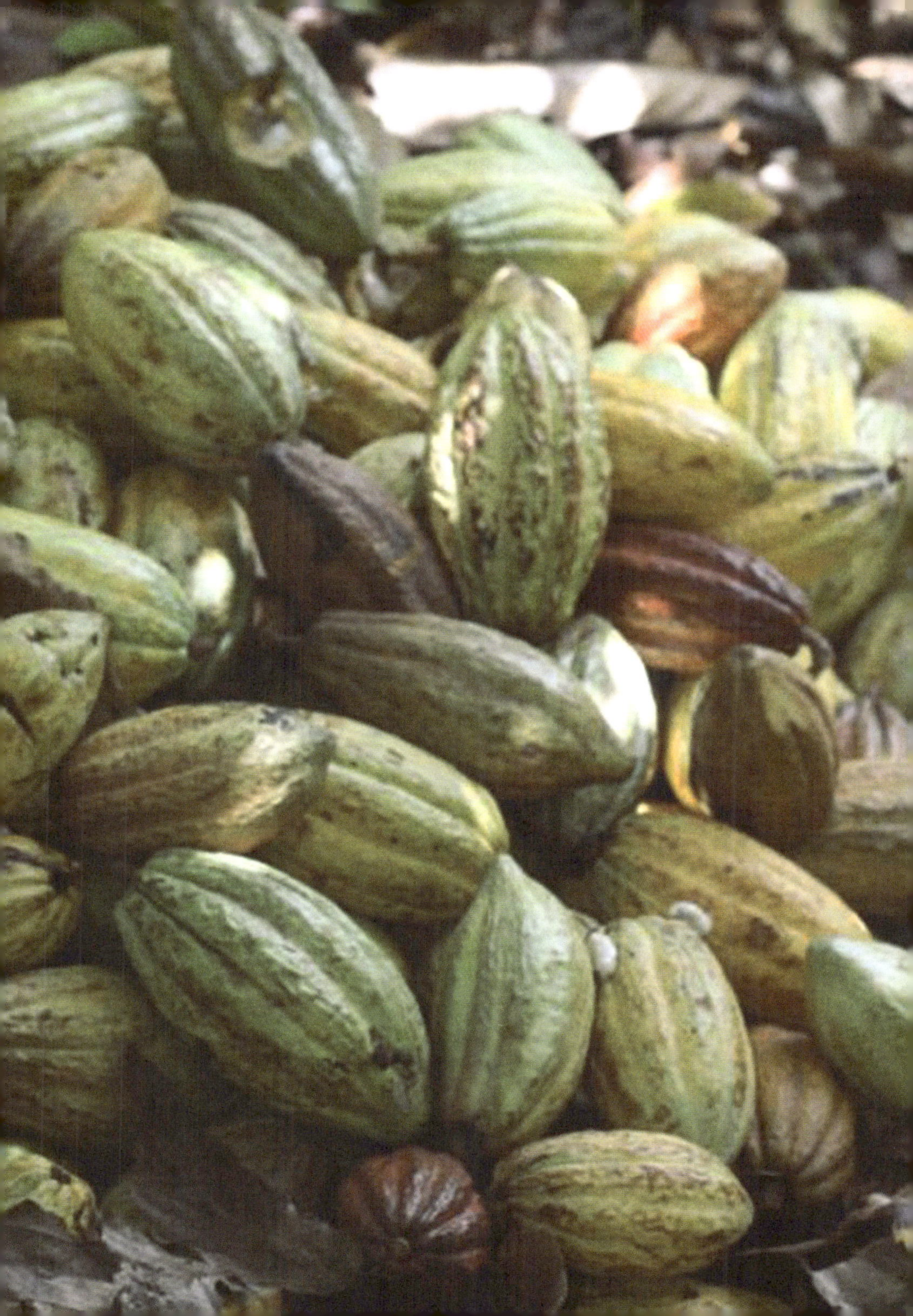

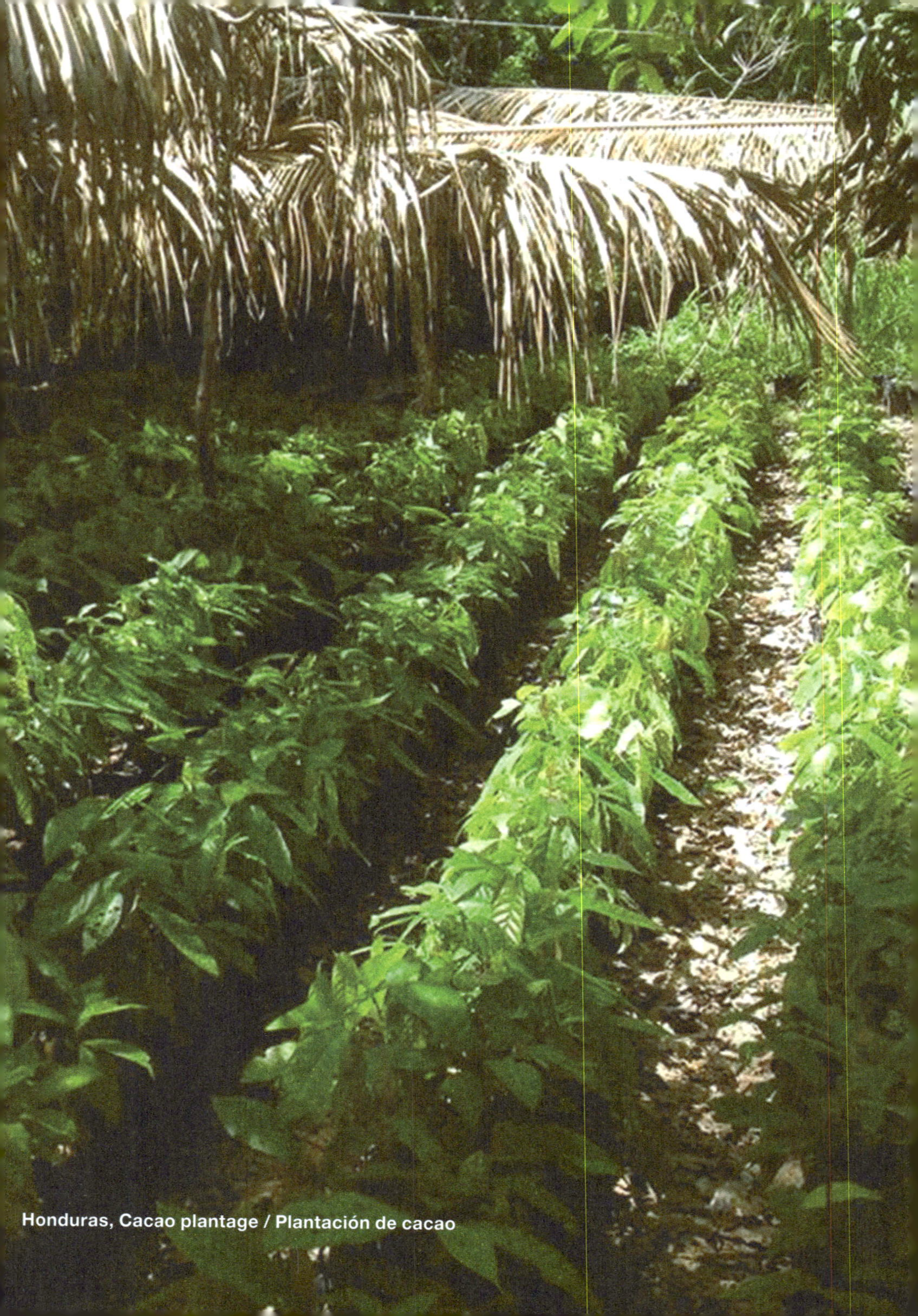

Honduras, Cacao plantage / Plantación de cacao

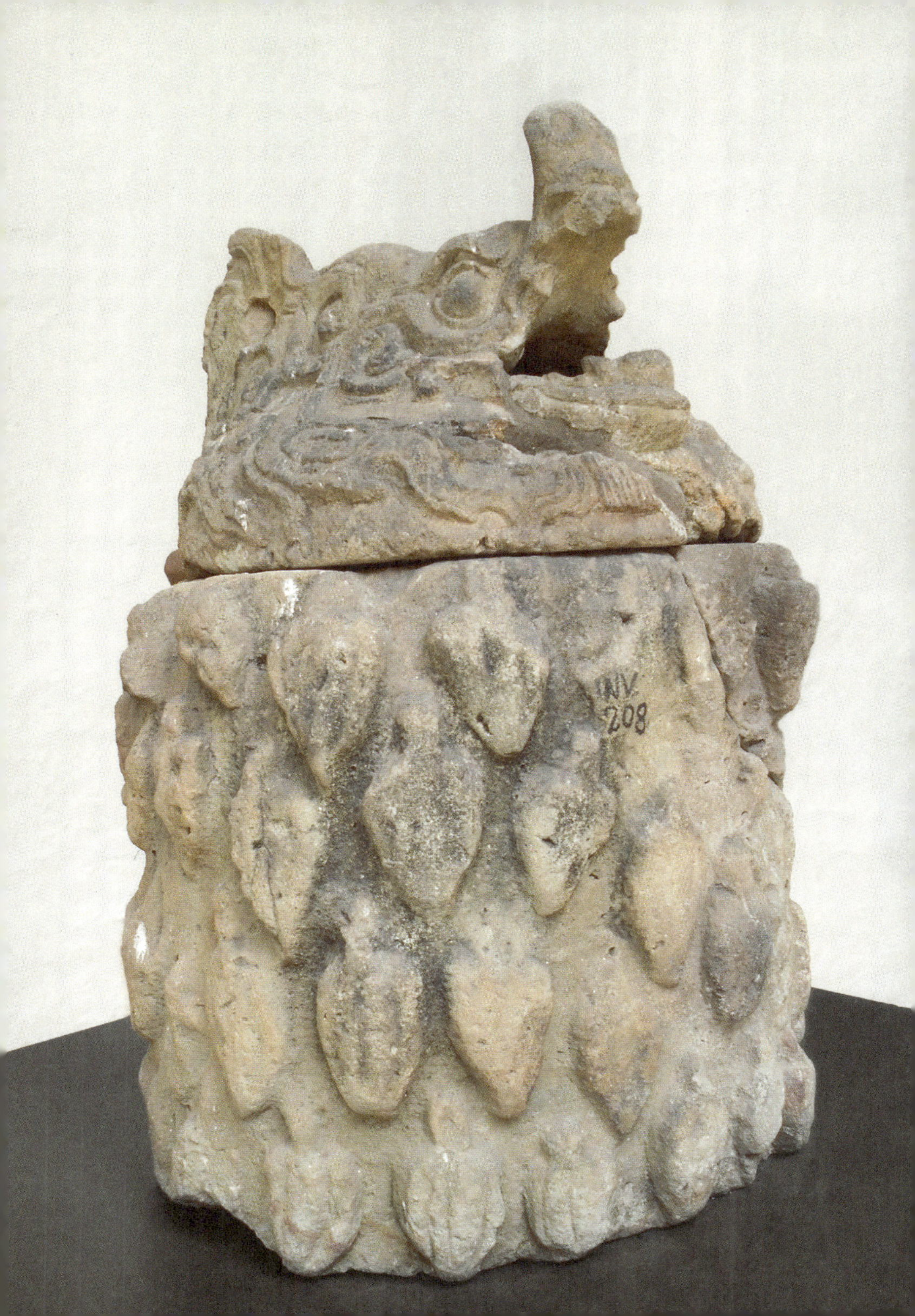

Adán Vallecillo, *Telluric Drawing 1–6 / Dibujo telúrico 1-6*, 2014, chocolate on paper / chocolate sobre papel

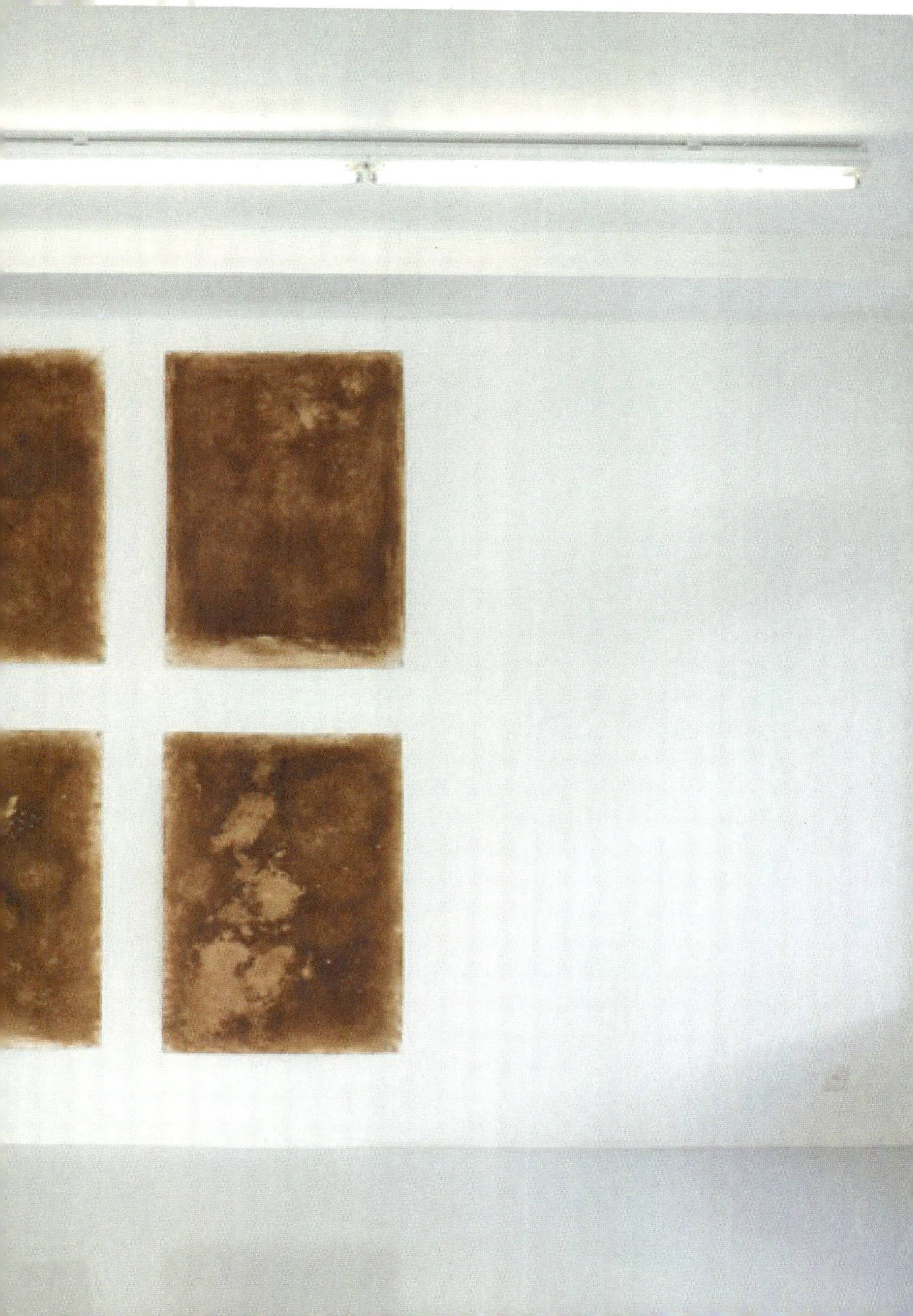

2014

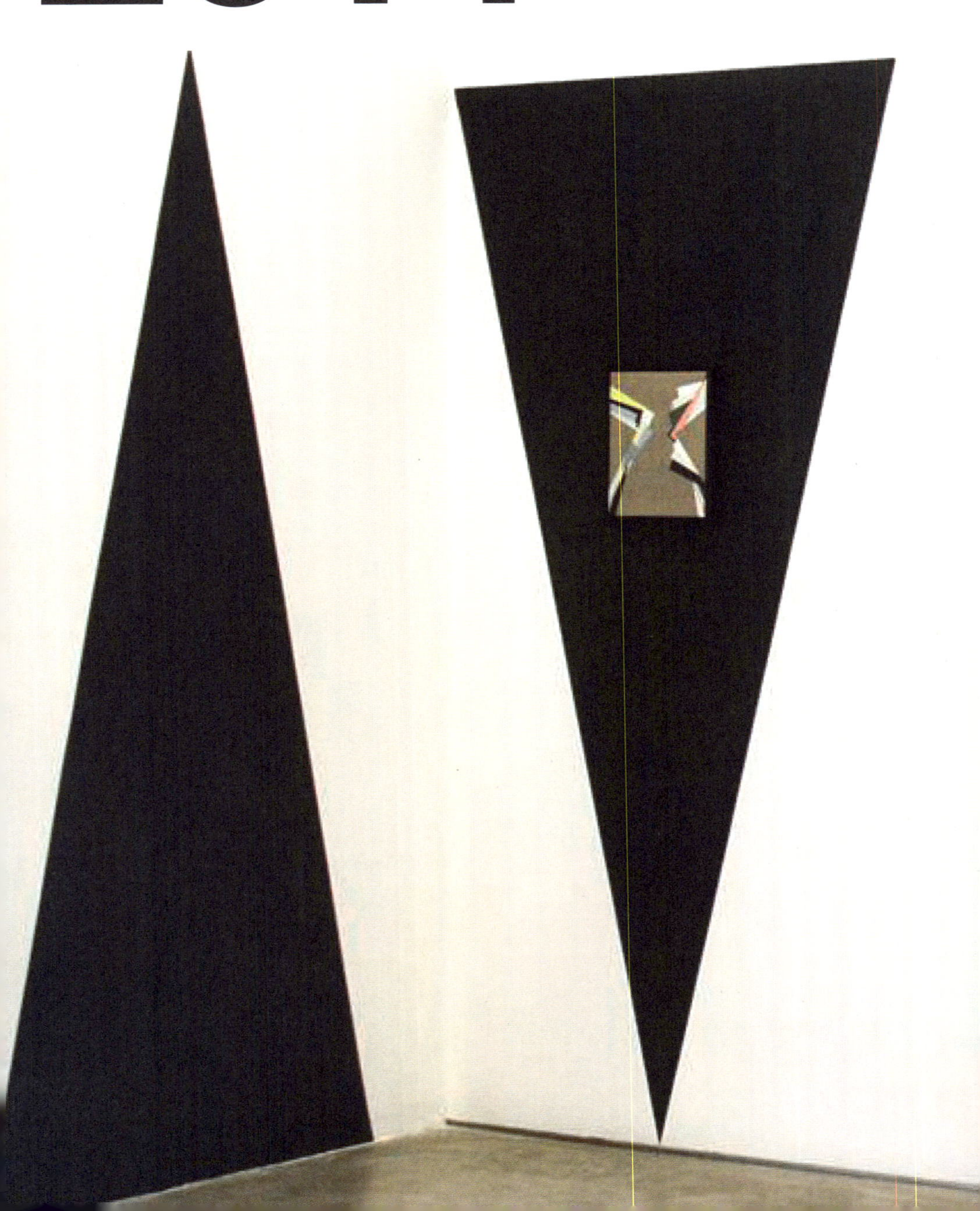

The New International

La nueva internacional

13 May
—
14 June

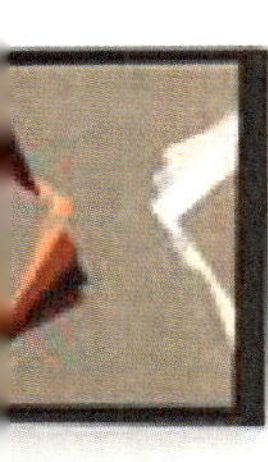

Clare Goodwin
England

Justin Hibbs
England

Felipe Mujica
Chile

Michael Günzburger
Switzerland

Johanna Unzueta
Chile

Monica Ursina Jäger
Switzerland

EN   When Myrrha Dagmar Dub was born in Zurich in 1919, nothing in her upbringing suggested she would study philosophy in Milan or would die in 1988 in São Paulo under the name Mira Schendel. Her meandering life story (she also lived in Sarajevo and Rome), so typical of the twentieth century, is just a small piece of the mosaic that depicts the relationships between Switzerland and Brazil.

Starting with the five volumes on Brazil by Johann Jakob von Tschudi (1818–1889), Switzerland fell in love with the idea of Brazil. By the end of the nineteenth century the first immigrants were arriving in droves. The love story peaked after the Second World War with a keen artistic interest on both sides for everything Concrete and Constructivist that ended when the military took power in 1964.

The certainties of the twentieth century are gone. As the first decade of the twenty-first has shown, we prefer doubt, irony, and detachment. In light of the worldwide tragedies, the last century has produced this might be not only a natural development but a turn for the better.

Nostalgia predominates as we realize that we have lost our ability to dream collectively in the present. The collective dreams of young people in the 1920s were focused and shared between Switzerland, Brazil, England, and Chile.

Whilst lamenting these facts, we see that artists everywhere are creating new forms of practice. It is striking that after pushing for a new revolution and failing gloriously, deconstructing everything within grasp and finally ironizing consumption as our driving force, artists are re-examining the missed possibilities and unfulfilled promises that were started in the 1920s and reached far into the twentieth century.

The contemporary desire amongst artists to renegotiate the legacy of the modern and reimagine alternate possible outcomes does not seem to be driven by nostalgia but an authentic attempt to re-engage in the multiple potentials that modernism offered. As information is now instantaneously available, both past and present become simultaneously influential, regardless of boundaries, international or otherwise. Ideas disconnected from their original meaning and context, and no longer dependent or connected to the original intention, can become a catalyst for constructive reinterpretation. This becomes like a visual or conceptual echo chamber where ideas and beliefs resonating from the original source reverberate out through time and space. This exhibition explores the potential of this phenomena in an international gallery exchange between Christinger De Mayo (Zurich, Switzerland) and Pilar (São Paulo, Brazil).

Trying to build a bridge, we not only show positions from one gallery in the space of the other, but investigate the interconnections, overlaps, and spaces between. For this exhibition, Justin Hibbs (1971, England) has created an all-encompassing wall drawing entitled *Dis-United States of Form* that approaches these conditions from a meta-perspective, both literally and metaphorically. Taking the form of reassembled and disconnected virtual spaces Hibbs's work functions as a container for housing the exhibited artworks and making connections between them. It also explores the nature of influence between various modes of historical and contemporary forms of artistic production. Space here references the virtual collapse and dissolution of aesthetic and cultural boundaries due to the effect of globalized information networks and how that impacts subsequently upon the conception, production, and reception of artworks.

The formal correspondences of this "framing work" with the concrete plates by Monica Ursina Jäger (1974, Switzerland) can be traced back to the shared research and source materials. The Swiss artist combines line drawings of architectural fantasies and icons of modernism with elements of nature creating a startling juxtaposition between utopian and dystopian associations.

The materiality and materialization of art also plays a key role in the works of Felipe Mujica (1974, Chile) and Johanna Unzueta (1974, Chile). Her on going practice draws from the quasi magical properties of felt as a material of transformation, rethinking history and the effects of industrialization in one hand-sewed sculpture after another. The architectural references shared by all the participating artists are the starting point for the spatial drawings of Mujica, curtains that combine architectural elements, design pieces, and abstract painting with different materials, and which interact with the language of the other works.

The idea of the spatial drawing, so present in the works of Hibbs and Mujica, is juxtaposed with the works on paper by Michael Günzburger (1974, Switzerland). He explores the nature of drawing by creating different bodies of work, experimenting with different levels of materialization, understanding them like essays on the limitations, contents, links, and possibilities of the medium. A hermeneutical approach that as a methodology can also be found in the practice of Clare Goodwin (1973, England).

Known principally as a painter, Goodwin creates formally precise, hard-edged compositions. One might interpret these reductive works as a form of abstract portraiture or a storytelling of unspoken, rather romantic narratives. The names with which she titles her paintings have an oddly humanizing effect on the clean and ordered world of her aesthetics. Evoking a sense of nostalgia and sentimentality for the past, these works also reveal the artist's fascination with modernism and with the Constructivist movement in Europe and Latin America. Her highly personal treatment of particular compositional devices and colorways offers many curious connections between high art, design, and the everyday, uniting her with the other artists presented as part of a non-existent movement (that can still be felt) called *The New International*.

Andrea Hinteregger De Mayo and Damian Christinger

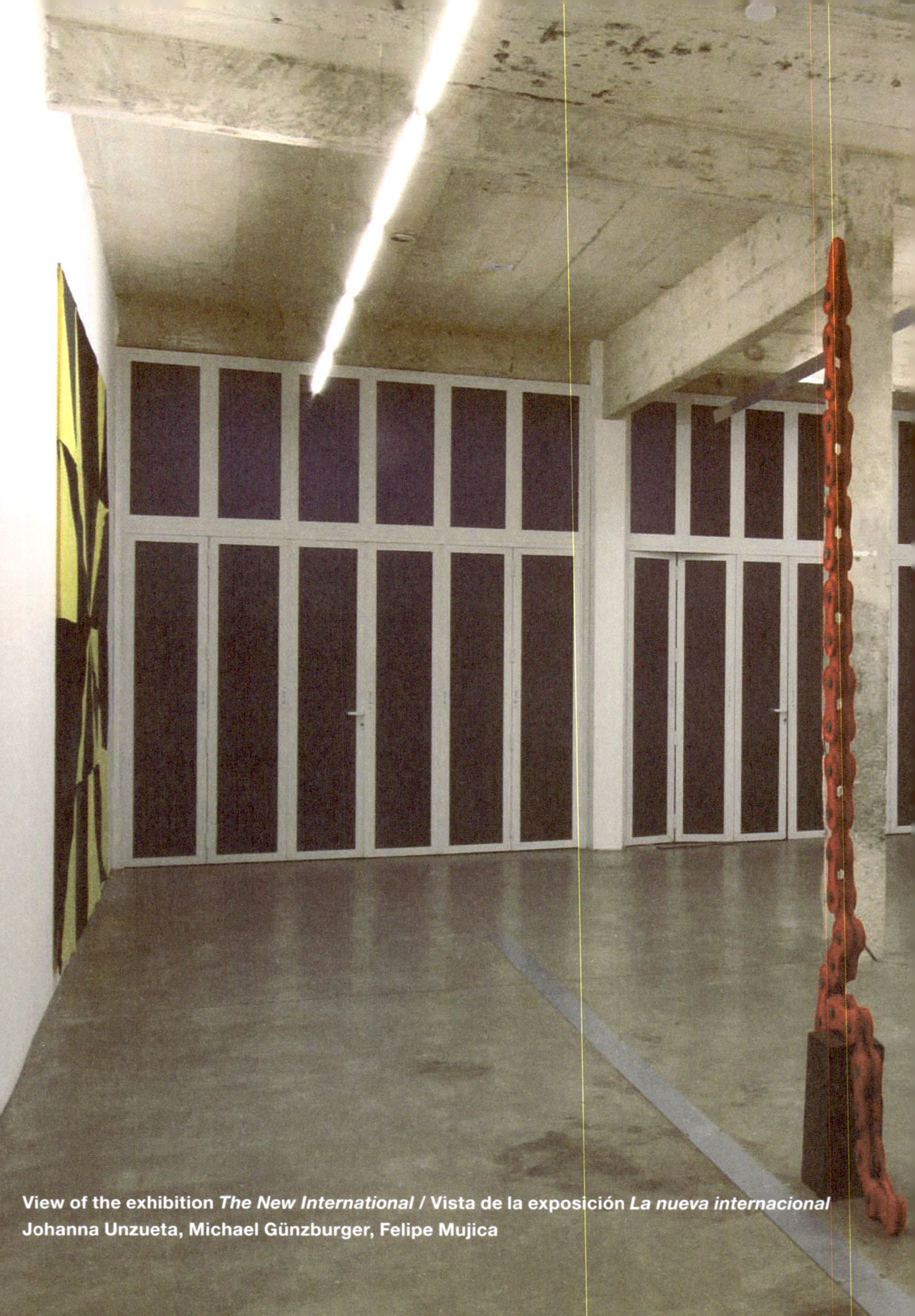

View of the exhibition *The New International* / Vista de la exposición *La nueva internacional*
Johanna Unzueta, Michael Günzburger, Felipe Mujica

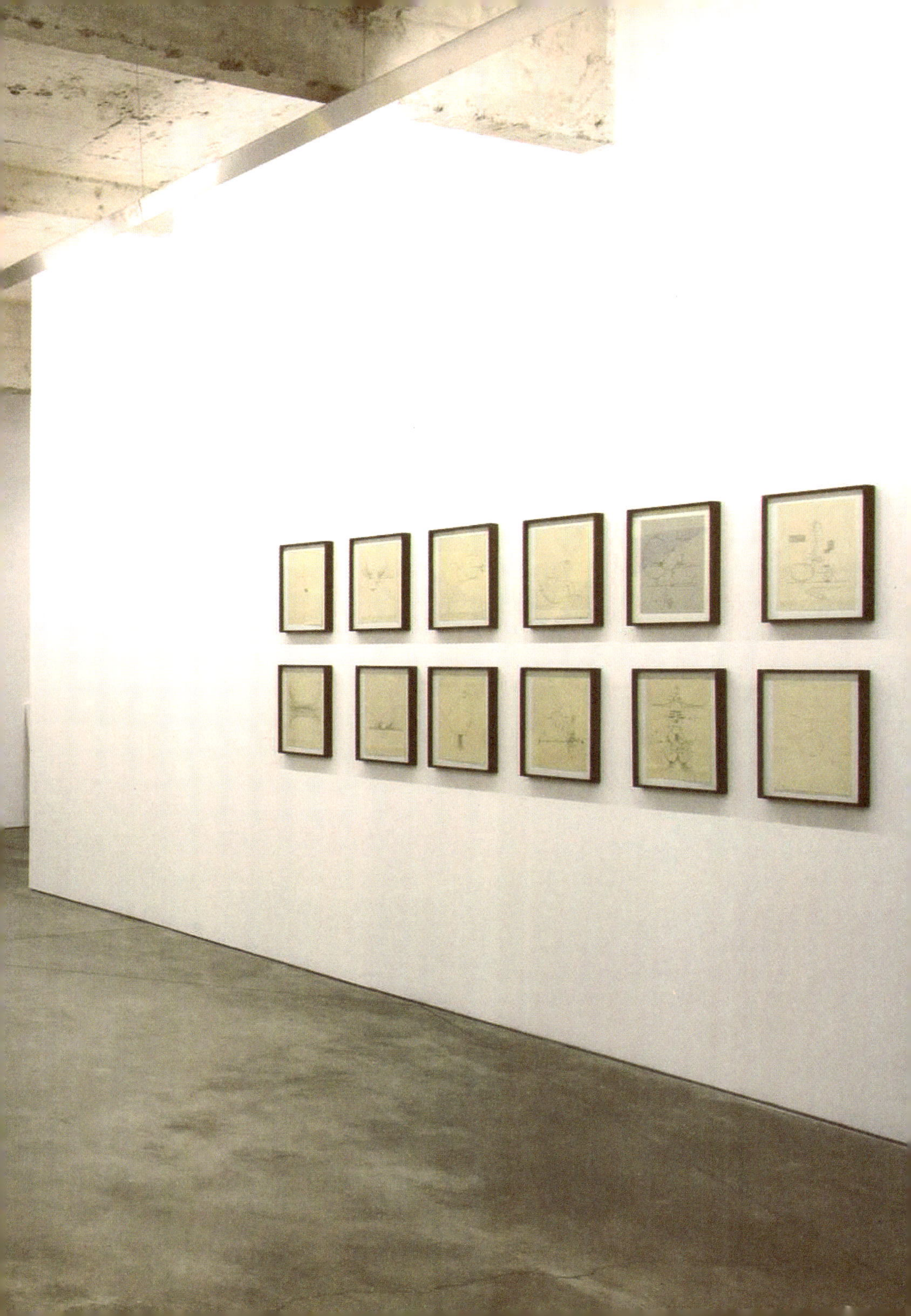

 Myrrha Dagmar Dub nació en Zúrich en 1919. La educación que recibió no permitiría especular que estudiaría filosofía en Milán ni que moriría en 1988 en São Paulo, habiéndose cambiado el nombre a Mira Schendel. Su serpenteante biografía (residió también en Sarajevo y Roma), tan propia del siglo XX, es solo una pequeña tesela del mosaico que ilustra las relaciones mantenidas por Suiza y Brasil.

Tras la aparición de los cinco volúmenes sobre el gigante sudamericano escritos por el naturalista Johann Jakob von Tschudi (1818-1889), Suiza se enamoró de la idea de Brasil. A finales del siglo XIX, llegaron las primeras oleadas de inmigrantes. La historia de amor alcanzó su clímax tras la Segunda Guerra Mundial, cuando se despertó en ambos países un vivo interés artístico por todo lo que tuviera que ver con el constructivismo y el arte concreto, el cual se desvaneció cuando los militares tomaron el poder, en 1964.

Las certezas del siglo XX han desaparecido. Como se demostró a lo largo de la primera década del siglo XXI, en el nuevo milenio preferimos la duda, la ironía y el desapego. A la luz de las tragedias universales que el siglo pasado trajo consigo, esto podría entenderse como una evolución natural, pero también como un cambio a mejor.

Nos invade la nostalgia cuando caemos en la cuenta de que hemos perdido nuestra capacidad de soñar colectivamente en el presente. La juventud de la década de 1920 compartió sus sueños en Suiza, Brasil, Inglaterra o Chile.

A la vez que lamentamos estos hechos, comprobamos que artistas de todo el mundo crean nuevas maneras de ejercer el arte. Es sorprendente que, tras haber impulsado una nueva revolución y haber fracasado estrepitosamente, los artistas se disponen a deconstruir todo lo que hay a su alcance para finalmente ironizar sobre el consumo como nuestra fuerza motriz. Los creadores, además, vuelven la mirada sobre las oportunidades perdidas y las promesas incumplidas, a partir de la década de 1920 y hasta bien entrado el siglo pasado.

El artista contemporáneo desea renegociar el legado de lo moderno e imaginar de nuevo posibles resultados alternativos. Ese deseo no parece alimentarse de la nostalgia, sino de un intento sincero de volver a comprometerse con el potencial diverso que ofrecía la modernidad. Hoy tenemos un acceso instantáneo a la información, de manera que nos influyen tanto el pasado como el presente, de manera simultánea y sin importar las fronteras, ya sean entre países o de otro tipo. Las ideas, desconectadas hoy de su significado, contexto e intención originales, pueden convertirse en el catalizador de una reinterpretación constructiva. Contamos así con una cámara de resonancias visuales o conceptuales en la que reverberan las ideas y convicciones, desde la fuente original, y a través del tiempo y el espacio. Esta exposición explora el potencial de este fenómeno en forma de intercambio entre las galerías Christinger De Mayo (Zúrich, Suiza) y Pilar (São Paulo, Brasil).

Al tender estos puentes, no solo mostramos las obras de una galería en la otra, sino que investigamos las interconexiones, los solapamientos y los espacios que se abren entre ellas. Para esta exposición, Justin Hibbs (1971, Inglaterra) ha creado un dibujo mural global titulado *Estados des-Unidos de la Forma* que aborda esta coyuntura desde una metaperspectiva tanto literal como metafórica. La obra de Hibbs se articula como un espacio virtual reensamblado y desconectado, y funciona como un contenedor para albergar las obras de arte expuestas y crear vínculos entre ellas. Asimismo, explora cómo influyen entre sí los diversos modos de producción artística histórica y contemporánea. El espacio se refiere aquí al colapso virtual y disolución de las fronteras estéticas y culturales a causa de las redes de información globales y a su repercusión posterior en la concepción, creación y acogida de las obras de arte.

Existen correspondencias formales entre este "trabajo de enmarcado" y las placas de hormigón creadas por Monica Ursina Jäger (1974, Suiza), pues ambos artistas compartieron materiales y trabajo de investigación. Jäger combina dibujos lineales inspirados en fantasías arquitectónicas e iconos de la modernidad con elementos de la naturaleza, dando lugar a una sorprendente yuxtaposición de asociaciones utópicas y distópicas.

La materialidad y materialización del arte desempeña también un papel clave en la obra de Felipe Mujica (1974, Chile) y Johanna Unzueta (1974, Chile). Su práctica artística actual gira en torno a las propiedades casi mágicas del fieltro como material de transformación y busca repensar la historia y los efectos de la industrialización mediante esculturas tejidas a mano. Los dibujos espaciales de Mujica parten de referencias arquitectónicas compartidas por todos los artistas participantes: cortinas que combinan elementos constructivos, piezas de diseño y pintura abstracta con diferentes materiales. Todos estos trabajos interactúan con el lenguaje del resto.

La idea del dibujo espacial, tan presente en las obras de Hibbs y Mujica, se yuxtapone a las obras sobre papel de Michael Günzburger (1974, Suiza). Sus trabajos exploran la naturaleza del dibujo creando diferentes corpus artísticos y le permiten experimentar con diferentes niveles de materialización. Estos experimentos se entienden como ensayos sobre las limitaciones, contenidos, vínculos y posibilidades de cada medio, un enfoque hermenéutico que, como metodología, podemos encontrar también en el arte de Clare Goodwin (1973, Inglaterra).

Conocida principalmente por su obra pictórica, Goodwin crea composiciones formalmente precisas y dotadas de un fuerte carácter. Podríamos interpretar estas obras reduccionistas como una forma de retrato abstracto o una manera de relatar narrativas sobreentendidas y tendentes a lo romántico. Los nombres con los que titula sus pinturas tienen un efecto extrañamente humanizador dentro del mundo pulcro y ordenado que nace de su estética. Evocando cierta nostalgia y sentimentalismo por el pasado, sus obras nos hablan también de la fascinación de la artista por la modernidad y por el constructivismo europeo y latinoamericano. Su tratamiento personalísimo de determinados elementos compositivos y combinaciones de colores nos descubre conexiones curiosas entre el arte más elevado, el diseño y lo cotidiano, lo que nos obliga a englobarla, junto a otros artistas presentados, a un movimiento artístico inexistente (que, aun así, puede sentirse) llamado *La nueva internacional*.

Andrea Hinteregger De Mayo
y Damian Christinger

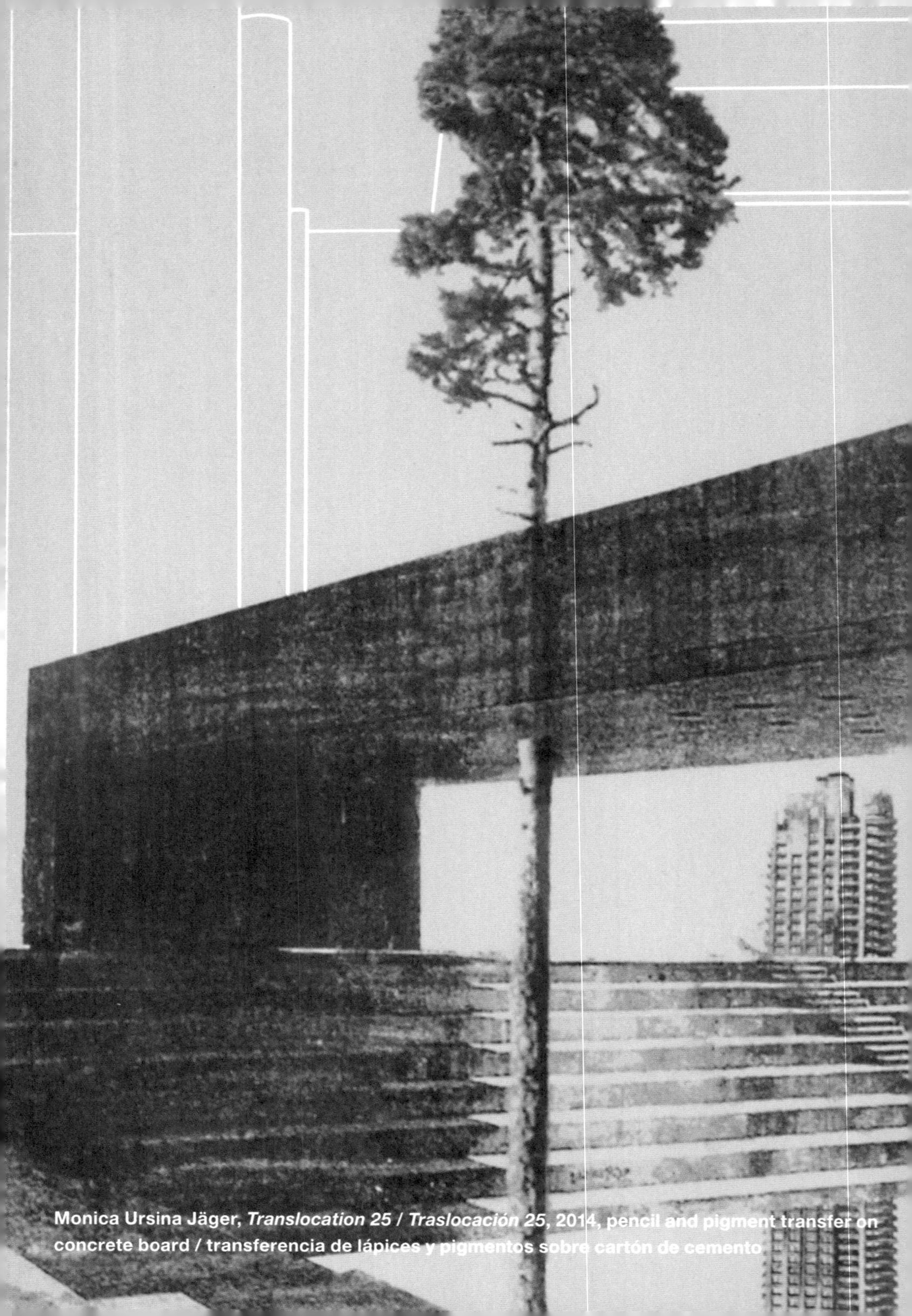

Monica Ursina Jäger, *Translocation 25 / Traslocación 25*, 2014, pencil and pigment transfer on concrete board / transferencia de lápices y pigmentos sobre cartón de cemento

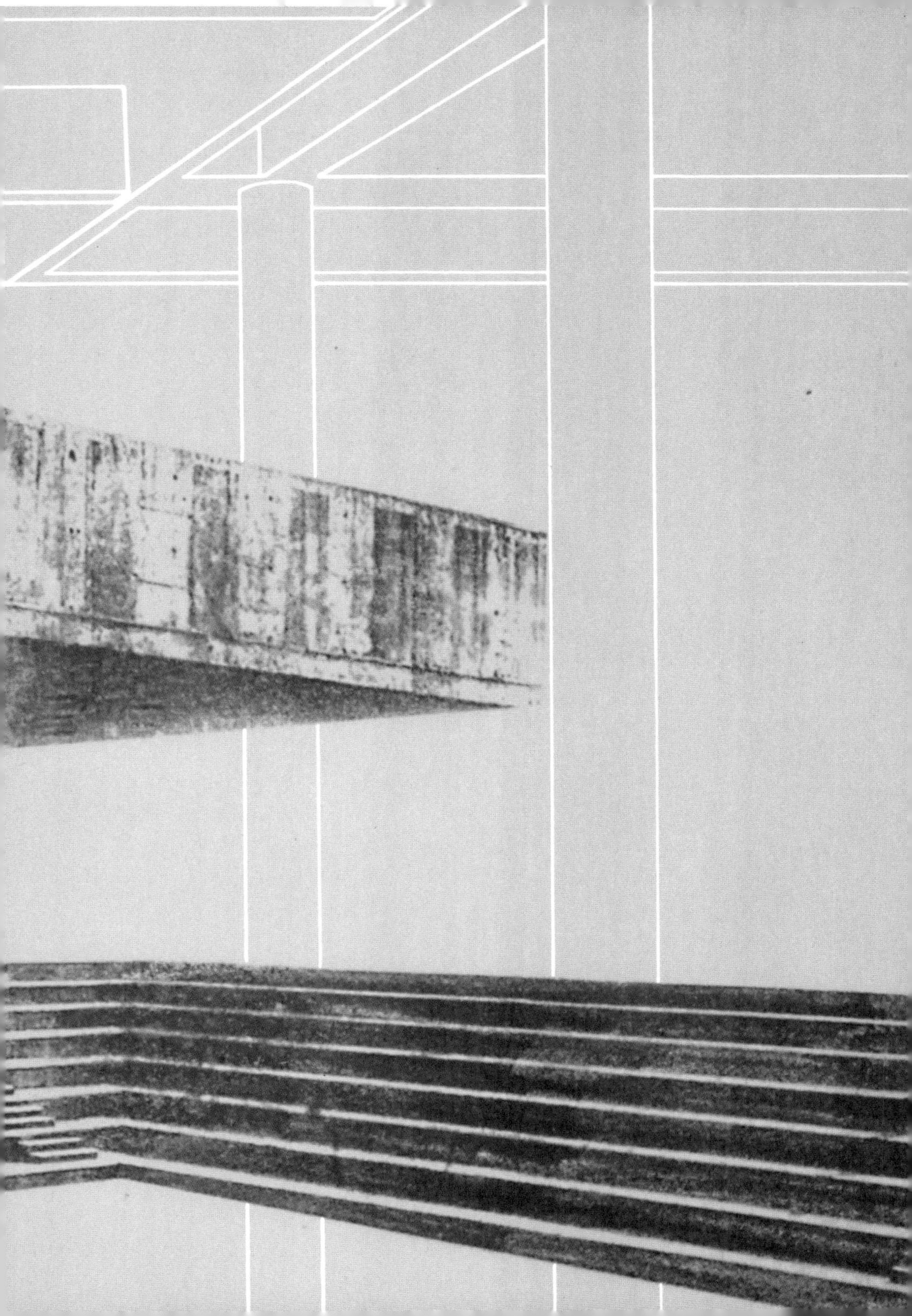

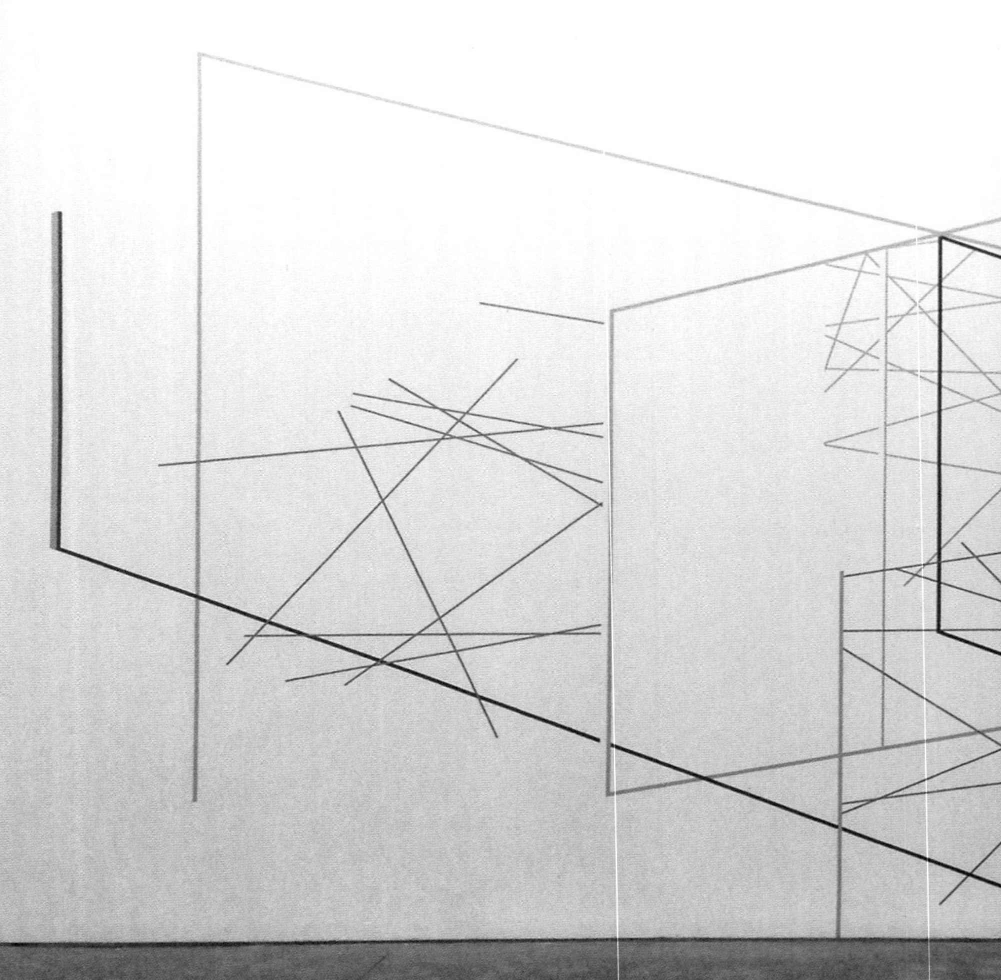

Justin Hibbs, *Untitled / Sin título*, 2014, wall drawing, vinyl / dibujo mural de vinilo

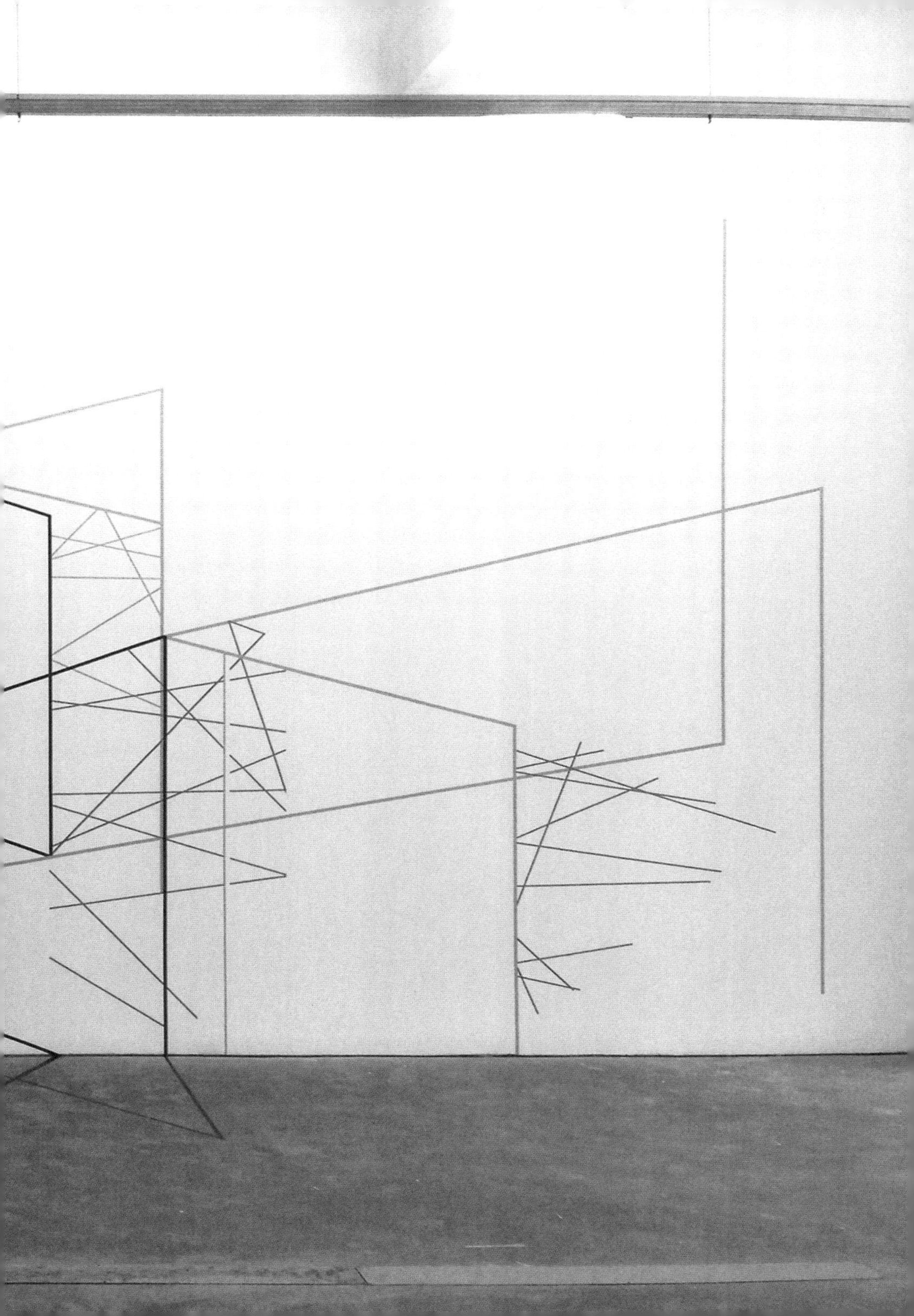

2014

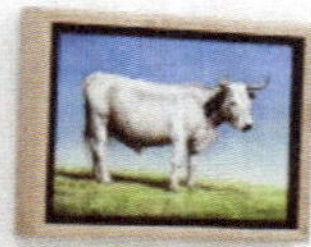 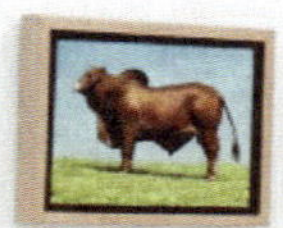 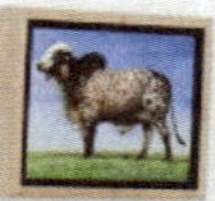 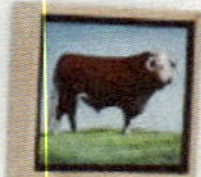 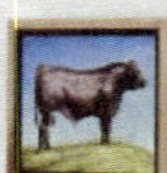

View of the exhibition *Power Animals* / Vista de la exposición *Animales de Poder*

Power Animals

Animales de Poder

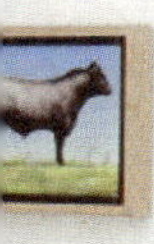 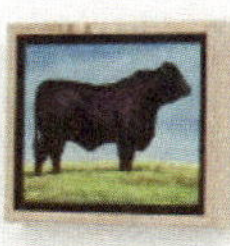 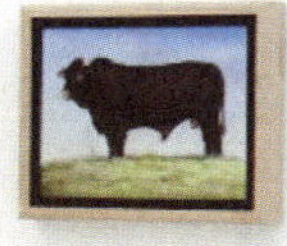 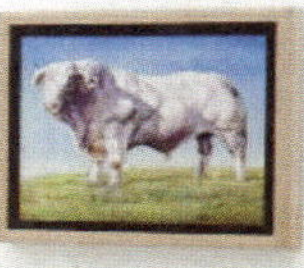 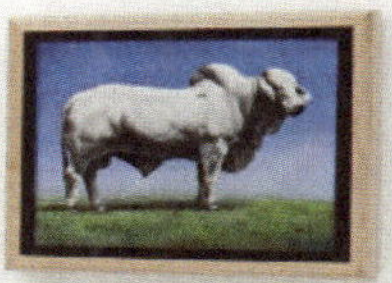

Óscar Gardea Duarte

Mexico

Guillermo Ramírez García

Mexico

    Christinger De Mayo is proud to present two artists from the city of Juárez, Óscar Gardea Duarte and Guillermo Ramírez García, with an introduction by Teresa Margolles, in a project titled *Power Animals,* which is divided into two parts: The first was presented at Stand NP6 during the Zona Maco art fair held from February 5–9, 2014; the second was on display at the gallery from April 26 – May 31, 2014.

Identity, representation, power, and gender are the most important topics dealt with by these young artists, just slightly over the age of twenty, inside the changing, globalized world they inhabit. When considering Ciudad Juárez itself as the context of their work, a place where clothes of the wrong color worn at the wrong time could cost someone their life, these questions become even more compelling. Subcultures thrive when subjected to normative social pressure, and though they attempt to portray quite the opposite, they often copy the structures of existing communities. *Power Animals* reflects these phenomena through disparate research on topics such as dog fights, sports, and the introduction of new livestock breeds in Chihuahua, forcing viewers in Mexico and Switzerland to come face-to-face with their own ideas about identity and power.

The series of paintings shown at Zona Maco 2014 were portraits of champion fighting dogs with their owners, as well as boxers, extreme wrestlers, and a highly inquisitive journalist. All are men with a macho image, but they are portrayed wearing women's clothing while posing like females. Coupled with the question of how the young artists managed to convince these men to do such a thing (not an easy task for us to imagine) lies the notion of authorship, because the paintings were made by a 79-year-old craftsman who is devoted to painting family portraits and evoking saints for churches in his work; his aesthetic is the epitome of what people in Juárez consider to be beautiful, well-painted works.

At the gallery, we are presenting a series of 14 bulls painted by this same craftsman as an introduction to the great State of Chihuahua. The strongest of these animals are the Brangus breed of cattle, which have replaced all others, dominating the present livestock scene. Livestock breeding is a traditional and very important feature of the region's economy, reflecting the political and social changes that form part of Chihuahua's history.

Part of the exhibition will include seven "gang-style" jackets from the seventies bearing the brandmark of Brangus on their back and the original signatures of the seven most famous boxing champions from Juárez. The ties between these symbols of male power may not be obvious, but they are there. Barbeculing meat and watching a fight on television are commonplace events that could be regarded as forming part of the cultural fabric of Chihuahua, northern Mexico, and Ciudad Juárez in particular. It is a culture built upon a glorious past, with the potential for a great future, burdened by today's specific concerns but also enjoying modern-day pleasures.

The artists were introduced by Teresa Margolles

Óscar Gardea Duarte (1989, El Paso, Texas) and Guillermo Ramírez García (1985, Ciudad Juárez) have participated in several exhibitions in Ciudad Juárez. This project is their first show outside the city, which is itself the subject matter and focal point of *Power Animals.*

ES Christinger De Mayo se enorgullece en presentar al dúo de artistas provenientes de Juárez, Óscar Gardea Duarte y Guillermo Ramírez García, introducidos por Teresa Margolles, con el proyecto *Animales de Poder,* estructurado en dos partes: la primera parte fue presentada en el stand NP6 durante Zona Maco del 5 al 9 de febrero de 2014; la segunda fue exhibida en la galería del 26 de abril al 31 de mayo de 2014.

Identidad, representación, poder y género son de los temas más importantes que afrontan estos jóvenes artistas, de poco más de veinte años, en el mundo globalizado y cambiante en el que viven. Si consideramos el contexto de Juárez, donde llevar el color equivocado en el momento equivocado puede costar la vida, estas preguntas se tornan aún más apremiantes. Bajo una presión social normativa, florecen subculturas y, aunque estas tratan de representar lo opuesto, muchas veces copian estructuras de comunidades existentes. *Animales de Poder* refleja estos fenómenos mediante la investigación dispar de temas como las peleas de perros, los deportes o la introducción de nuevas razas de ganado en Chihuahua, confrontando la audiencia en México y en Suiza con sus propias ideas acerca de la identidad y el poder.

La serie de pinturas presentadas en Zona Maco 2014 eran retratos de campeones de peleas de perros con sus dueños, boxeadores, luchadores extremos y un periodista incisivo. Todos ellos hombres con imagen de machos, pero retratados usando vestidos de mujer y posando como tal. Junto a la pregunta de cómo convencieron los jóvenes artistas a estos hombres para hacer tal cosa (una tarea nada fácil para nuestra imaginación), reside la noción de autoría, pues las pinturas fueron hechas por un artesano de setenta y nueve años, que se dedica a pintar retratos de familias o a evocar en su trabajo a santos en iglesias; su estética es lo que las personas en Juárez considerarían hermoso y bien pintado.

En la galería presentamos una serie de 14 toros, pintados por el mismo artesano, en orden de introducción al gran estado de Chihuahua. El más poderoso de estos animales es la res Brangus, que reemplaza a los otros y domina la escena de hoy. La cría de ganado es un elemento tradicional y muy importante para la economía de la región, y refleja los cambios políticos y sociales que son parte de la historia de Chihuahua.

Parte de la exhibición contará con siete chaquetas estilo "pandilla" de los años setenta con el sello Brangus en su espalda y las firmas originales de los siete campeones de boxeo más famosos de Juárez. La conexión entre estos símbolos de poder masculino podría no ser obvia, pero está ahí. Asar carne y ver una pelea en la tele son eventos comunes que podrían considerarse como parte del tejido que refleja la cultura de Chihuahua, el norte de México y, particularmente, de Ciudad Juárez. Una cultura llena de un pasado glorioso y posiblemente un gran futuro, cargado de preocupaciones y alegrías particulares del ahora.

Los artistas fueron presentados
por Teresa Margolles

Óscar Gardea Duarte (1989, El Paso, Texas) y Guillermo Ramírez García (1985, Ciudad Juárez) han participado en varias exposiciones en Ciudad Juárez. Este proyecto es su primera aparición fuera de la ciudad, que es el tema y el punto focal de *Animales de Poder*.

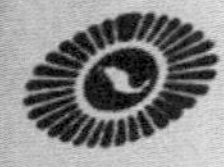

INSTITUTO NACIONAL DE INVESTIGACIONES
PECUARIAS

DIRECCION REGIONAL ZONA NORTE

*RANCHO EXPERIMENTAL
"LA CAMPANA"*

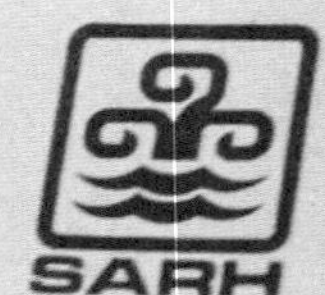

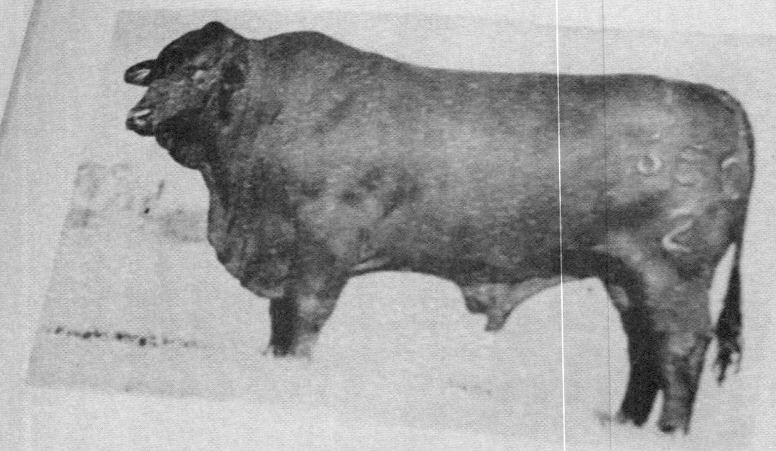

CATALOGO DE TOROS PARTICIPANTES EN LA PRUEBA DE COMPORTAMIENTO

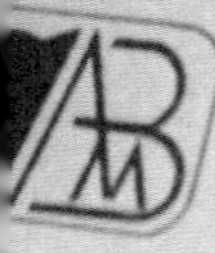

ASOCIACION MEXICANA DE CRIADORES
DE GANADO BRANGUS

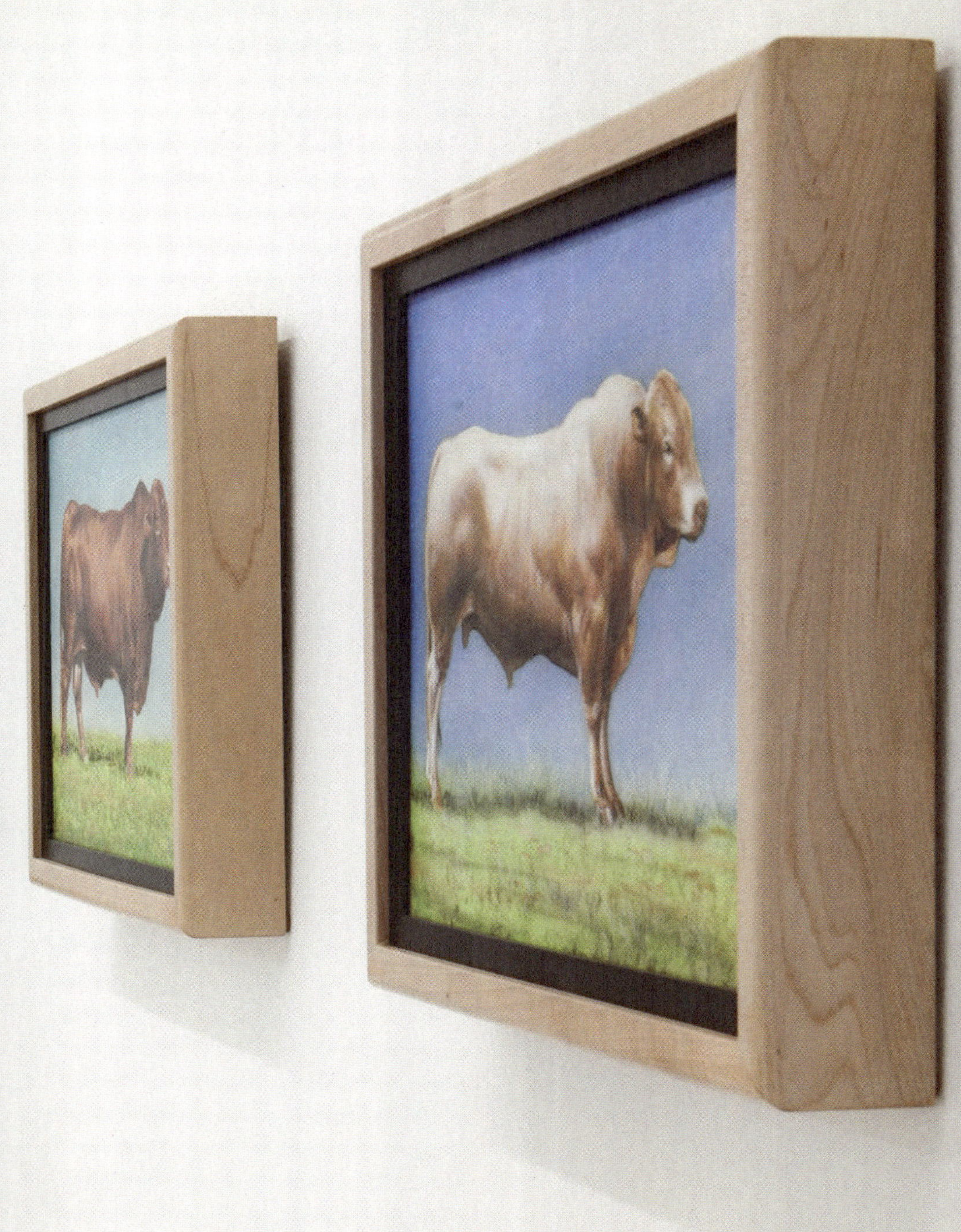

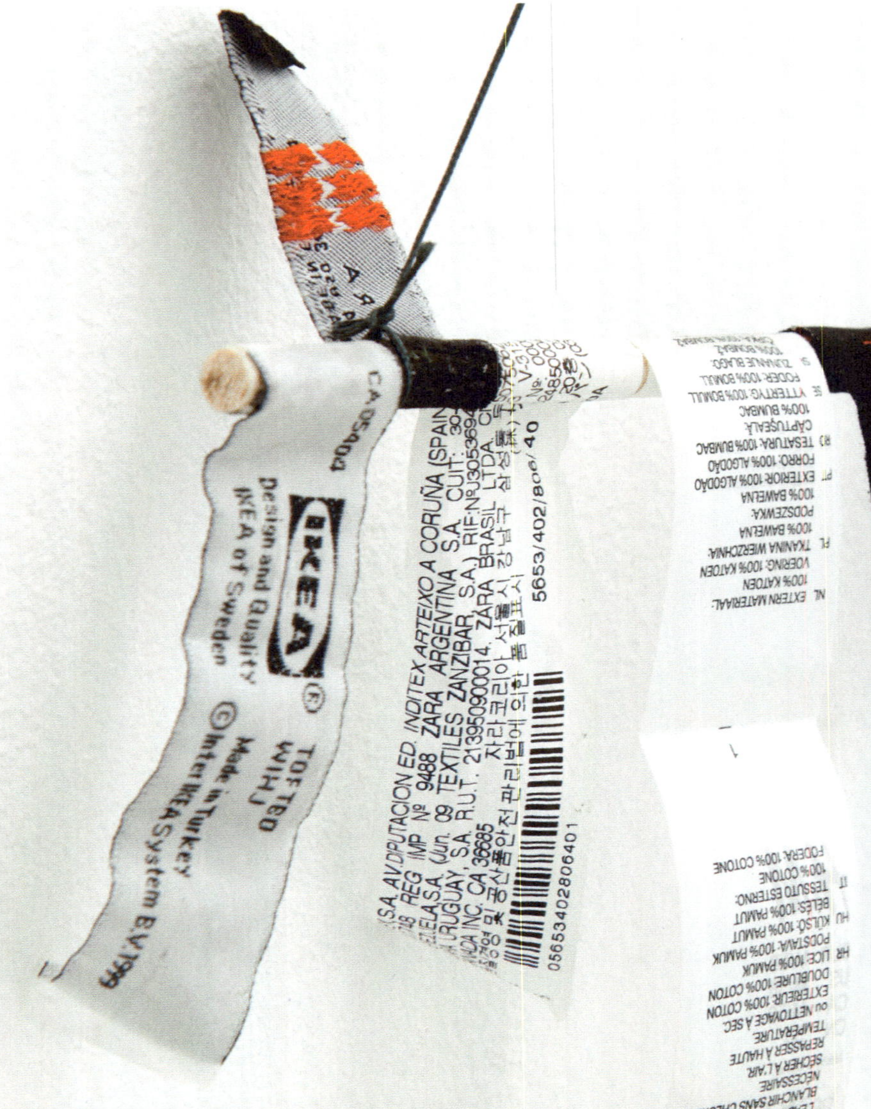

2013

Adán Vallecillo, *Twisting XXIII / Torsión XXIII*, 2013, pin wood and clothing labels /
barra de madera y etiquetas de ropa

Alternative Histories

Historias alternativas

23 November
—
24 December

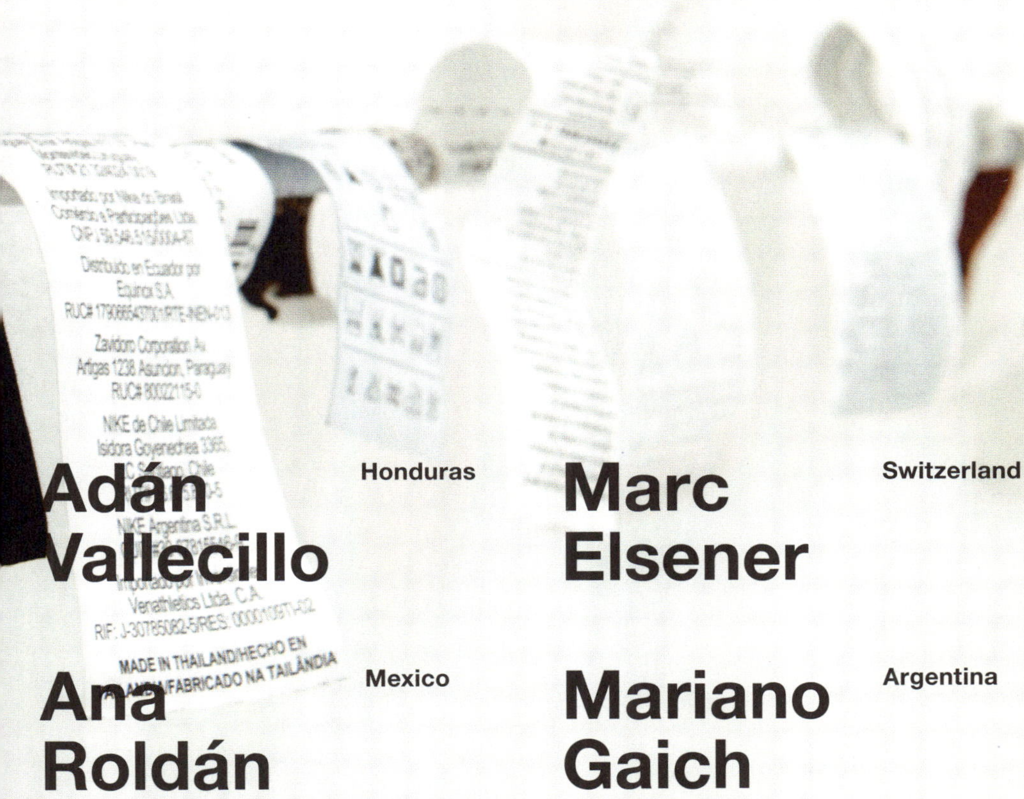

Adán Vallecillo — Honduras

Marc Elsener — Switzerland

Ana Roldán — Mexico

Mariano Gaich — Argentina

Cat Tuong Nguyen — Vietnam

 From time to time, in certain superhero comics there occurs the phenomenon of parallel universes wherein the hero (very seldom the heroine) finds himself in a different role, for example that of the villain.

The idea of another possible story, an unspecified history has haunted the narratives of different cultures repeatedly. From the legend of the plum-blossom well in ancient China depicted on countless hanging scrolls to the character of the trickster, the coyote of Navajo sagas who bends and alters time.

The artistic practice of Adán Vallecillo (1977, Danlí, Honduras), Ana Roldán (1977, Mexico City, Mexico), Cat Tuong Nguyen (1969, Buon Me Thuot, Vietnam), Marc Elsener (1971, Menzingen, Switzerland), and Mariano Gaich (1967, Buenos Aires, Argentina) may differ, but the topics that interest them overlap. Identity and construction, immigration and cultural home, history and its political fabrication are just some of the key elements of their work.

Marc Elsener's *Übermalungen,* or superimposed paintings, may be a humorous invention of a bearded mountain society. Yet these photographs simultaneously challenge the self-concept of a culture that has relied on the seemingly broad shoulders of men. Through tongue-in-cheek, Cat Tuong Nguyen's video tells of an encounter during which stereotypes and role allocations are being simultaneously cemented and undercut. Mariano Gaich modifies an idyll that never existed like that into exotic scenery. And Ana Roldán changes the cultural identity, thereby insinuating a new one. Adán Vallecillo's sculptures are not only clever self-portraits but also sortations of the political and sociocultural topography of his surroundings, subtle seismographic illustrations of the possible.

It is said that history can't be changed and what happened has happened. And yet... Artists have the potential to invent realities and to question the seemingly given and maybe the alternative possibilities that are presented in this group exhibition reset the course slightly, almost magically. Even if it is imperceptible, it might be paramount for the future.

Adán Vallecillo

Born 1977 in Danlí, Honduras. Studied at the Escuela Nacional de Bellas Artes, Tegucigalpa. Various solo and group exhibitions, including: Biennial of Cartagena; Orange County Museum of Art, California; Museo del Barrio, New York; 54th Venice Biennale; Museum of Latin American Art, Long Beach. His works are included in collections such as the Daros Latinoamerica Collection and the Cisneros Foundation, among others.

Ana Roldán

Born in 1977, Mexico. Studied at Bern University of the Arts, Switzerland. Various solo and group exhibitions, including: Kunstmuseum Thu; Kunstmuseum Solothurn; Beijing Biennal; Centre PasquArt, Biel; Kunsthalle Berne; and Kunstmuseum Berne.

Cat Tuong Nguyen

Born in 1969, Vietnam. Various solo and group exhibitions, including: Kunsthaus Zurich; Helmhaus Zurich; Migros Museum, Zurich; Kunst(Zeug) Haus Rapperswil; Coalmine Winterthur; Forum Fotografie Cologne; Kunsthaus Dresden; and Museum Bärengasse.

Marc Elsener

Born in 1971, Switzerland. Studied at University of the Arts in Zurich. Various solo and group exhibitions, including: Sic! Raum für Kunst, Lucerne; LAC Vevey; Yet Projects, Geneva; Le Manoir, Martigny; and Dienstgebäude, Zurich. Prize winner at Swiss Art Awards Basel.

Mariano Gaich

Born in 1967, Argentina. Studied at St. Martin's College, London. Various solo and group exhibitions, including: Binz39, Zurich; K3 Projects; Gluri Suter Huus, Wettingen; Espacio Giesso, Buenos Aires; Centro de Arte Contemporáneo, Buenos Aires; Dienstgebäude, Zurich.

ES   En algunos cómics de superhéroes se produce de vez en cuando el fenómeno de los mundos paralelos y el héroe (muy rara vez la heroína) se encuentra desempeñando un rol diferente en este universo, por ejemplo, el de villano.

La idea de otra historia posible, una historia indeterminada, ha perseguido una y otra vez las narrativas de diferentes culturas. Desde la leyenda de la flor del ciruelo en la China antigua, representada en innumerables pergaminos decorativos, hasta el personaje del *trickster* [embaucador], el coyote de la mitología navaja que dobla y altera el tiempo.

La práctica artística de Adán Vallecillo (1977, Danlí, Honduras), Ana Roldán (1977, Ciudad de México, México), Cat Tuong Nguyen (1969, Buon Me Thuot, Vietnam), Marc Elsener (1971, Menzingen, Suiza) y Mariano Gaich (1967, Buenos Aires, Argentina) puede diferir, pero los temas que les interesan coinciden. La identidad y la construcción, la inmigración y el hogar cultural, la historia y su fabricación política son algunos de los elementos clave de su trabajo.

Las *Übermalungen* o pinturas sobrepuestas de Marc Elsener pueden ser una invención divertida de una sociedad barbuda de la montaña. Sin embargo, estas fotografías cuestionan a su vez el autoconcepto de la cultura que ha descansado sobre los hombros aparentemente anchos de los hombres. Con ironía, el vídeo de Cat Tuong Nguyen relata un encuentro en el que los estereotipos y la asignación de roles están siendo, simultáneamente, cimentados y socavados. Mariano Gaich convierte un idilio que nunca existió en un paisaje exótico. Y Ana Roldán cambia la identidad cultural, insinuando una nueva. Las esculturas de Adán Vallecillo no son solamente autorretratos ingeniosos, sino también clasificaciones de

la topografía política y sociocultural
de sus alrededores, sutiles ilustra-
ciones sismográficas de lo posible.

Se ha dicho que la historia no puede
ser cambiada y que lo que pasó, pasó.
Y, sin embargo…, los artistas tienen
el potencial de inventar realidades y
de cuestionar lo aparentemente es-
tablecido; y tal vez las posibilidades
alternativas que se presentan en esta
exposición colectiva restablecen el curso levemente, casi por arte de magia.
Aun cuando sea casi imperceptible,
podría ser crucial para el futuro.

Adán Vallecillo

Nacido en Danlí, Honduras, en 1977,
estudió en la Escuela Nacional de Bellas
Artes en Tegucigalpa. Ha realizado
diferentes exposiciones individuales y
colectivas en la Bienal de Arte de Cartagena; en el Orange County Museum
of Art, California; el Museo del Barrio,
Nueva York; la 54ª Biennale di Venezia,
y el Museum of Latin American Art,
Long Beach, California. Sus obras se
incluyen en colecciones como la Daros
Latinoamerica Collection y la Cisneros
Foundation, entre otras.

Ana Roldán

Nacida en 1977, en México. Estudió
en la Hochschule der Künste Bern, en
Suiza. Ha realizado diferentes exposiciones individuales y colectivas, como
el Kunstmuseum Thun, el Kunstmuseum
Solothurn, la Beijing International Art
Biennale, el Centre PasquArt, Biel;
la Kunsthalle Bern y el Kunstmuseum
Bern.

Cat Tuong Nguyen

Nacido en 1969, en Vietnam. Ha realiza-
do diferentes exposiciones individuales
y colectivas, como la Kunsthaus, Zúrich,
la Helmhaus, Zúrich, el Migros Museum,
Zúrich, el Kunst(Zeug)Haus, la Coalmine
Winterthur, el Forum für Fotografie,
Colonia, la Kunsthaus Dresden y el
Museum Bärengasse.

Marc Elsener

Nacido en 1971, en Suiza. Estudió en
la Zürcher Hochschule der Künste,
Suiza. Ha realizado diferentes exposiciones colectivas e individuales, como
en Sic! Raum für Kunst, Lucerna; el
LAC, Vevey; el Yet Projects, Ginebra;
el Manoir de la Ville de Martigny, y el
Dienstgebäude, Zúrich. Resultó gana-
dor en los Swiss Art Awards, Basilea.

Mariano Gaich

Nacido en 1967, en Argentina. Estudió
en el St. Martin's College, Londres.
Ha realizado diferentes exposiciones
individuales y colectivas, como en la
Binz39, Zúrich; K3 Projects; la Gluri
Suter Huus, Wettingen; el Espacio
Giesso, Buenos Aires; el Centro de
Arte Contemporáneo, Buenos Ai-
res, y el Dienstgebäude, Zúrich.

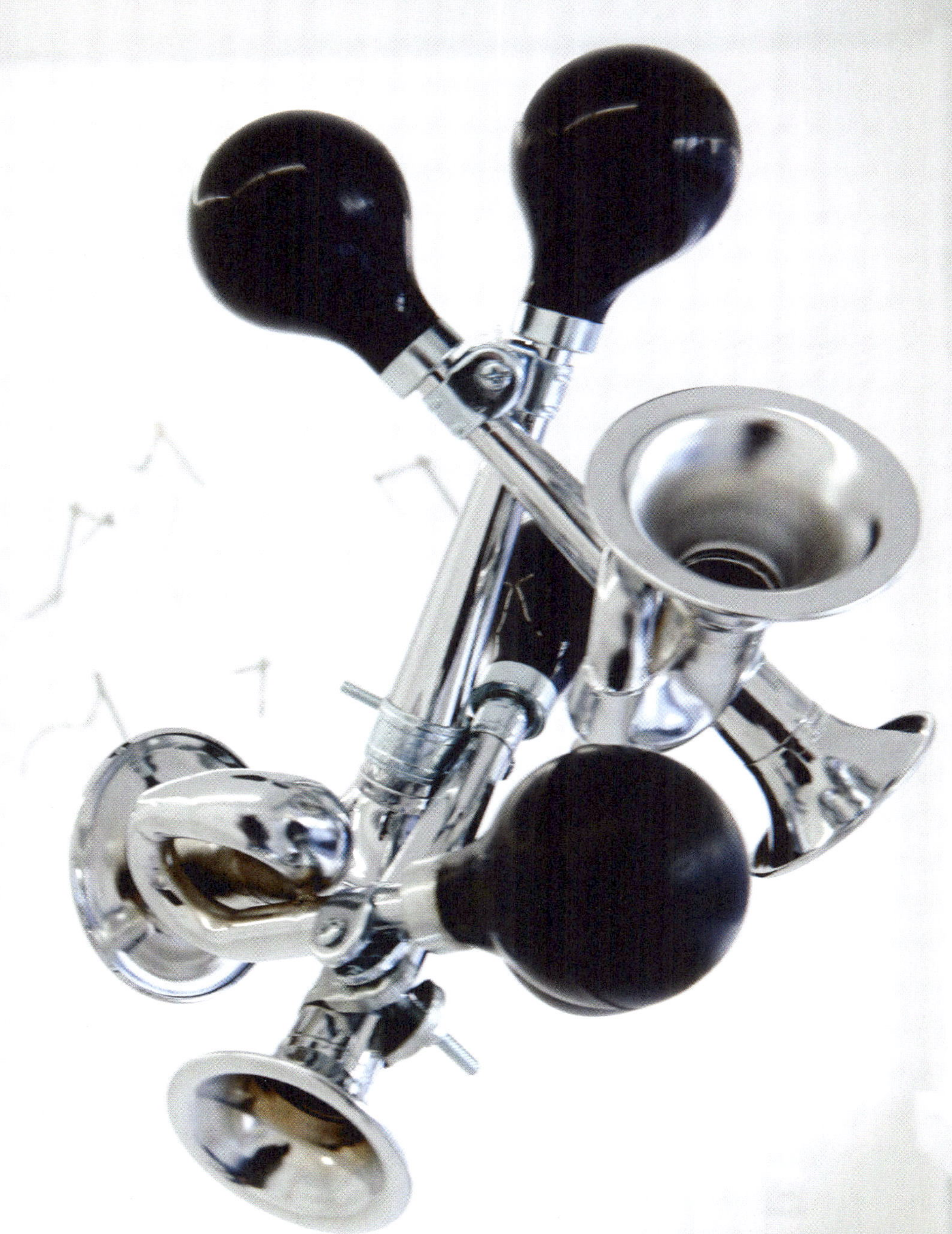

Adán Vallecillo, *Twisting XXI / Torsión XXI,* **2013, metal horns / cornos de metal**

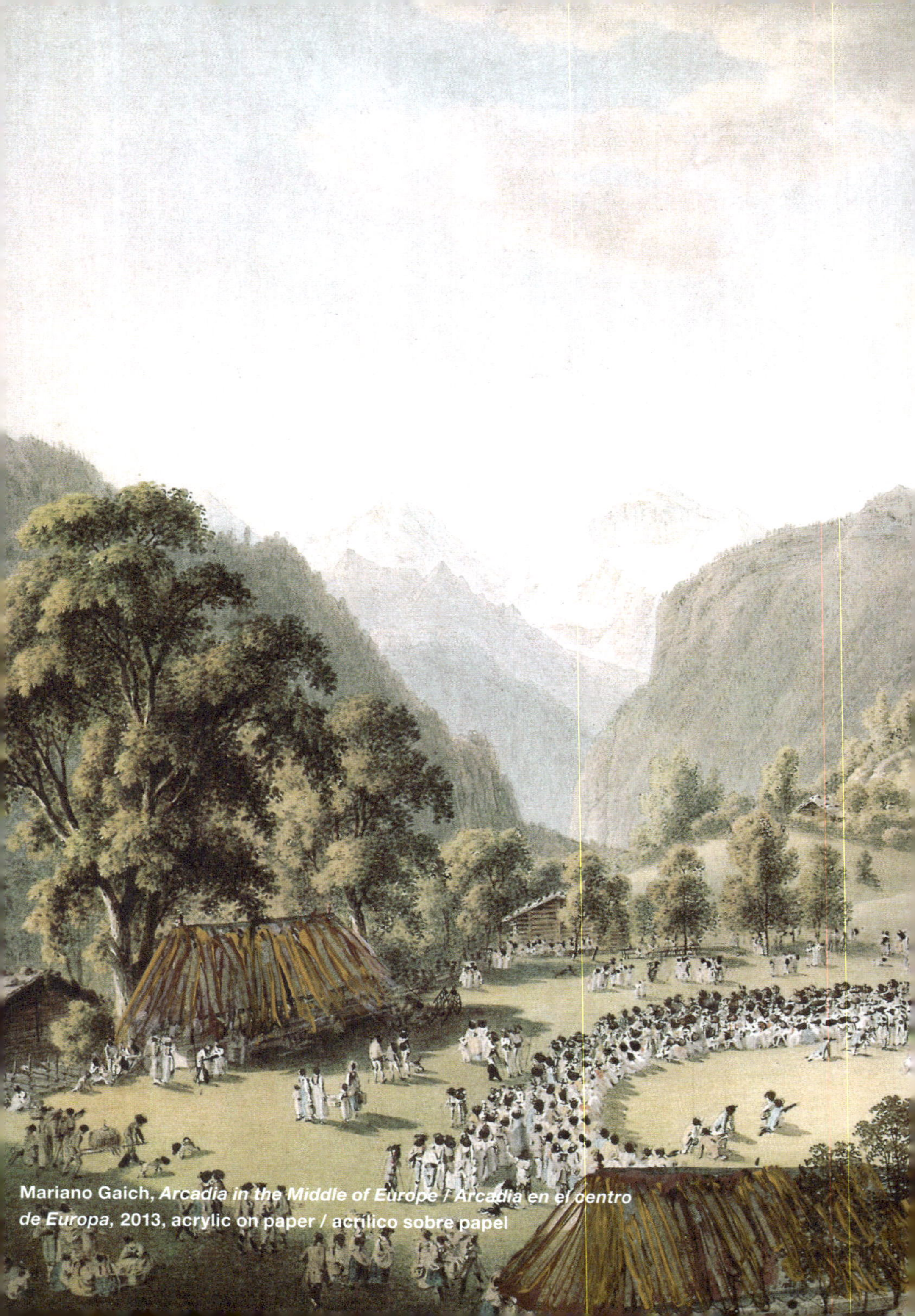

Mariano Gaich, *Arcadia in the Middle of Europe* / *Arcadia en el centro de Europa*, 2013, acrylic on paper / acrílico sobre papel

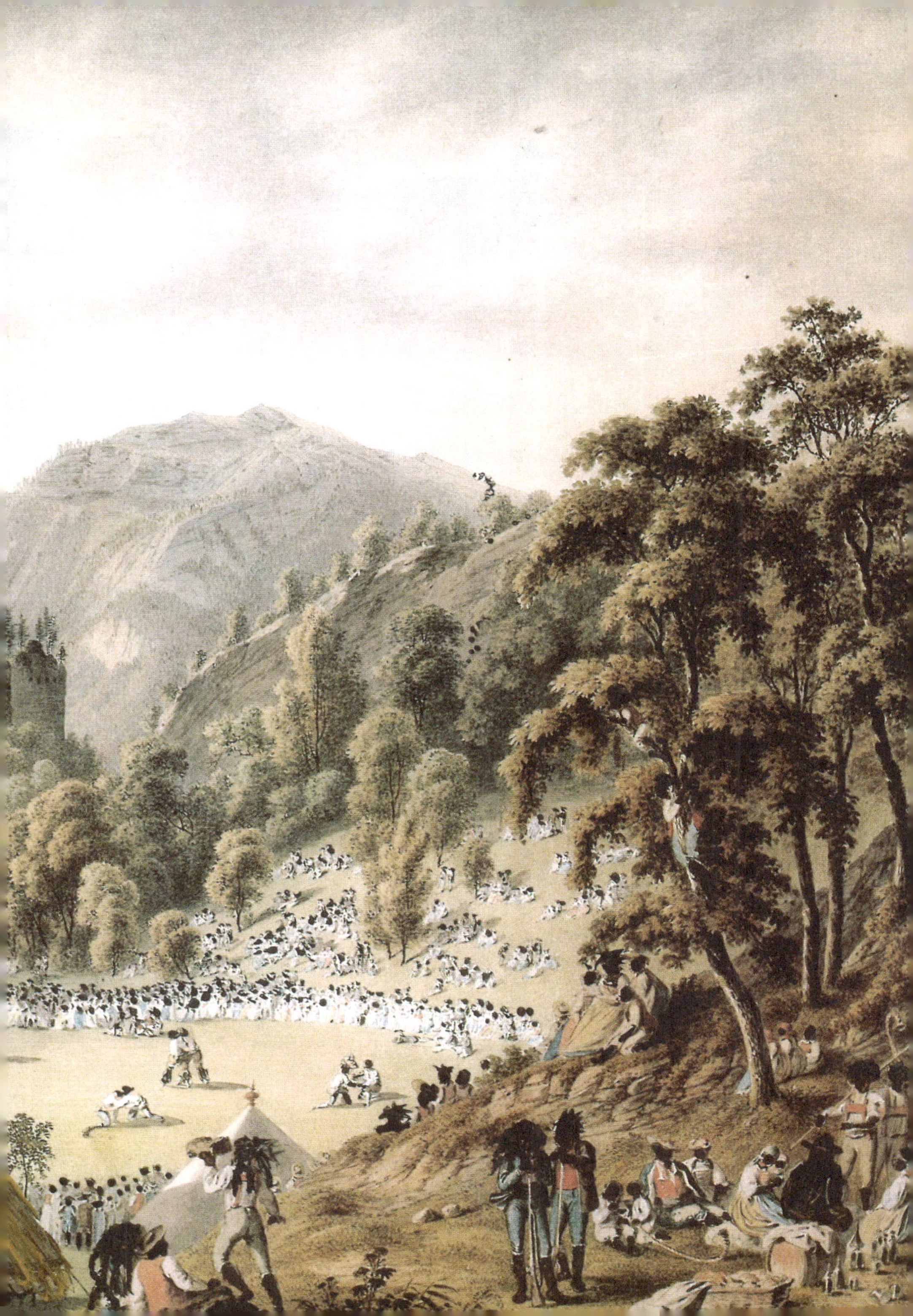

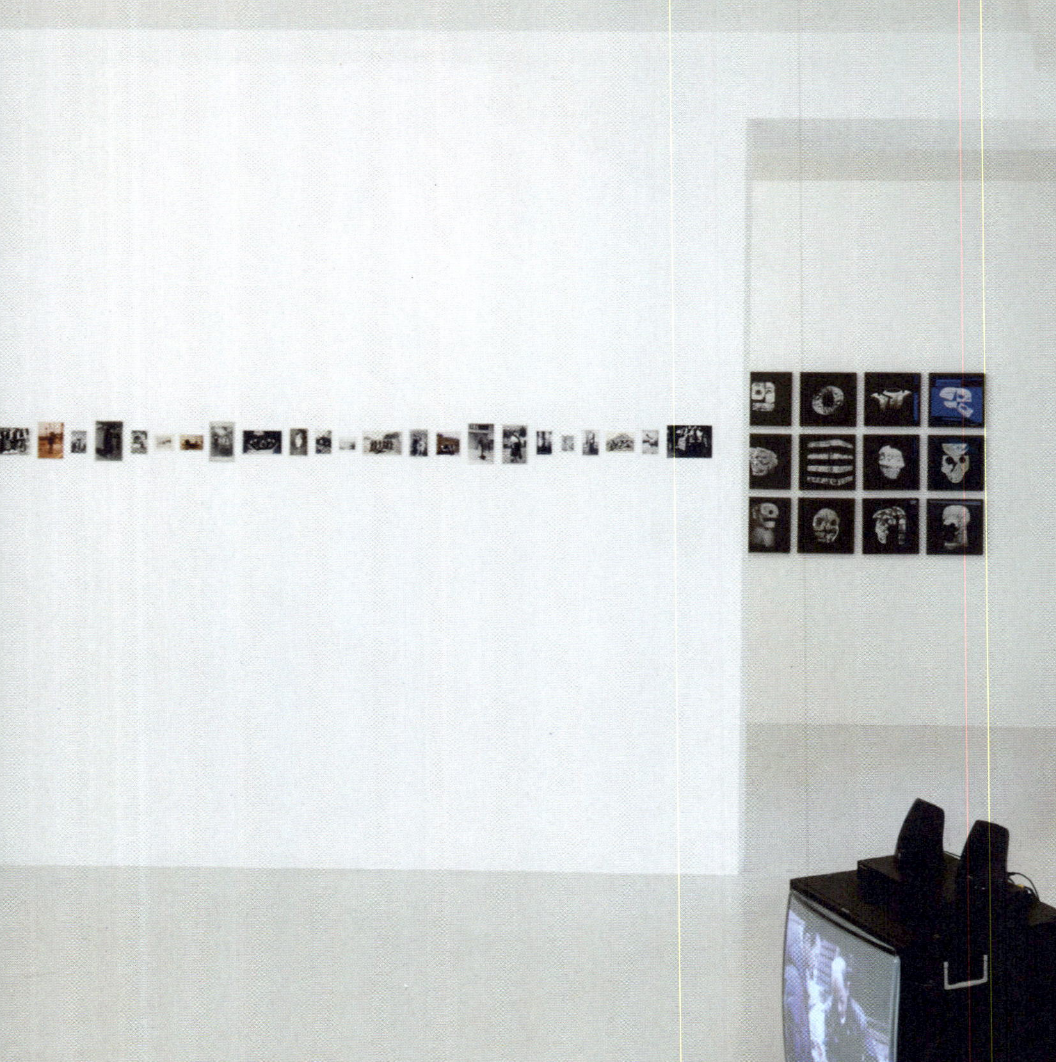

View of the exhibition *Alternatives Histories* / Vista de la exposición *Historias alternativas*
Marc Elsener, Ana Roldán, Cat Tuong Nguyen, Adán Vallecillo

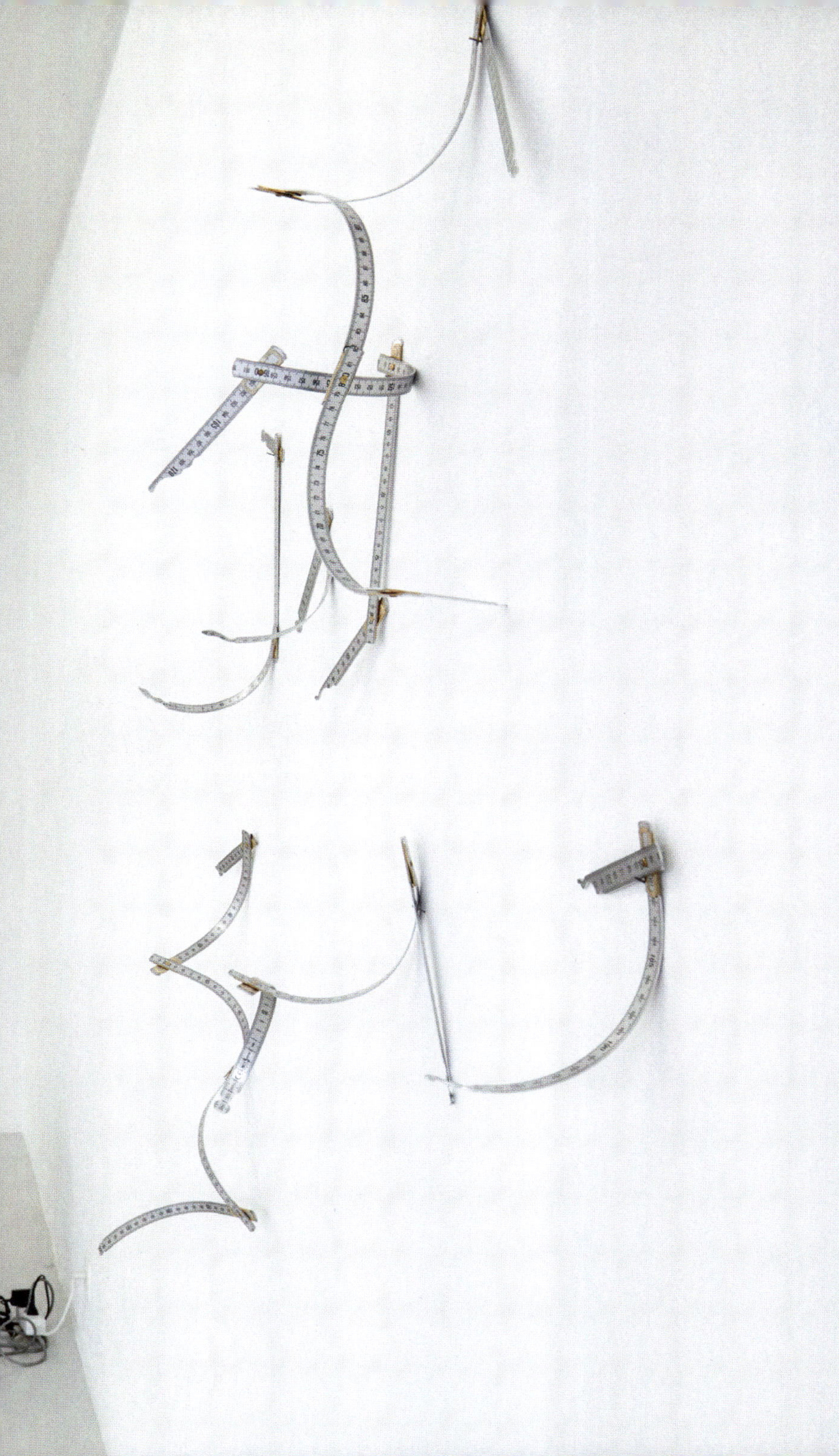

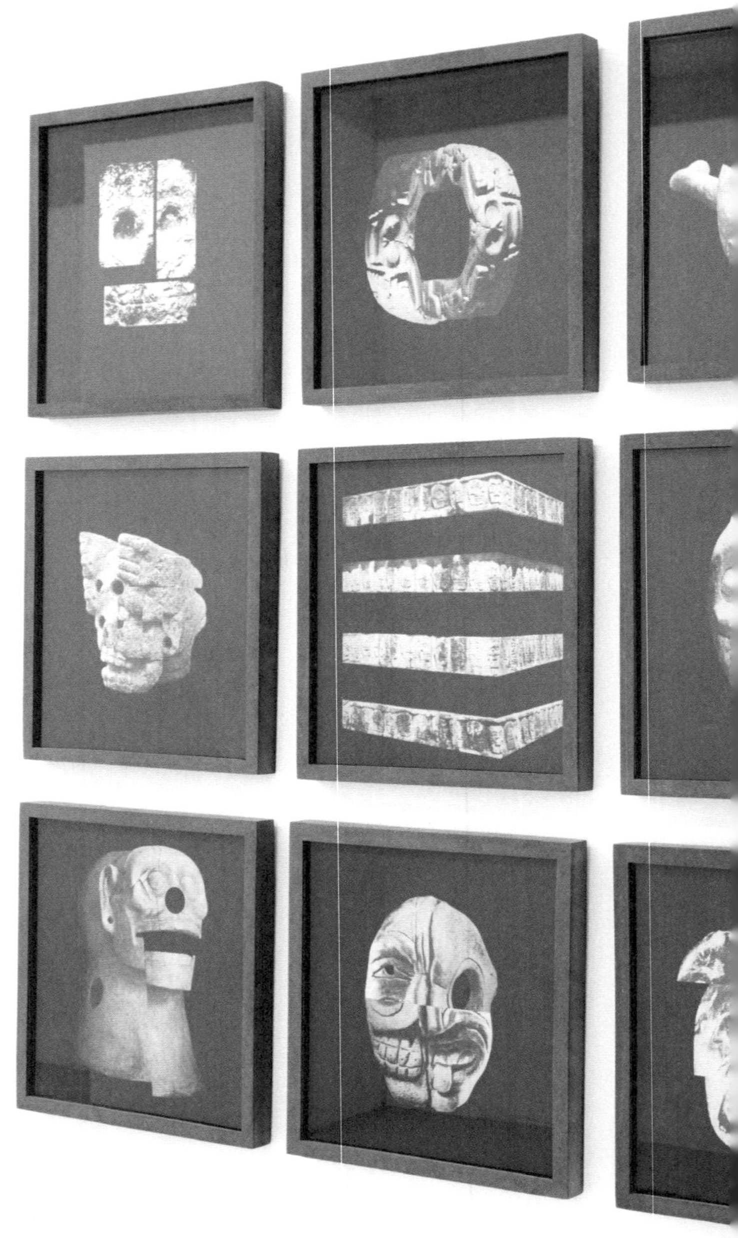

Ana Roldán, *Displacements / Desplazamientos*, 2012, pigment print / impresión a color

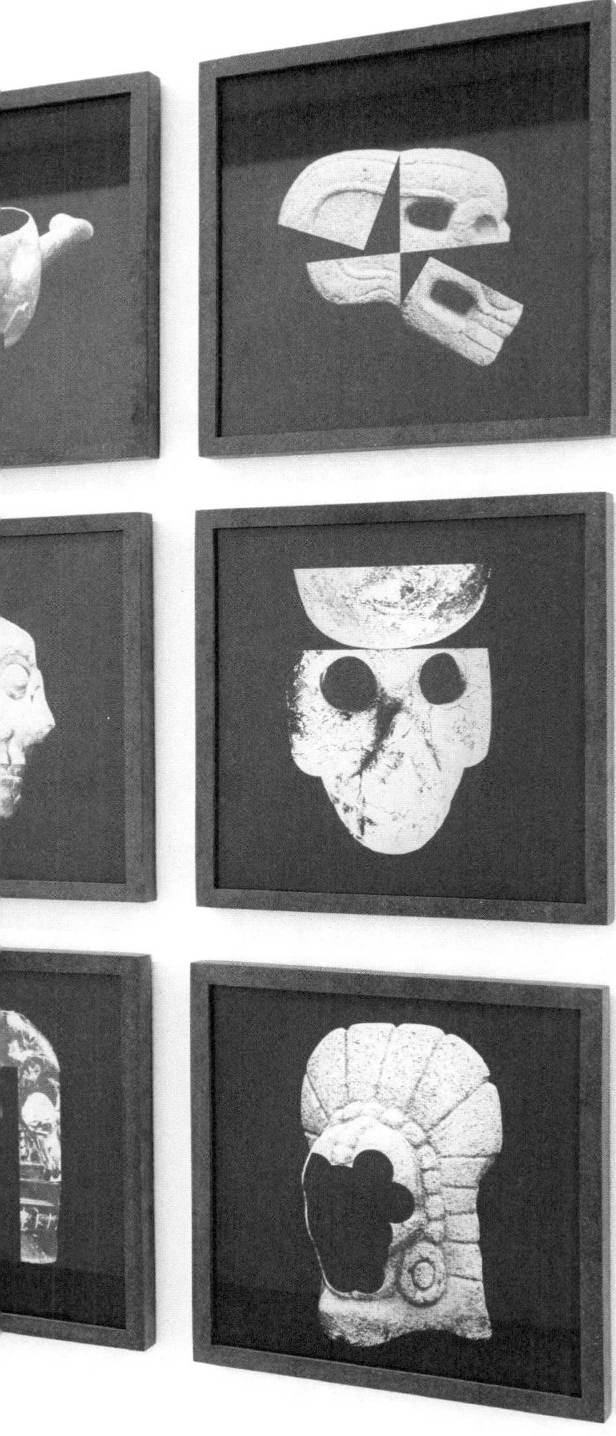

2013

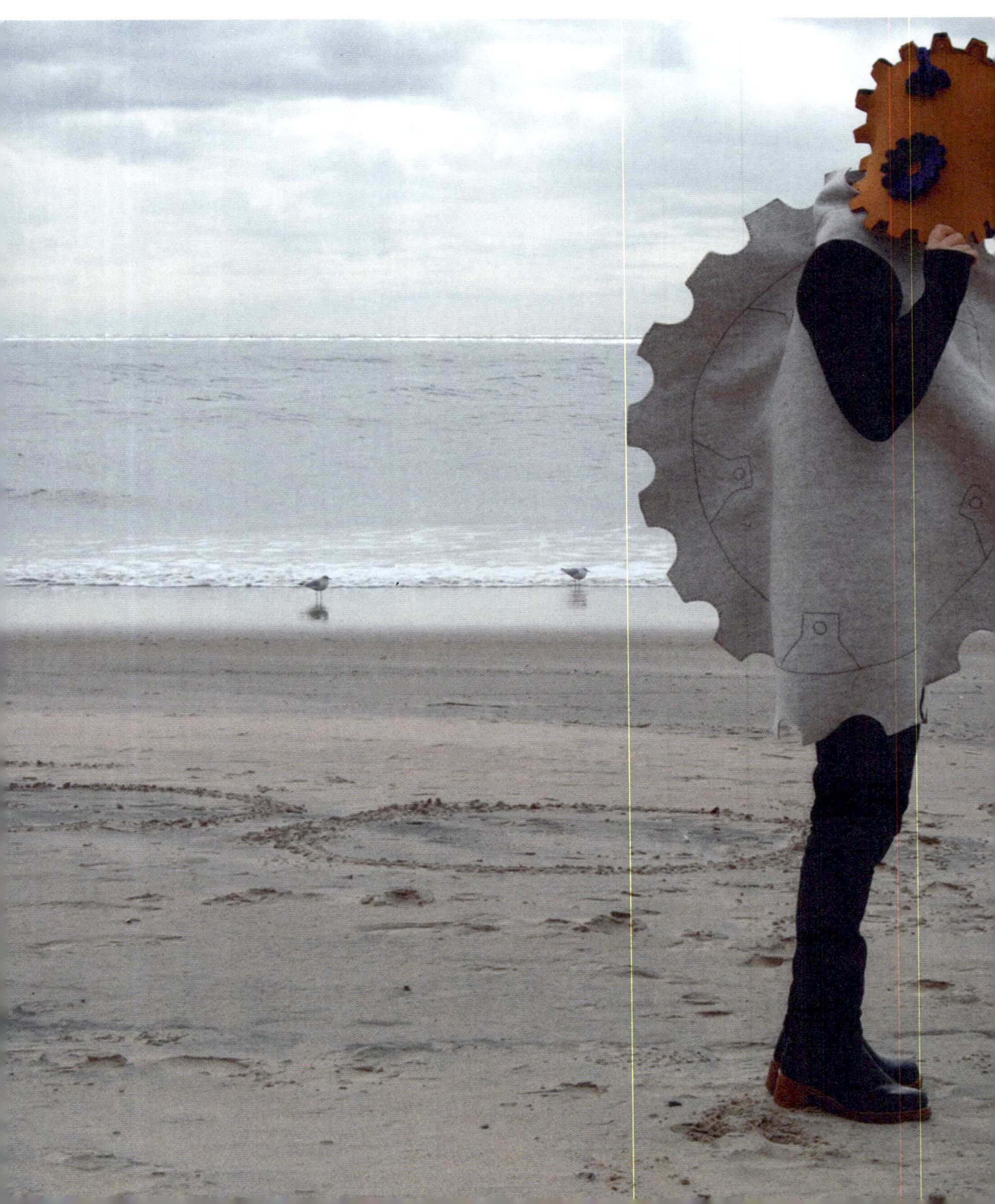

Marvelous Creatures Coming from the Sea

Criaturas maravillosas llegando desde el mar

27 April
—
1 June

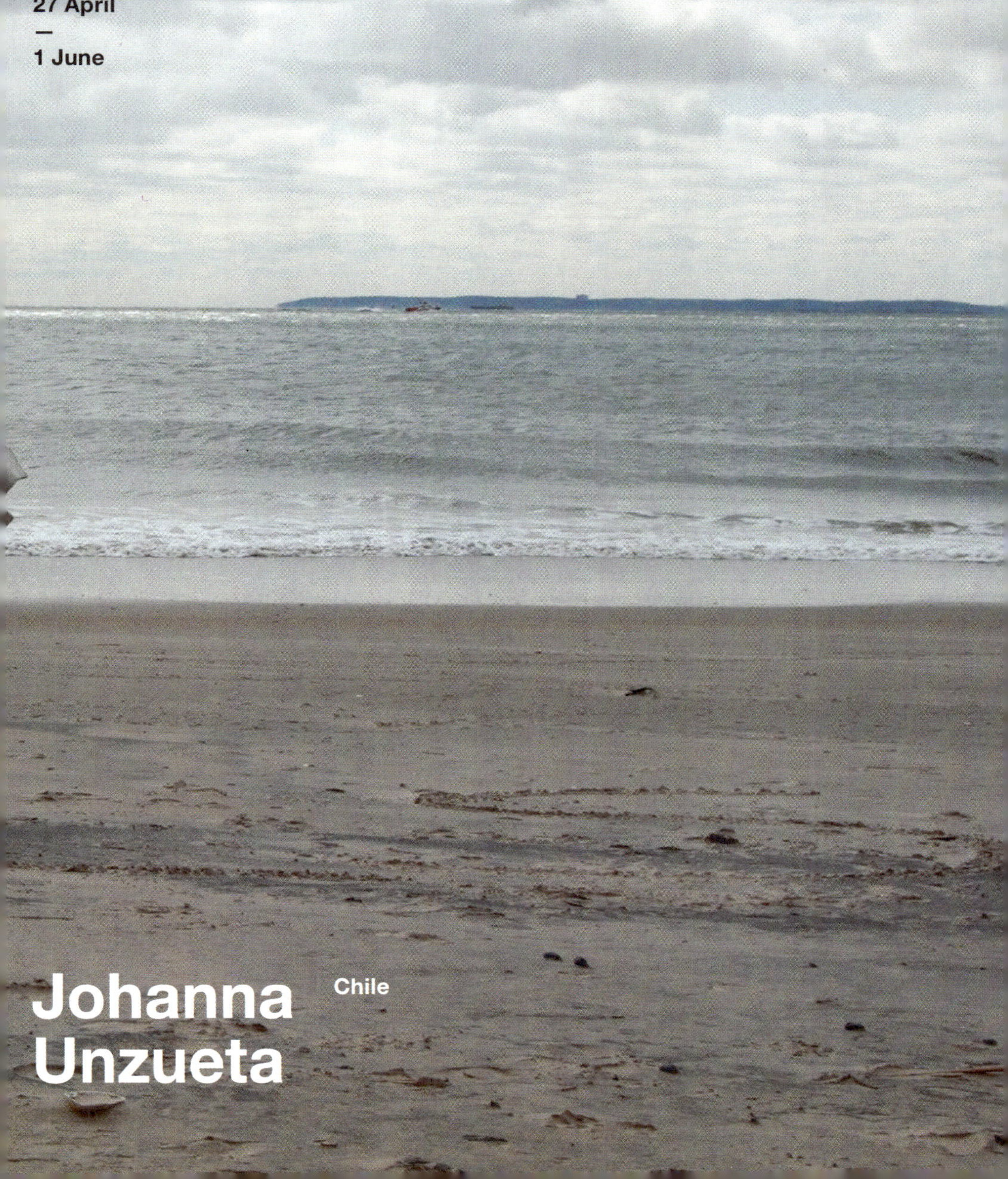

Johanna Unzueta

Chile

   In place of leaves, most of them sprouted blades of unpredictable shape, which were confined to a narrow gamut of colors consisting only of pink, crimson, green, olive, tan, and brown. There I saw again, but not yet pressed and dried like the Nautilus's specimens, some peacock's tails spread open like fans to stir up a cooling breeze, scarlet rosetangle, sea tangle stretching out their young and edible shoots, twisting strings of kelp from the genus Nereocystis that bloomed to a height of fifteen meters, bouquets of mermaid's cups whose stems grew wider at the top, and a number of other open-sea plants, all without flowers.

Jules Verne, *20,000 Leagues Under the Sea*

One can imagine in the near future a city covered by water – completely submerged, houses, factories, and schools. A hypothetical diver in this scenario would see familiar things like machines and cars, bicycles, and toys, in a completely different context, thus changing his perception and altering the objects themselves.

Johanna Unzueta's (1974, Santiago de Chile) second solo show with Christinger De Mayo has a similar effect on the viewer. One sculpture of the show consists of felt and old wooden spools she found at a flee market, forming an over-dimensional chain. The wooden spools serve as a materialistic "memory" of the industrial revolution, interwoven with felt, which have, as Beuys believed, transformational power. They become part of a sculpture depicting an object that would be normally associated with a mechanical apparatus to generate movement.

The movement that Johanna Unzueta's sculptures initiate, is within us – slowly shifting "gears" that have been used in a certain way, showing us that the movement can have other functions as well. The marvelous creatures from the sea are like beautifully crafted debris of the mind, reminding us that reality has different layers and things can have different meanings. In a short 8 mm video-transfer these ideas merge. A sculptural being is writing a message in the sand, in the background we see the ocean in winter, and although we don't know what the message says, we are quite sure that it is meant for us…

Johanna Unzueta

Born in 1974 in Santiago de Chile, Chile. Studied Master of Fine Arts at the Pontificia Universidad Católica de Chile in 1998. Various solo and group exhibitions, including: Queens Museum of Art, New York; David Rockefeller Center for Latin American Studies, Cambridge; Sezession Wichtelgasse, Vienna; A Gentil Carioca, Rio de Janeiro; New Capital Projects, Chicago; Museo del Barrio, New York; Museu de Arte Contemporanea da Universidade de São Paulo; and Art Basel, Miami. The artist lives and works in New York.

ES   *En lugar de hojas, la mayoría
de ellas formaban unas tiras de
aspectos caprichosos, circunscritas a
una restringida gama de colores: rosa,
carmín, verdes claro y oliva, rojo oscuro
y marrón. Allí vi, pero no disecadas
como en las vitrinas del Nautilus, las
padinas o pavonias, desplegadas en
abanicos que parecían solicitar la brisa;
ceramias escarlatas; laminarias que
alargaban sus retoños comestibles;
nereocísteas filiformes y onduladas
que se expandían a una altura de unos
quince metros; ramos de acetabularias
cuyos tallos crecen por el vértice,
y otras muchas plantas pelágicas,
todas desprovistas de flores.*

Julio Verne, *20.000 leguas
de viaje submarino*

Uno se podría imaginar en un futuro
no muy lejano una ciudad cubierta
por agua, casas, empresas y colegios
completamente sumergidos. Un buzo
hipotético en este escenario vería
cosas familiares como máquinas,
carros, bicletas y juguetes en un
contexto totalmente diferente, así
pues, cambiaría su percepción y se
alterarían los objetos mismos.

La segunda exposición individual de
Johanna Unzueta (1974, Santiago
de Chile) en Christinger De Mayo tiene
un efecto similar en el espectador. Una
escultura de la exposición hecha en
fieltro con carretes antiguos de madera,
que la artista encontró en un mercado
de las pulgas, forman una cadena so-
bredimensional. Los carretes de madera
sirven como una "memoria" materialista
de la revolución industrial, entretejidos
con fieltro, que tienen, como Beuys
creía, un poder transformacional. Estos
se vuelven parte de una escultura,
representando un objeto que normalmente estaría asociado con el aparato
mecánico para generar movimiento.

El movimiento que las esculturas
de Johanna Unzueta inician está en
nosotros, engranajes que cambian
lentamente y que han sido usados en
cierta manera, mostrándonos que el
movimiento puede, asimismo, tener
otras funciones. Las criaturas maravillosas del mar son como escombros
hermosamente confeccionados en la
mente, recordándonos que la realidad
tiene diferentes capas y que las cosas
pueden tener diferentes significados.
En un corto vídeo de 8 mm estas ideas
se funden. Un ser escultural está
escribiendo un mensaje en la arena,
en el fondo podemos ver el océano en
invierno y, aún cuando nosotros no
sabemos qué dice el mensaje, estamos
muy seguros de que es para nosotros...

Johanna Unzueta

Nacida en 1974 en Santiago de Chile,
estudió una maestría de Bellas Artes
en la Pontificia Universidad Católica
de Chile en 1998. Ha participado en
diferentes exposiciones individuales
y colectivas en lugares como el
Queens Museum of Art, Nueva York;
el David Rockefeller Center for Latin
American Studies, Cambridge; el
Sezession Wichtelgasse, Viena; A
Gentil Carioca, Río de Janeiro; New
Capital Projects, Chicago; el Museo del
Barrio, Nueva York; el Museu de Arte
Contemporanea da Universidade de
São Paulo, y en Art Basel, Miami. La
artista vive y trabaja en Nueva York.

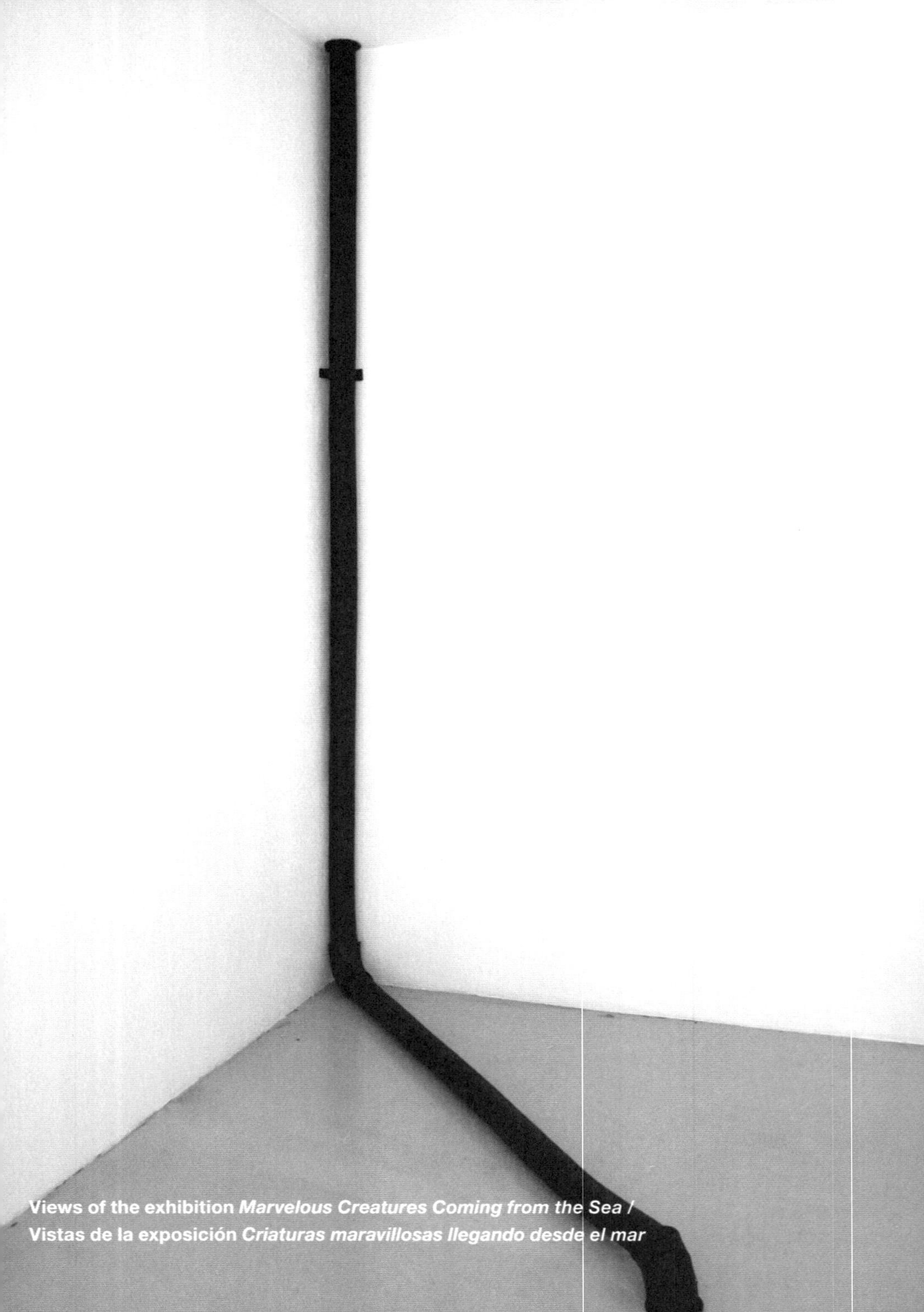

Views of the exhibition *Marvelous Creatures Coming from the Sea* /
Vistas de la exposición *Criaturas maravillosas llegando desde el mar*

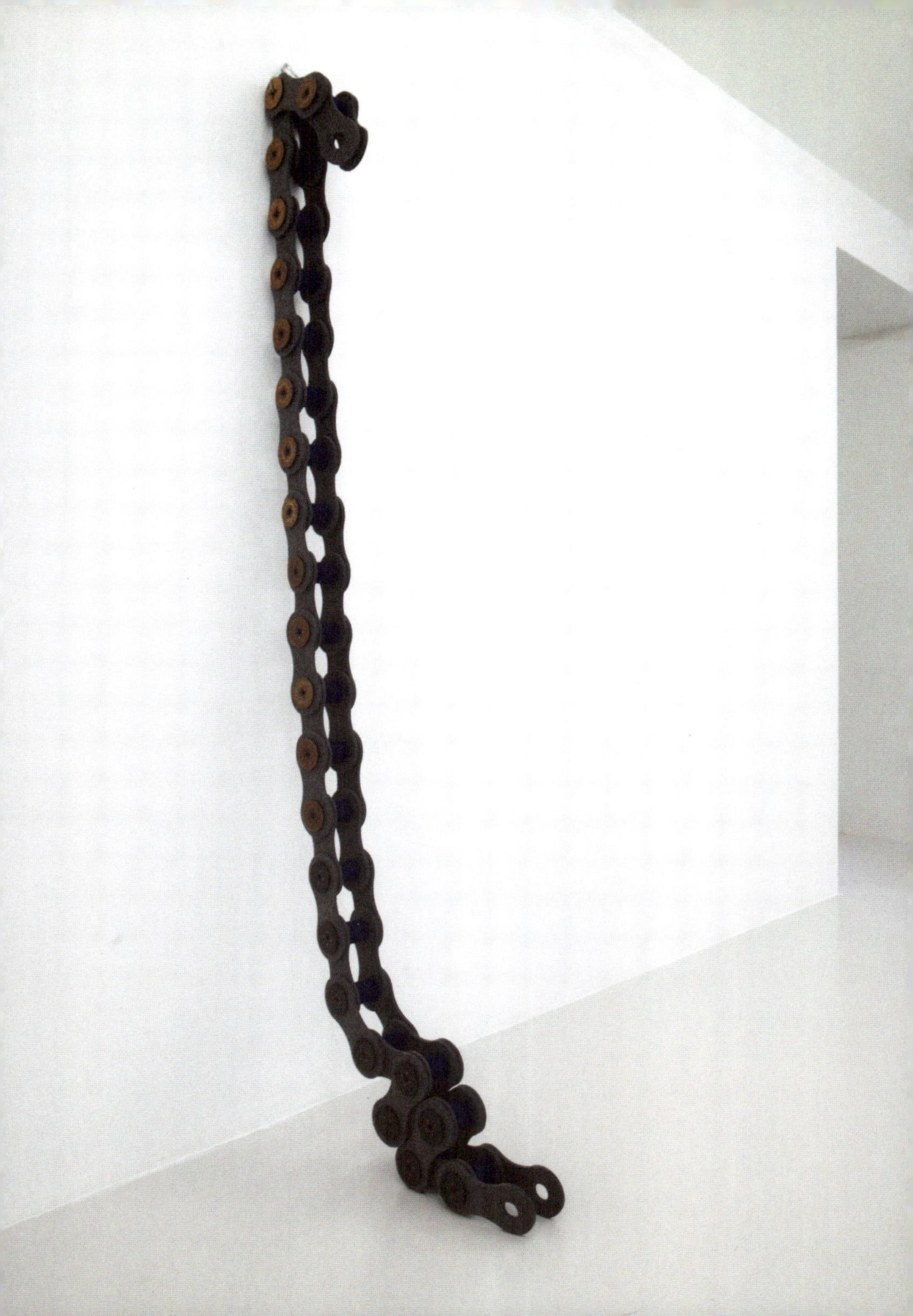

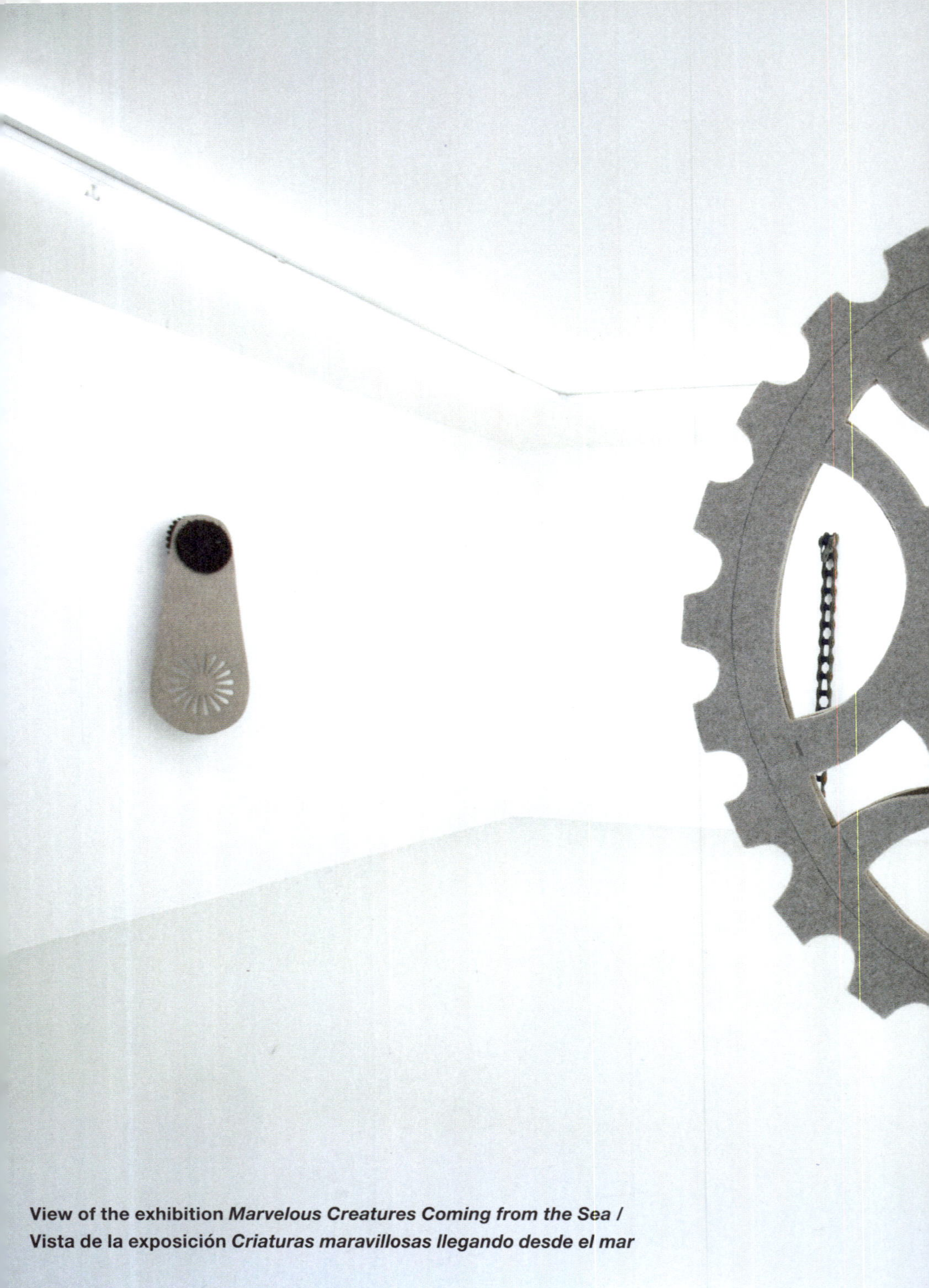

View of the exhibition *Marvelous Creatures Coming from the Sea* /
Vista de la exposición *Criaturas maravillosas llegando desde el mar*

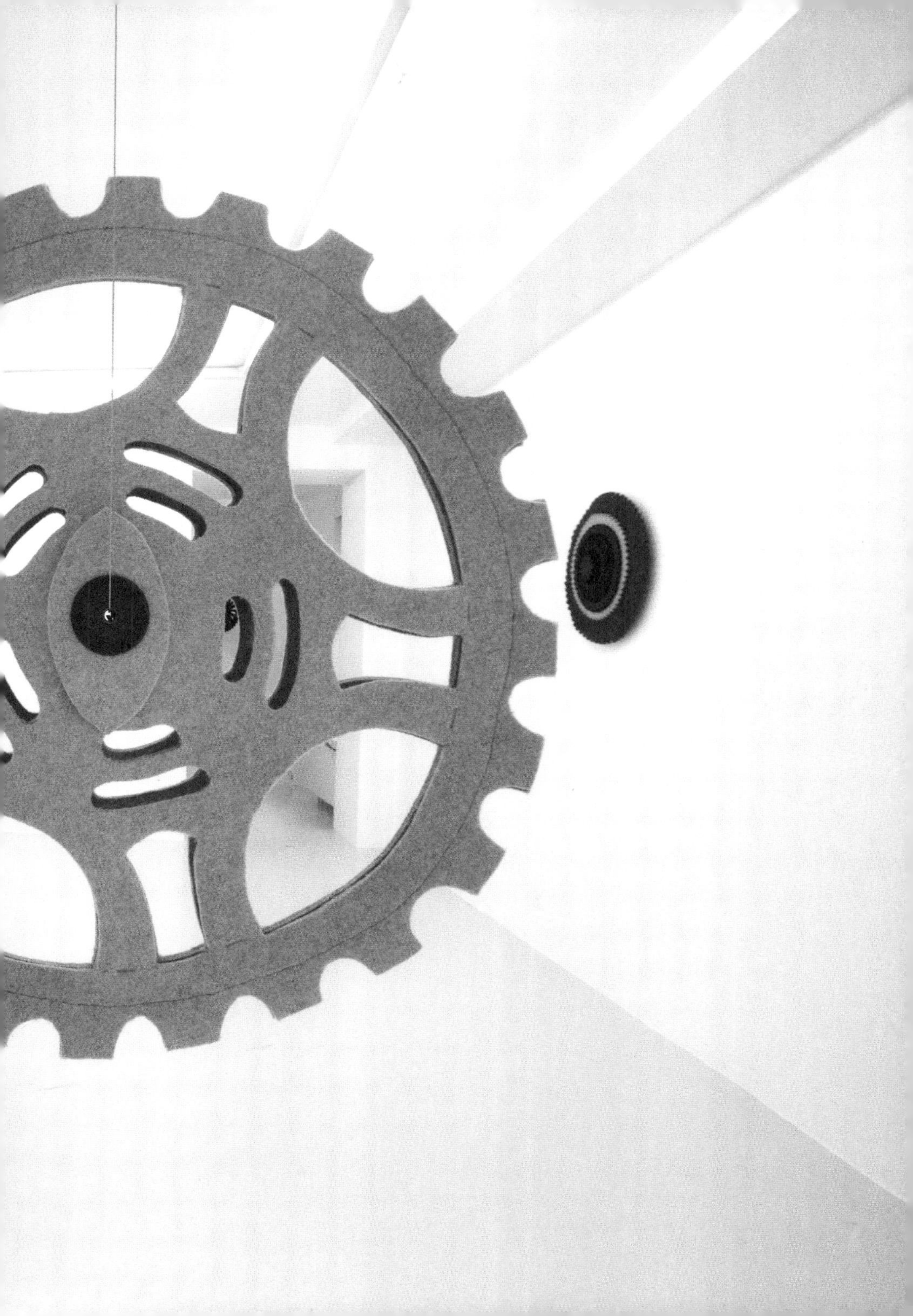

2013

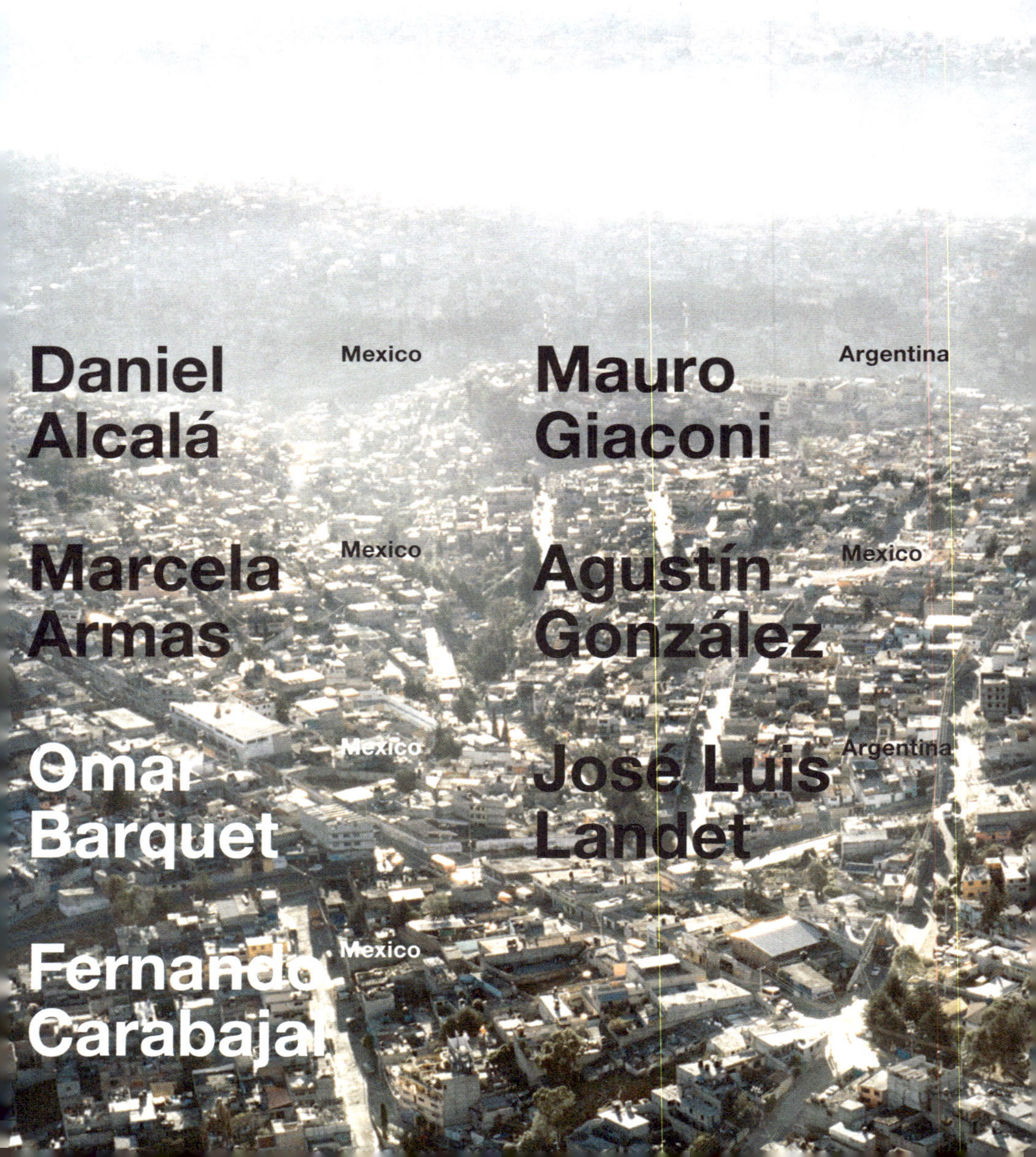

Daniel Alcalá — Mexico

Marcela Armas — Mexico

Omar Barquet — Mexico

Fernando Carabajal — Mexico

Mauro Giaconi — Argentina

Agustín González — Mexico

José Luis Landet — Argentina

Rudimentum/ Mexico

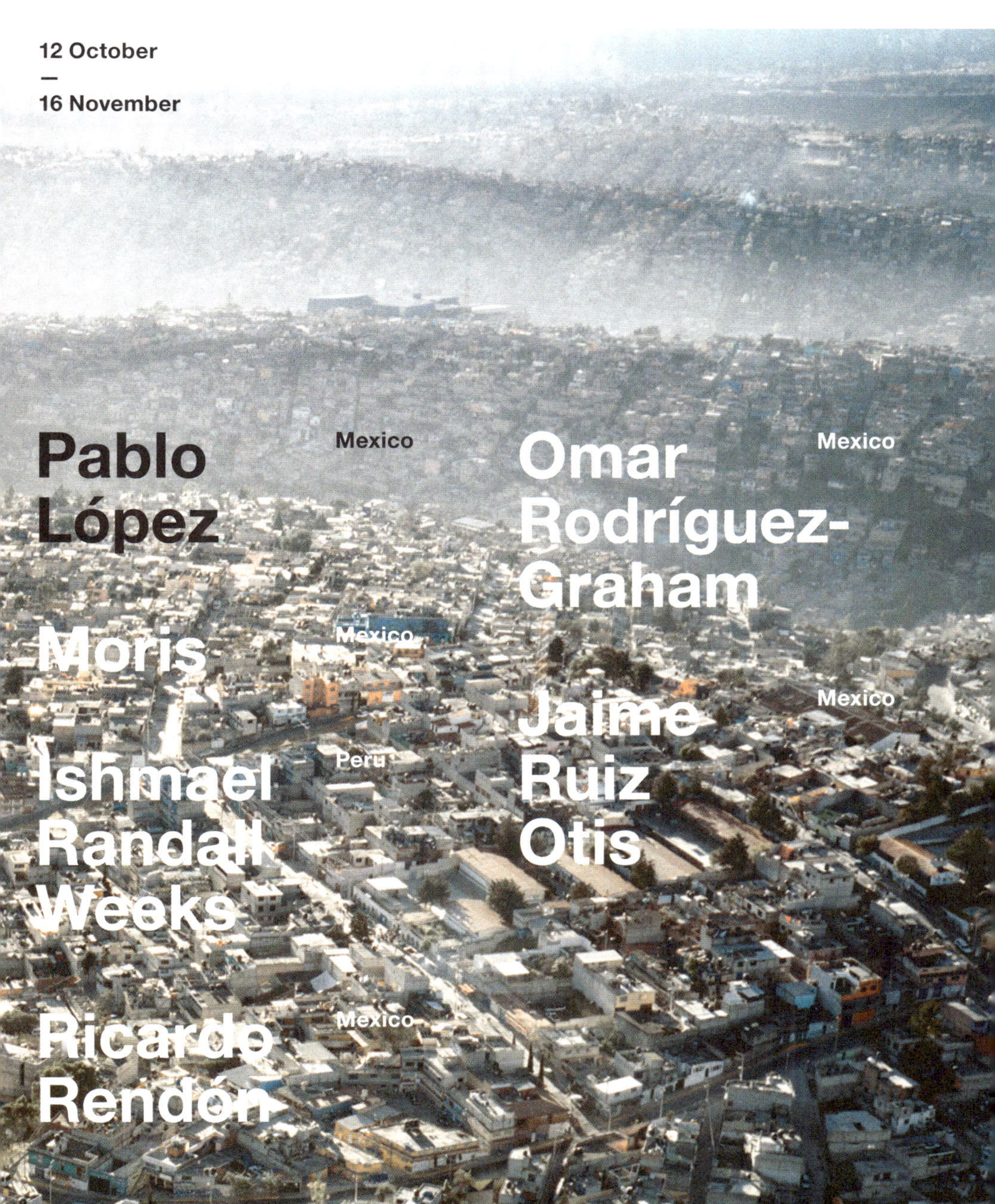

EN　Arróniz Arte Contemporáneo proudly presents *Rudimentum,* the second part of a gallery exchange with Christinger De Mayo. The exhibition brings together 13 artists working in Mexico, who address issues related to the understanding of modernism and the present in Latin America. They approach these themes from differing vantage points, ranging from the dynamics of production to the materials, themes, and reflected discourses.

The Latin American artist exists within a particular reality, a context different to those that have originated numerous artistic and architectural currents. Therefore, it is unavoidable that while some will strictly adhere within their practice to a given paradigm through a recognized approach, others will develop their own interpretation of the modern, of its circumstances, through the lens of their own reality. This last perspective is precisely where the artists included in this exhibition stand, revealing their own perspective about modernism in art, design, and architecture through the materials at their disposal.

While globalization has unified the ways that artists work nowadays with respect to concepts, ideas, and hermeneutics (superstructures), the raw materials, processes, and methods of work remain very different and specific within the context of a region still in development, and where modernist influences continue to be interpreted and applied locally. The title *Rudimentum* makes reference to common denominators in the daily practices of these artists. Within the works there is a sense of retracing, of going back to the roots, back to the beginning; there is a commonality of themes that grow from the materials and discourses, always employed with a tendency towards experimentation, trial, and error.

The rudimentary is a condition that has defined the daily practice of Latin American artists, found both in the street as workspace and in the studio as a primary space. Some of the works in this exhibition attempt to go back to the roots, to the start of that which continues to grow and take shape. The idea of a beginning without an ending is a fundamental condition of the development of their reality that can be seen reflected in the use of found materials (Moris, Omar Barquet), the recycled (Jaime Ruiz Otis, Mauro Giaconi, José Luis Landet), the use of the essential (Fernando Carabajal, Ricardo Rendón), the contemporary reinterpretation of the historic (Daniel Alcalá, Agustín González, Mónica Espinosa), as well as the excessive growth of the city (Pablo López, Omar Rodríguez-Graham).

Rudimentum. The roots under earth have everything to grow high.

** Arróniz Arte Contemporáneo con orgullo presenta *Rudimentum,* la segunda parte de un intercambio con la galería Christinger De Mayo. La exposición recopila la labor de 13 artistas que trabajan en México y cuya obra afronta la problemática relacionada con entender lo moderno y el presente en Latinoamérica. Los artistas abordan estos temas desde diferentes puntos de vista, que van desde la dinámica de la producción hasta los materiales, temas y discursos reflexionados.

Los artistas latinoamericanos existen en una realidad particular, un contexto diferente a esos que han dado origen a numerosas corrientes artísticas y arquitectónicas. Por ello, es inevitable que mientras algunos se adhieren estrictamente dentro de su práctica a algún paradigma a través de un enfoque reconocido, otros desarrollan su propia interpretación de lo moderno, de sus circunstancias, a través del lente de su propia realidad. Este último enfoque es precisamente el que tienen los artistas incluidos en esta exposición, revelando su propia perspectiva de la modernidad en el arte, diseño y arquitectura a través del uso de los materiales que tienen a su disposición.

Mientras que la globalización ha unificado la manera en que los artistas trabajan hoy en día con respecto a conceptos, ideas y hermenéutica (superestructuras), las materias primas, los procesos y los métodos de trabajo siguen siendo muy diferentes y específicos en el contexto de una región todavía en desarrollo, donde influencias modernistas continúan siendo interpretadas y aplicadas localmente. El título *Rudimentum* hace referencia a los denominadores comunes en las prácticas diarias de estos artistas. En sus trabajos hay un sentido de rememorar, de ir hacia las raíces, de ir al principio; hay una similitud de temas que crecen desde los materiales y discursos empleados siempre hacia la experimentación, la prueba y el error.

Lo rudimentario es una condición que ha definido una práctica diaria en los artistas latinoamericanos, desarrollada tanto en las calles como un lugar de trabajo, como en el estudio como un lugar primario. Alguno de los trabajos en esta exposición intenta regresar, como se mencionó anteriormente, a las raíces, ir al comienzo de lo que continúa creciendo y tomando forma. La idea de empezar sin terminar es una condición fundamental para el desarrollo de su realidad, que puede ser reflejada en el uso de materiales encontrados (Moris, Omar Barquet), lo reciclado (Jaime Ruiz Otis, Mauro Giaconi, José Luis Landet), el uso de lo esencial (Fernando Carabajal, Ricardo Rendón), la reinterpretación contemporánea de lo histórico (Daniel Alcalá, Agustín González, Mónica Espinosa), al igual que en el crecimiento excesivo de la ciudad (Pablo López, Omar Rodríguez-Graham).

Rudimentum. Las raíces bajo tierra tienen todo para crecer alto.

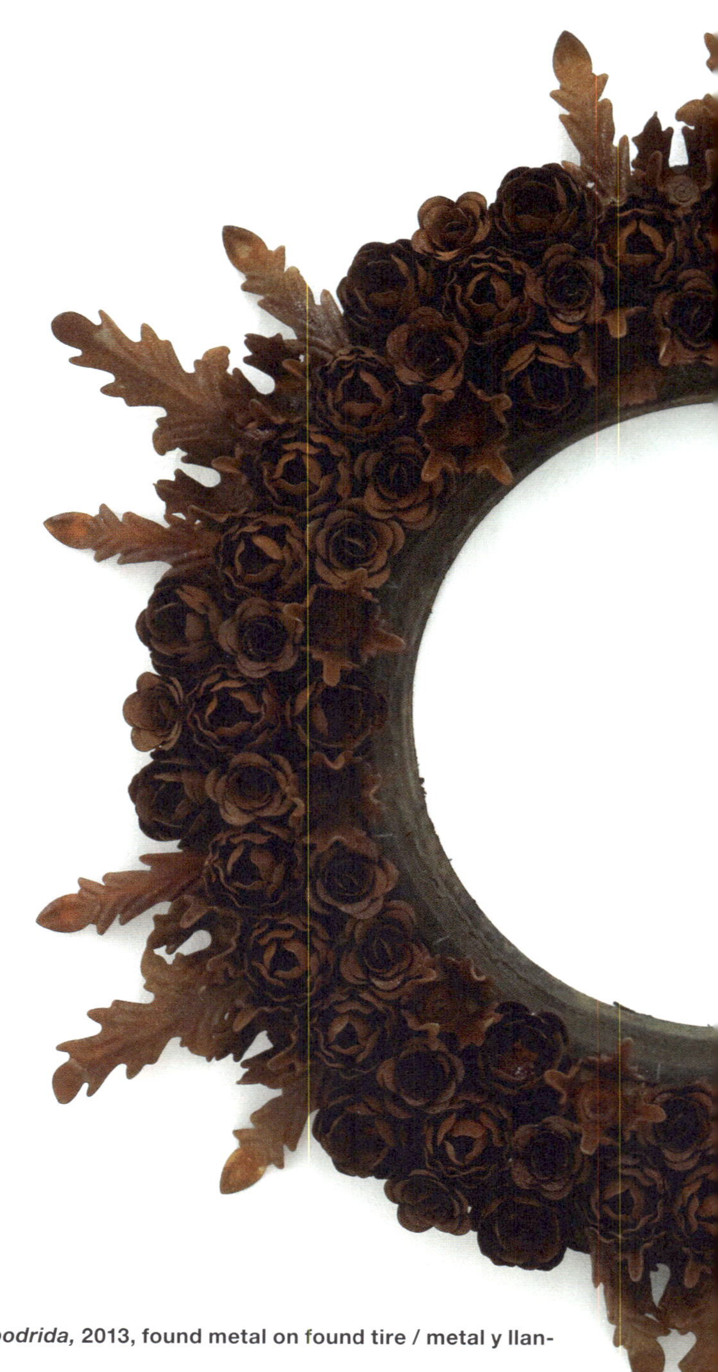

Moris, *Rotten Crown / Corona podrida,* 2013, found metal on found tire / metal y llanta de rueda encontrados

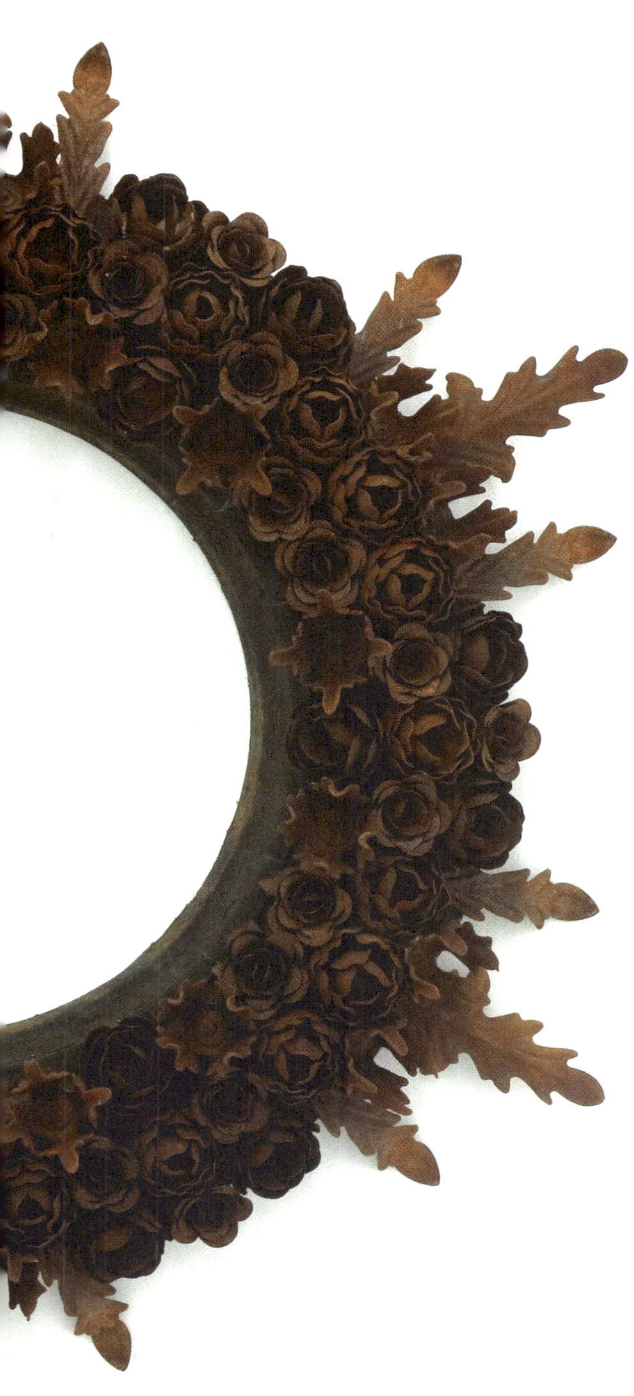

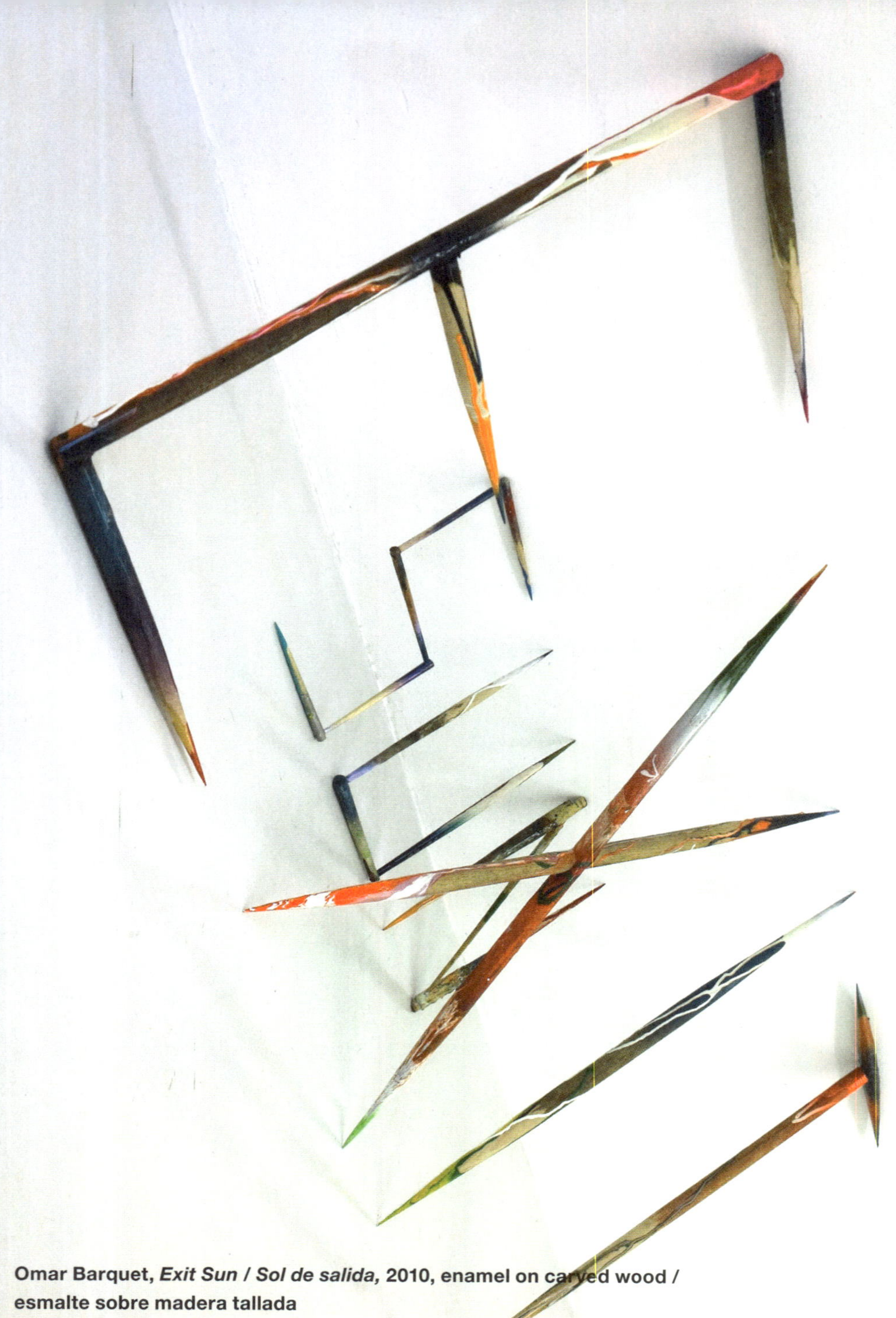

Omar Barquet, *Exit Sun / Sol de salida,* 2010, enamel on carved wood /
esmalte sobre madera tallada

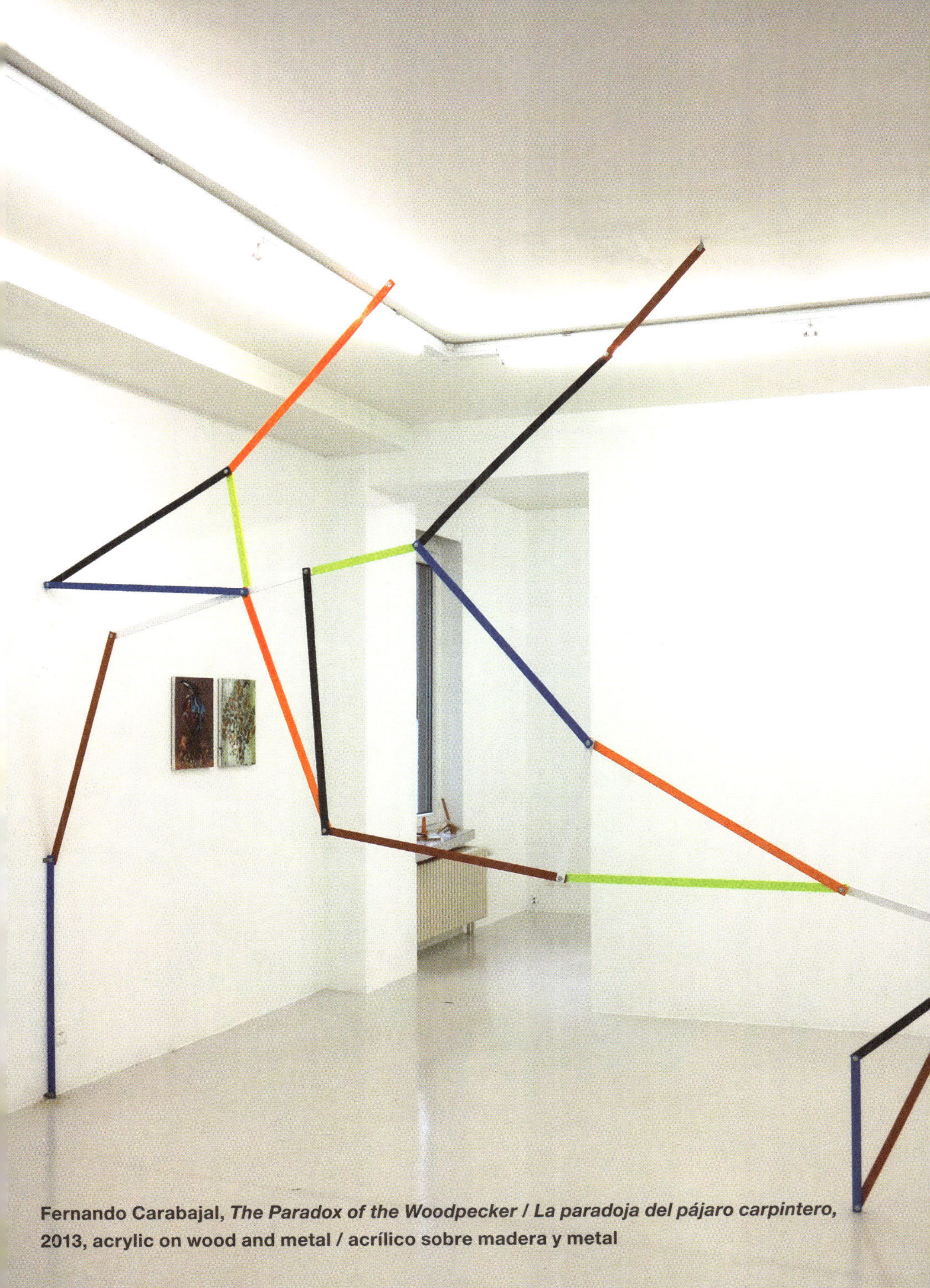

Fernando Carabajal, *The Paradox of the Woodpecker / La paradoja del pájaro carpintero,* 2013, acrylic on wood and metal / acrílico sobre madera y metal

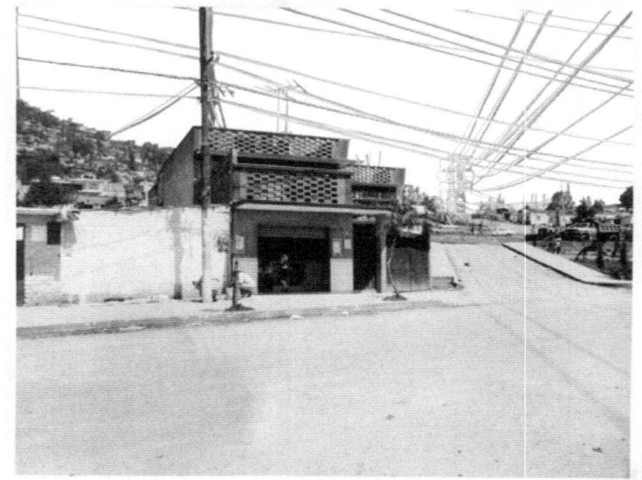
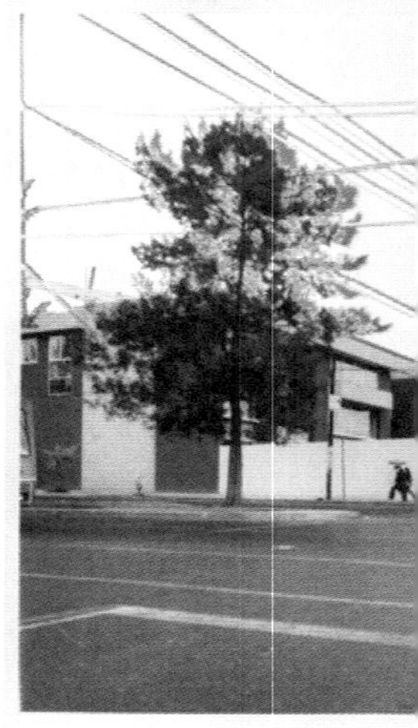
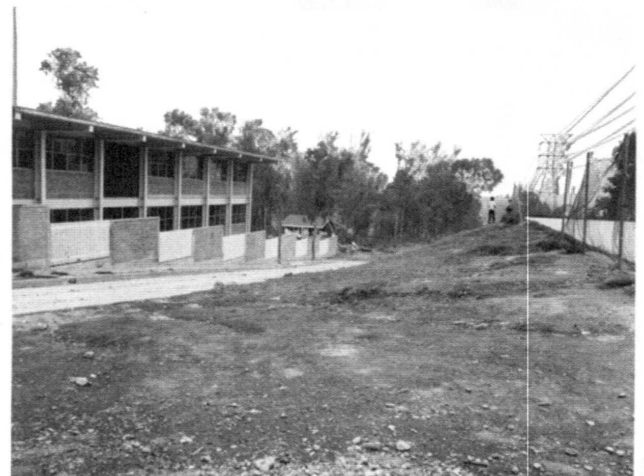
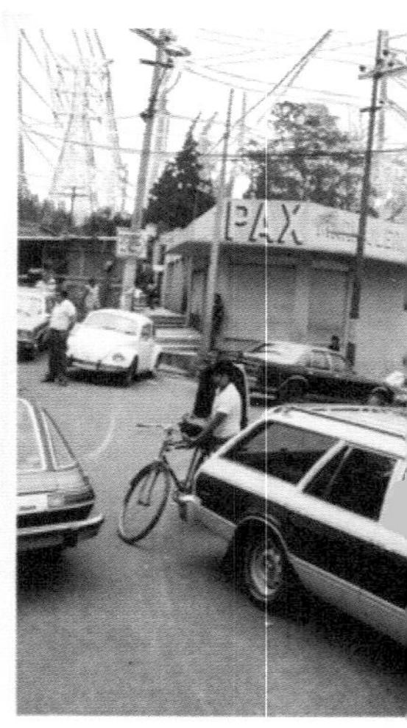
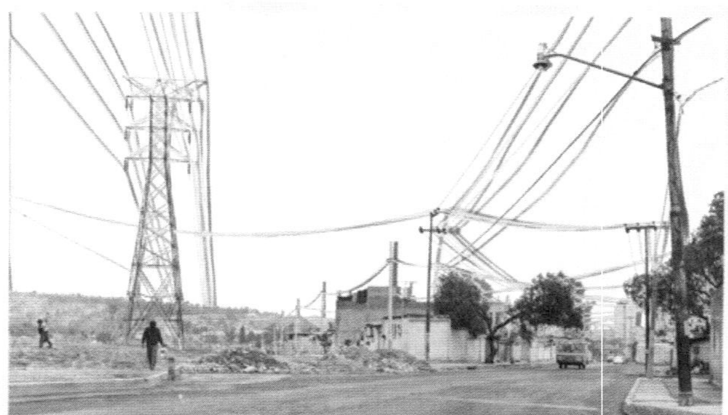
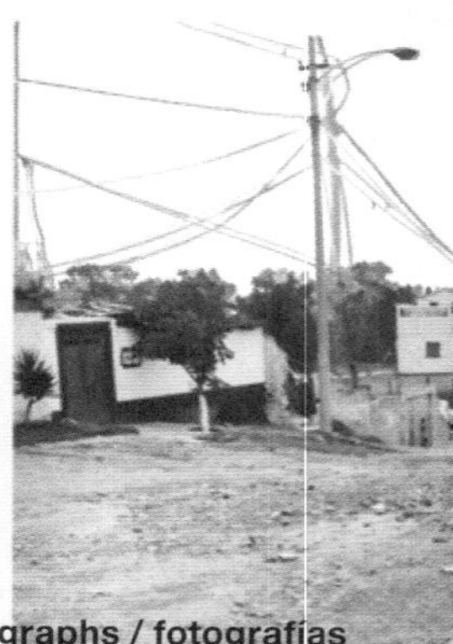

Daniel Alcalá, *Monuments II / Monumentos II,* 2013, cut out vintage photographs / fotografías antiguas recortadas

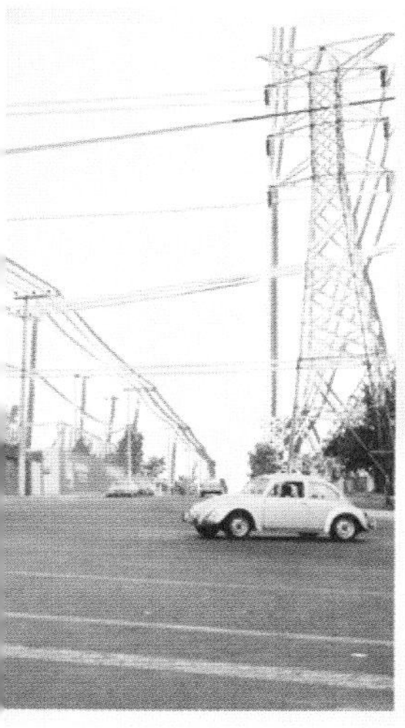
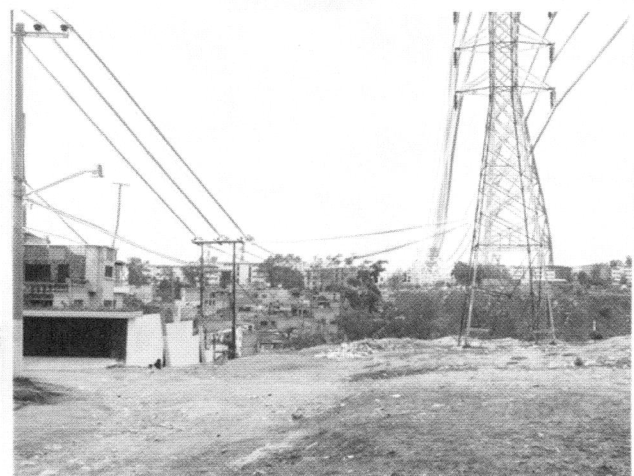
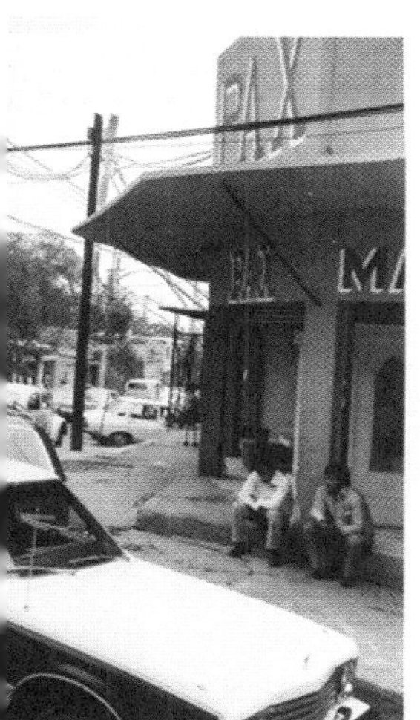
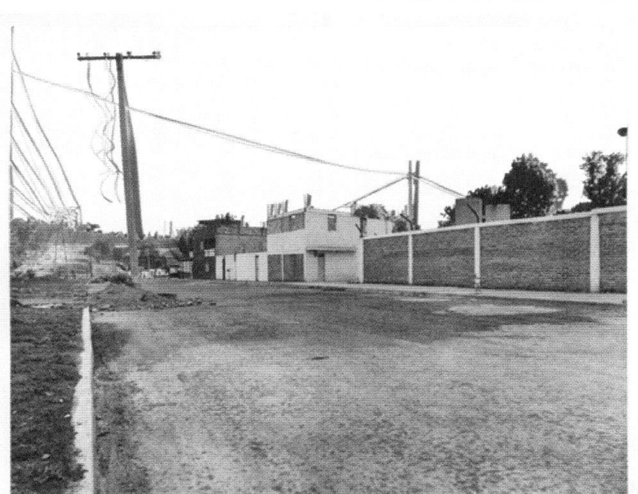
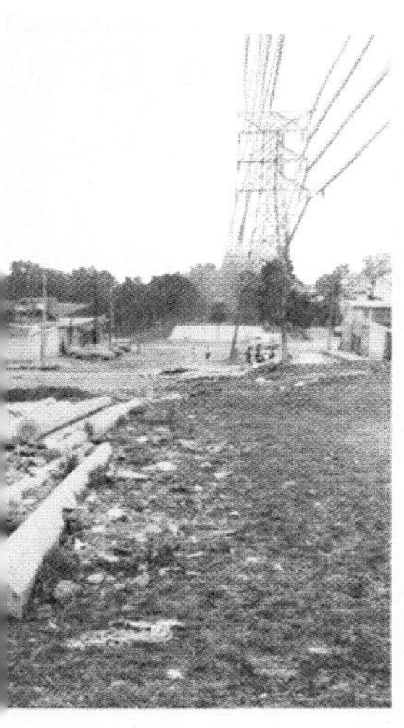
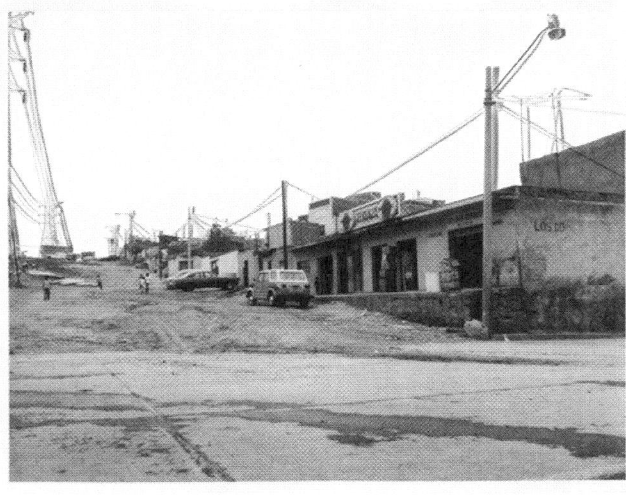

2012

Stefan
Benchoam
Guatemala

Juan
Brenner
Guatemala

Buró de
Intervenciones
Públicas
Guatemala

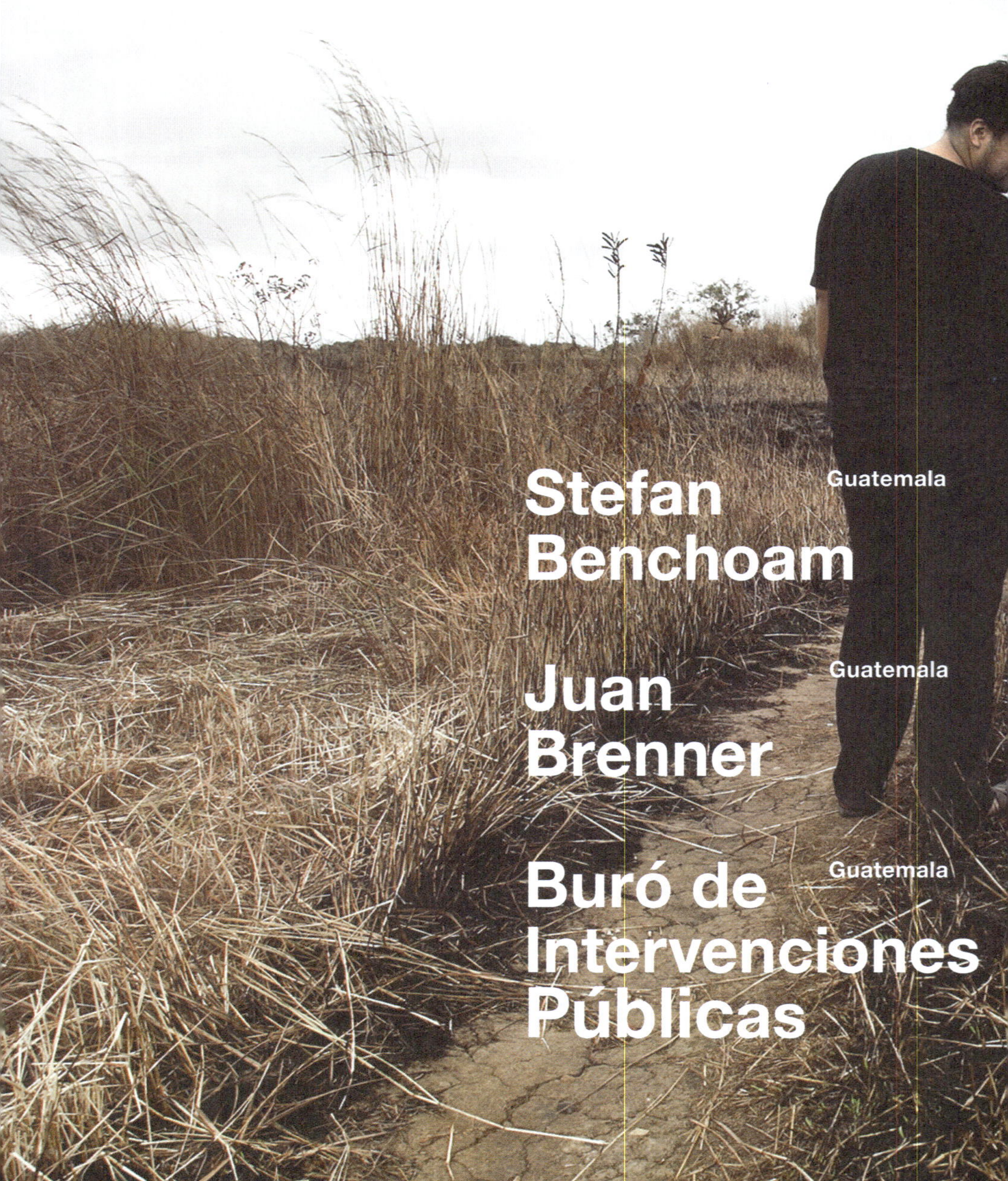

Proyectos
Ultravioleta
Guatemala

27 April
—
1 June

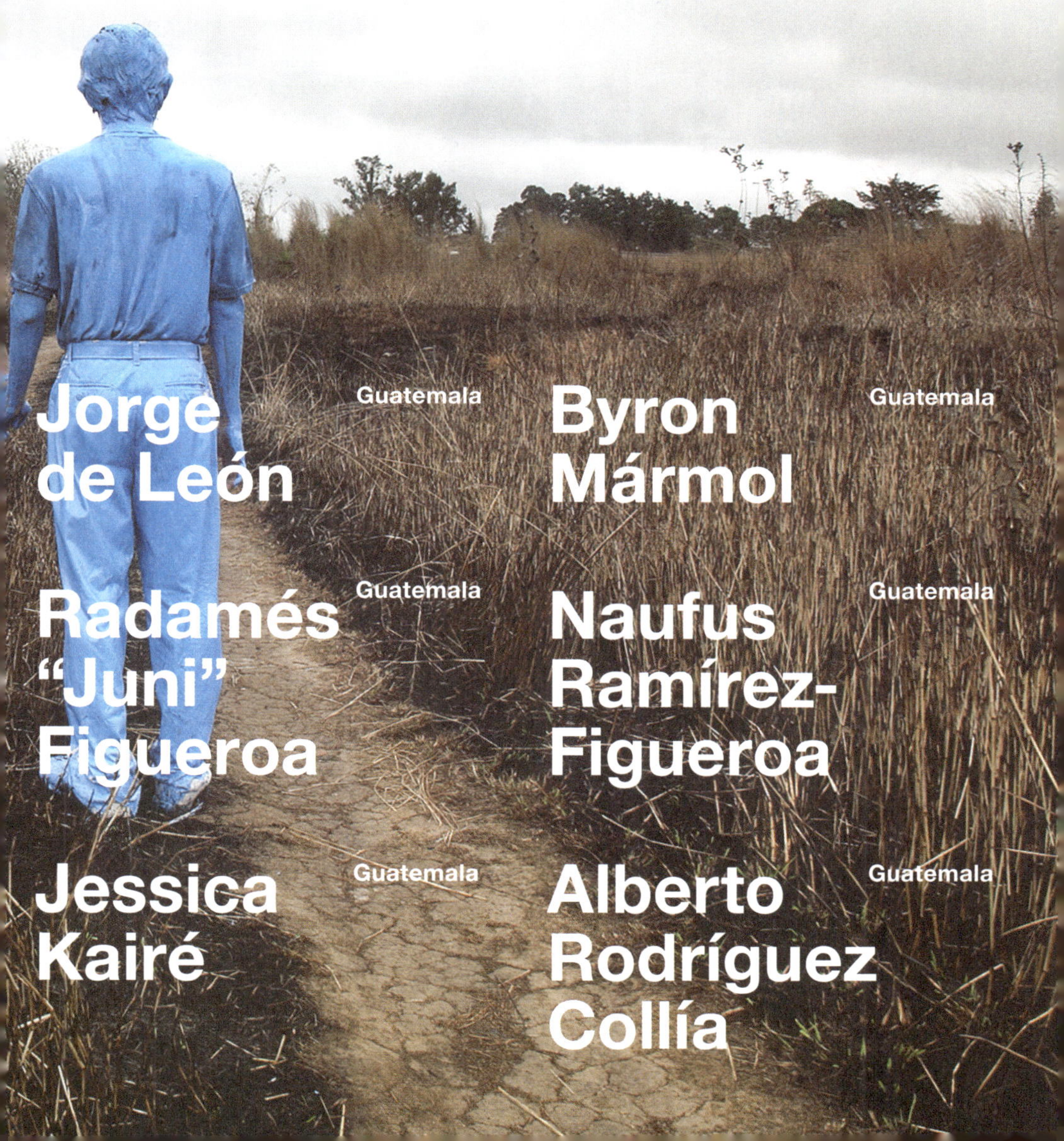

Jorge
de León
Guatemala

Radamés
"Juni"
Figueroa
Guatemala

Jessica
Kairé
Guatemala

Byron
Mármol
Guatemala

Naufus
Ramírez-
Figueroa
Guatemala

Alberto
Rodríguez
Collía
Guatemala

Proyectos Ultravioleta

EN   Proyectos Ultravioleta presents Stefan Benchoam, Juan Brenner, Buró de Intervenciones Públicas (BIP), Jorge de León, Radamés "Juni" Figueroa, Jessica Kairé, Byron Mármol, Naufus Ramírez-Figueroa, and Alberto Rodríguez Collía.

Proyectos Ultravioleta is a multifaceted platform for experimentation in contemporary art, founded in 2009 and based in Guatemala City. The artist-run space is the project of the three artists Stefan Benchoam, Juan Brenner, and Byron Mármol whose intention is to create a place where art can be seen, music is played and parties are celebrated.

However, Proyectos Ultravioleta is more than just an exhibition space. It is an initiative and a project. It is dedicated to exploring art in all its possible forms and to realizing public interventions as well as to mediating between the local and the foreign art scenes. There is a strong desire to establish a dialogue between Latin America and the rest of the world. With the publication of their own art and literature fanzine *El Terrible,* they contemplate the current art scene from a critical, social, and political perspective, without losing a sense of humor. Furthermore, they break through the limits of an art gallery by acting as independent curators worldwide, most recently in London with the show *Both Ends.* In making it possible for their artists to see the world and to be seen by the world, they decisively emphasize that: "It is not a show about Latin America. It is not a show about Europe for that matter. It is a study of cultural diffusion, interpretation, and the relationships between countries and people."

During the seasonal opening, Christinger De Mayo is looking forward to hosting this ambitious project in its gallery spaces and is hoping that by doing so another small input will be added to the cultural dialogue between Latin America and Switzerland.

Proyectos Ultravioleta

Artist-run space founded in 2009 in Guatemala City by Stefan Benchoam, Juan Brenner, and Byron Mármol. Previous projects include: *Both Ends,* London; *Dolphin Bay,* San Juan, Puerto Rico; *POSTPANAMAX,* Panama City; *First International Meeting (Cheverista) of Medellin,* Medellin, Colombia; *Mayami Son Machin,* Miami; *Ultra Is Low,* San José, Costa Rica; *Without Salsa There Is no Paradise,* Santiago, Chile; *Juni and His Friends from Puerto Rico,* San Juan, Puerto Rico; *CIRCA Labs,* San Juan, Puerto Rico.

ES   Proyectos Ultravioleta presenta a Stefan Benchoam, Juan Brenner, Buró de Intervenciones Públicas (BIP), Jorge de León, Radamés "Juni" Figueroa, Jessica Kairé, Byron Mármol, Naufus Ramírez-Figueroa y Alberto Rodríguez Collía.

Proyectos Ultravioleta es una plataforma multifacética para la experimentación del arte contemporáneo, fundada en 2009 y localizada en Ciudad de Guatemala. El *artist-run-space* es un proyecto de tres artistas: Stefan Benchoam, Juan Brenner y Byron Mármol, cuya intención es la de crear un lugar donde el arte pueda ser visto, la música pueda ser tocada y las fiestas celebradas.

Proyectos Ultravioleta es, sin embargo, más que una sala de exposiciones. Es una iniciativa y un proyecto. Está dedicado a explorar el arte en todas sus formas posibles y a realizar intervenciones públicas, al igual que a intermediar entre la escena artística local y extranjera. Hay un deseo muy fuerte de establecer un diálogo entre Latinoamérica y el resto del mundo. Con la publicación de su *fanzine* de arte y literatura *El Terrible,* contemplan la escena del arte actual desde una perspectiva crítica, social y política sin perder el sentido del humor. Además, rompen los límites de una galería de arte actuando como curadores independientes alrededor del mundo; la última vez, por ejemplo, con la exposición *Ambos lados* en Londres. Por consiguiente, permiten a sus artistas ver el mundo y ser vistos por el mundo. De este modo enfatizan de manera decisiva: "No es una exposición sobre Latinoamérica. De hecho, no es una exposición sobre Europa. Es un estudio de difusión cultural, interpretación y relaciones entre países y gente".

Christinger De Mayo espera con anhelo ofrecer las salas de la galería durante la inauguración de la temporada a este ambicioso proyecto y desea así contribuir en alguna medida al diálogo entre Latinoamérica y Suiza.

Proyectos Ultravioleta

Espacio artístico fundado en 2009 en la capital de Guatemala por Stefan Benchoam, Juan Brenner y Byron Mármol. Entre otros proyectos anteriores destacan: *Ambos lados,* **Londres, Reino Unido;** *Bahía Delfín,* **San Juan, Puerto Rico;** *POSTPANAMAX,* **Ciudad de Panamá;** *Primer Encuentro Internacional (Cheverista) de Medellín,* **Medellín, Colombia;** *Mayami Son Machin,* **Miami;** *Ultra es Low,* **San José, Costa Rica;** *Sin salsa no hay paraíso,* **Santiago de Chile, Chile;** *El Juni y sus amigos de Puerto Rico,* **San Juan, Puerto Rico;** *CIRCA Labs,* **San Juan, Puerto Rico.**

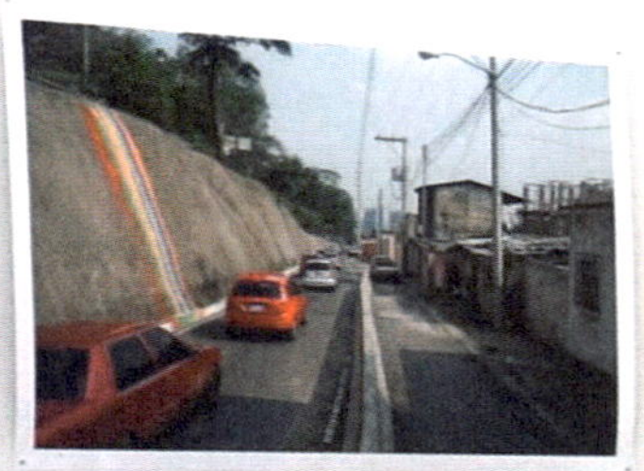

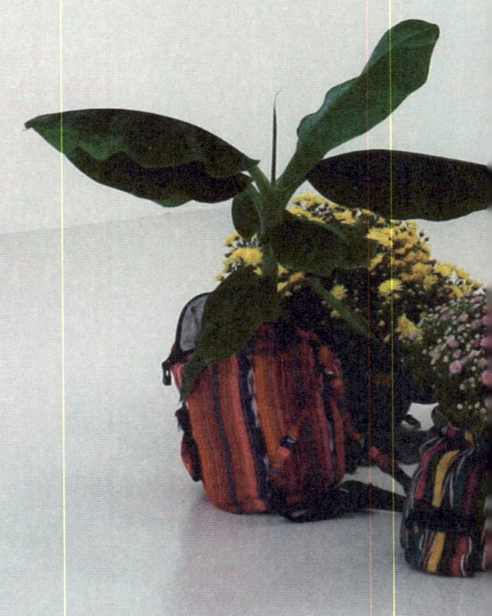

View of the exhibition by Proyectos Ultravioleta /
Vista de la exposición de Proyectos Ultravioleta
Naufus Ramírez-Figueroa, Jessica Kairé, Radamés "Juni" Figueroa

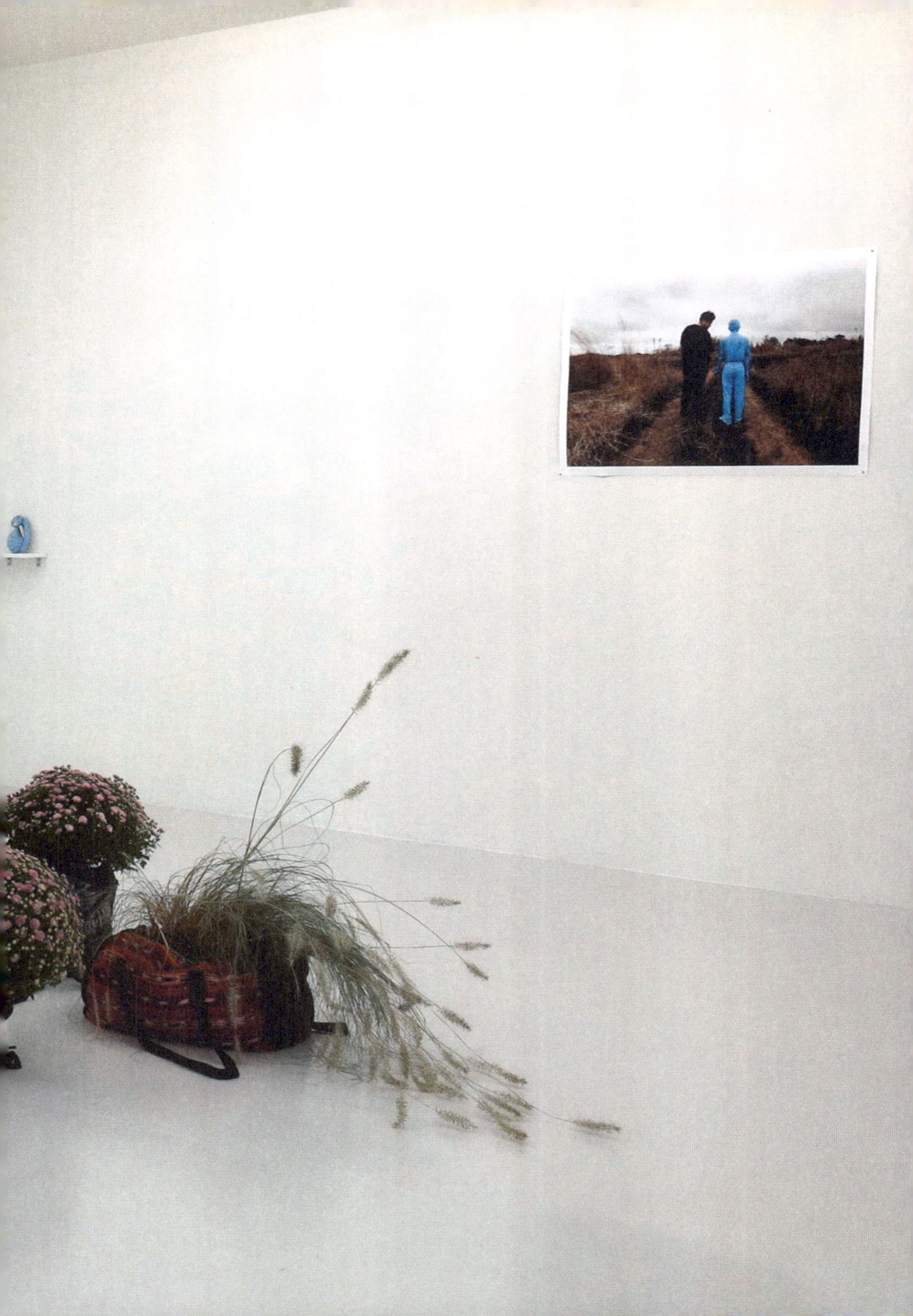

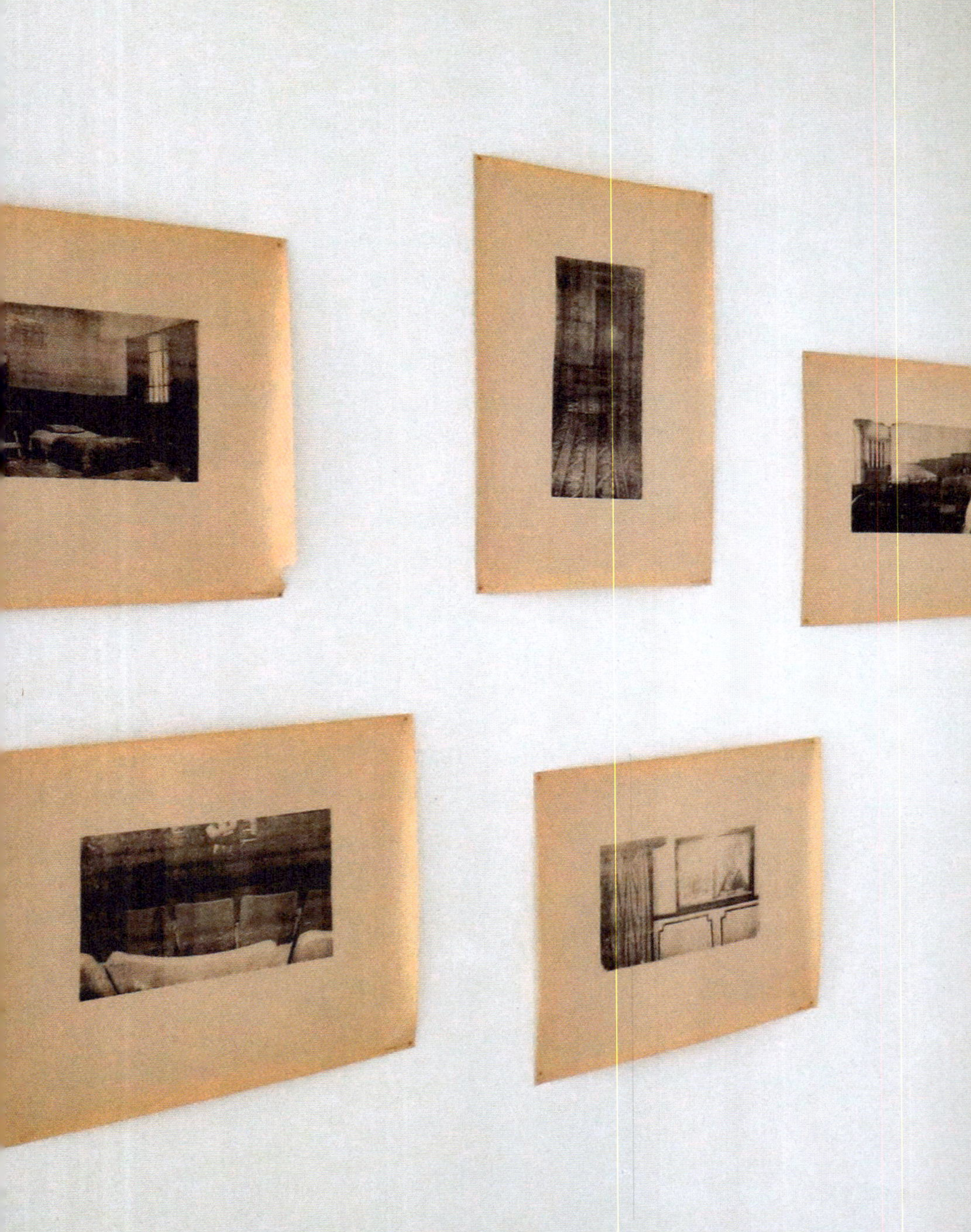

Alberto Rodríguez Collía, *Hotel Pasabien,* 2008, transfer prints on paper / impresiones sobre papel

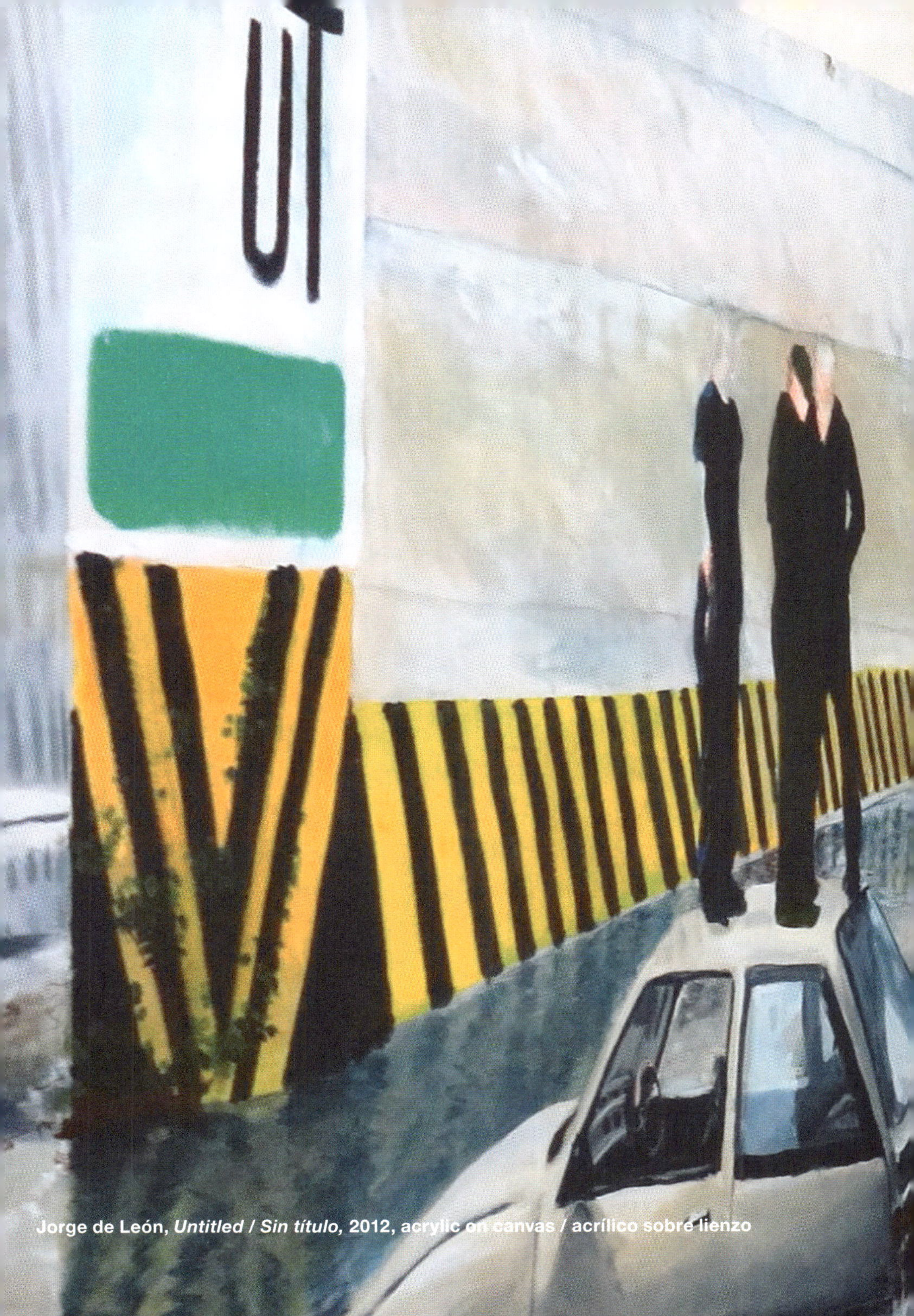

Jorge de León, *Untitled / Sin título*, 2012, acrylic on canvas / acrílico sobre lienzo

2012

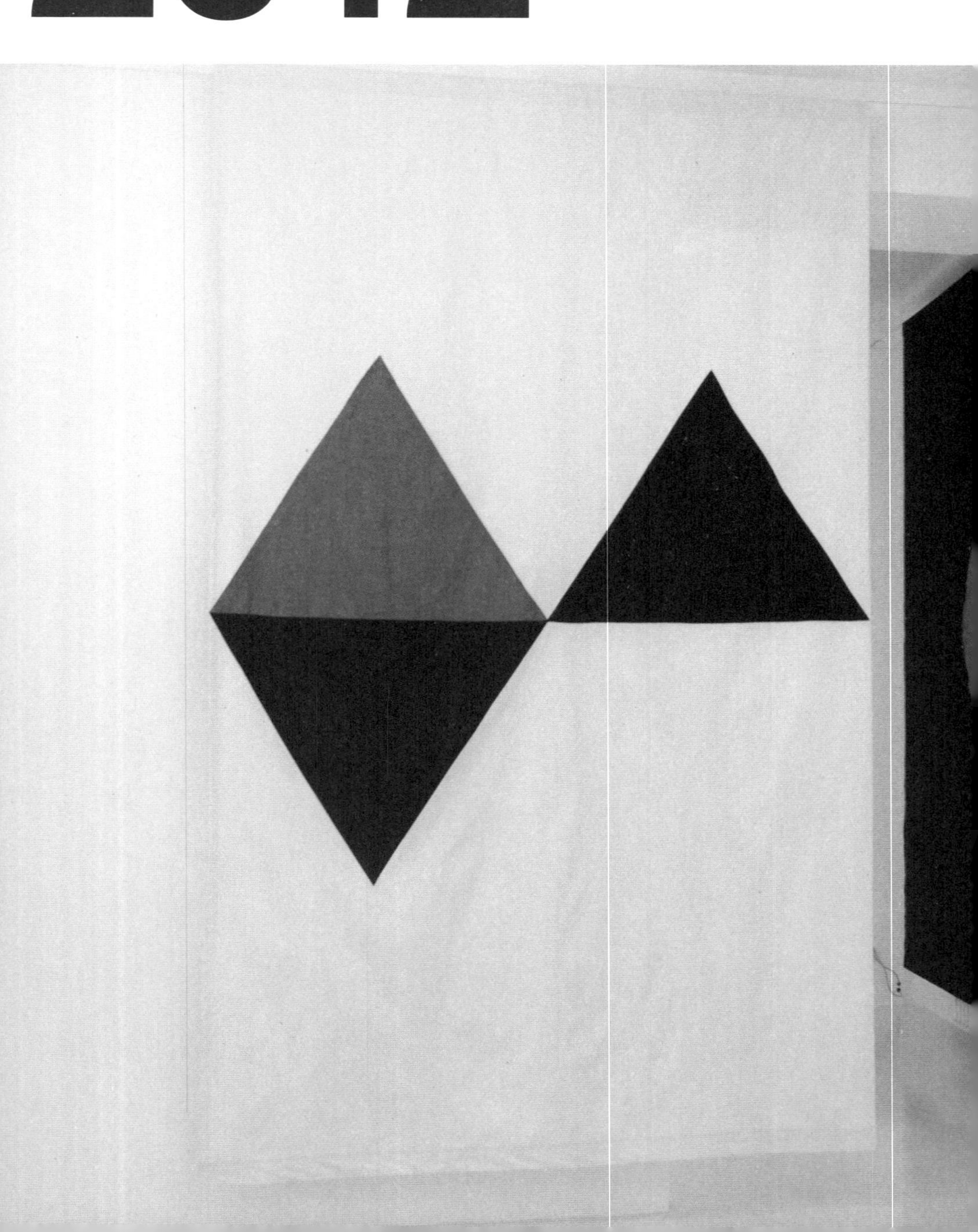

A Bridge Is a Man Crossing a Bridge[1]

Un puente es un hombre cruzando un puente[1]

10 June
—
14 July

Felipe
Mujica

Chile

 For Felipe Mujica's first solo exhibition at Christinger De Mayo, he has decided to produce a new group of *wall curtains.* These pieces are works that reorganize space and its contents by affecting the viewers' perception and circulation through it. They are also graphic elements in their own right.

The designs of the *wall curtains* can be simply color, they can form encounters, or they can comprise appropriations of drawings made by other artists. In each case the work directly refers to modernism – specifically to the history of painting and its expansion into architecture as a socially-aware act – yet with two important distinctions. Firstly, Mujica designs his curtains using basic elements of form and color, and together with the material and technique (fabric and sewing) the pieces end up becoming almost decorative elements. Secondly, where Mujica appropriates other artists' work, mostly playing with its original scale and therefore its impact on the viewer, the curtains allow him to incorporate an element of historical revision, producing a piece that on top of the decorative aspect also becomes a research platform, both for himself and for the viewer.

The *wall curtains* are flexible in their use. They can work on their own, reorganizing space in search of a new density and circulation; and they can work in relation to other works, his own or those of other artists, in which case they become an exhibition-design tool that opens up the work to be used by other artists or curators. Importantly, they can function simultaneously on several layers: as fragile and temporary architecture, as exhibition design, as references to modernism, as research platforms, and as decorative objects. This ambiguity has to do with the belief in producing situations that are not over-defined – an *in-between* moment – of use, collaboration, perception, and intention.

For Christinger De Mayo, the artist will produce five new curtains made with basic color and formal elements, which placed in space create a dialogue between each panel, as well as between each panel and its spatial location. A new aspect in this exhibition will be the intentional placement of each curtain. They will be placed in the limited areas of space, near or covering a window (becoming a real curtain) or near a door or passage area between two spaces (becoming a sort of fabric dividing door). Mujica's idea behind this is to create an installation with elements that almost leave the realm of art to become somewhat functional objects, reversed ready mades that are constantly zooming in and out, like psychedelic patterns, like a bridge with a man or a woman crossing over and over again…

1   Excerpt from Julio Cortázar, *Libro de Manuel* (Sudamericana, Buenos Aires, 1973)

Felipe Mujica

Born in 1974 in Santiago de Chile. In 1997, he obtained is degree in Fine Arts at Pontificia Universidad Católica de Chile. Various solo and group exhibitions, including: 3rd Guangzhou Triennial; Museo del Barrio, New York; Kunsthalle Exnergasse, Vienna; Museu de Arte Contemporanea, São Paulo; Ex-Civic Room, London; Inheritance, Shenzhen and Swiss Institute, New York. He lives and works in New York.

ES   Para su primera exposición individual en Christinger De Mayo, Felipe Mujica decidió producir un nuevo grupo de "cortinas de pared". Estas piezas son obras que reorganizan el espacio y su contenido afectando a la percepción de los espectadores y su circulación a través de ellas. Son también elementos gráficos por sí mismos.

El diseño de las "cortinas de pared" puede ser de manchas de color o simplemente encuentros o apropiaciones de dibujos hechos por otros artistas. En ambos casos el trabajo se refiere directamente a la modernidad –específicamente a la historia del dibujo y a su expansión hacia la arquitectura como un acto socialmente consciente–, pero con dos distinciones importantes. Primero, Mujica diseña las cortinas trabajando con elementos básicos de forma y color, y junto con el material y la técnica (tela y costura), las piezas terminan convirtiéndose en elementos decorativos. Segundo, cuando Felipe Mujica se apropia del trabajo de otro artista, principalmente jugando con su escala original y así impactando al espectador, las cortinas le permiten incorporar un elemento de revisión histórica, produciendo una pieza que por encima de su aspecto decorativo también se convierte en una plataforma investigativa, tanto para él como para el espectador.

Las "cortinas de pared" son flexibles en su uso. Pueden funcionar por sí mismas, reorganizar el espacio en búsqueda de una nueva densidad y circulación, y pueden funcionar en relación con otras obras, con las de Mujica o con las de otros artistas. En este caso, se convierten en una herramienta de diseño de la exposición que extiende el trabajo para que pueda ser usado por otros artistas y curadores. Las "cortinas de pared" pueden funcionar simultáneamente en varias capas: como una arquitectura frágil y temporal, como una exposición de diseño con referencias a la modernidad, como plataformas de investigación y también como objetos decorativos. Esta ambigüedad tiene que ver con la idea de producir una situación no definida –un momento intermedio– de uso, colaboración, percepción e intenciones.

Para Christinger De Mayo, el artista producirá cinco nuevas cortinas hechas con elementos básicos de color y de forma, que puestos en un espacio crean un diálogo entre cada panel al igual que entre ellos y su locación espacial. Un nuevo aspecto de esta exposición será la ubicación intencional de cada cortina. Serán ubicadas en áreas limitadas de espacio, cerca de una ventana o cubriéndola (convirtiéndose en una cortina real). La idea de Mujica detrás de esto es crear una instalación con elementos que casi abandonan el dominio del arte para ser ligeramente objetos funcionales, *ready-mades* reversados que están constantemente acercándose y alejándose, como patrones psicodélicos, como un puente con un hombre o una mujer cruzando una vez y otra y otra…

1   Extracto de Julio Cortázar, *Libro de Manuel* (Sudamericana, Buenos Aires, 1973)

Felipe Mujica

Nacido en 1974 en Santiago de Chile. En 1997 obtuvo la licenciatura en Arte en Pontificia Universidad Católica de Chile. Ha realizado diferentes exposiciones individuales y colectivas en diversos museos y espacios de arte como, por ejemplo, en la 3ª Trienal de Guangzhou, China; en el Museo del Barrio, Nueva York; la Kunsthalle Exnergasse, Viena; el Museu de Arte Contemporanea, São Paulo; el Ex-Civic Room, Londres; el Inheritance, Shenzhen, y el Swiss Institute, Nueva York. Vive y trabaja en Nueva York.

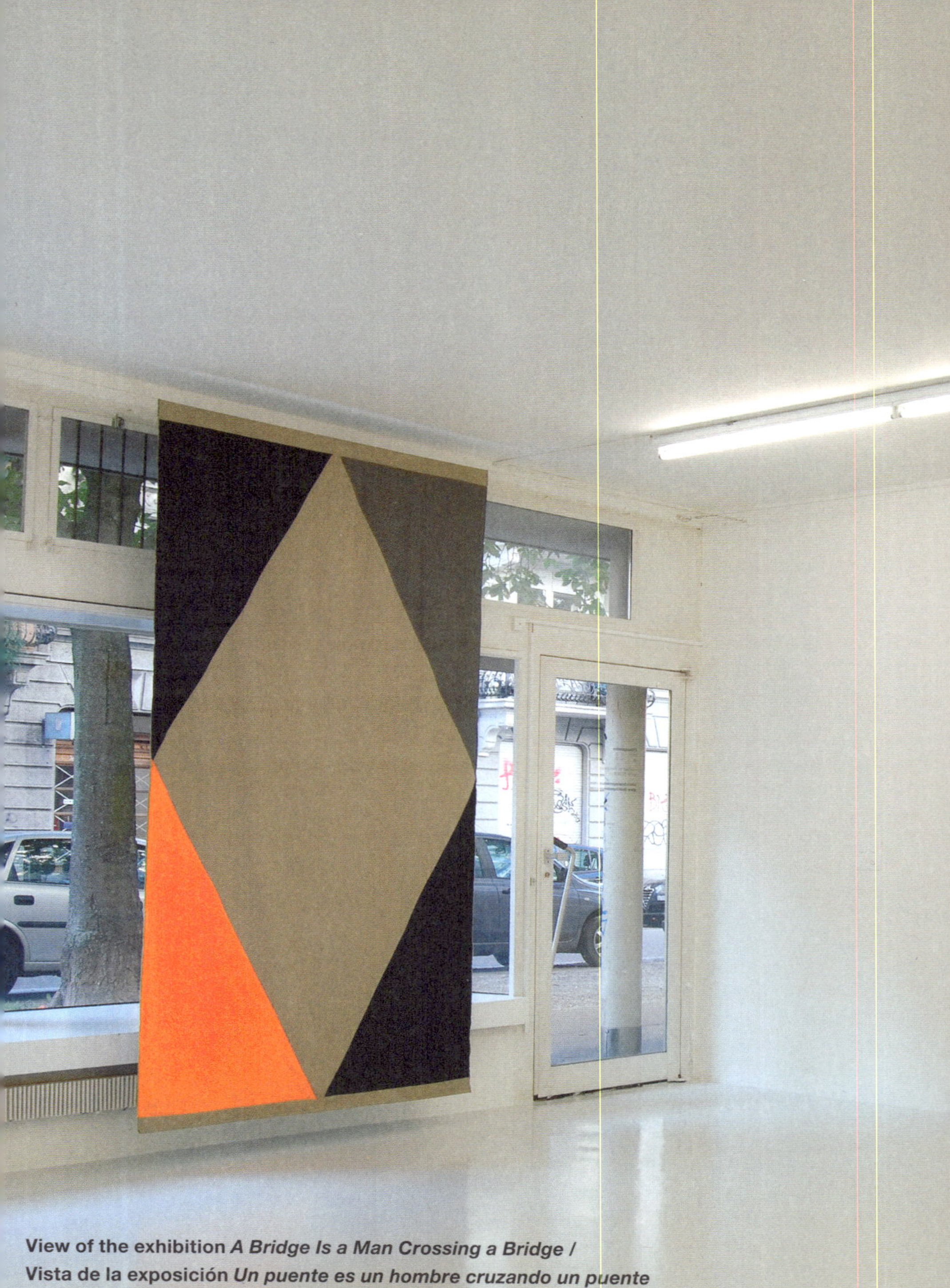

View of the exhibition *A Bridge Is a Man Crossing a Bridge* /
Vista de la exposición *Un puente es un hombre cruzando un puente*

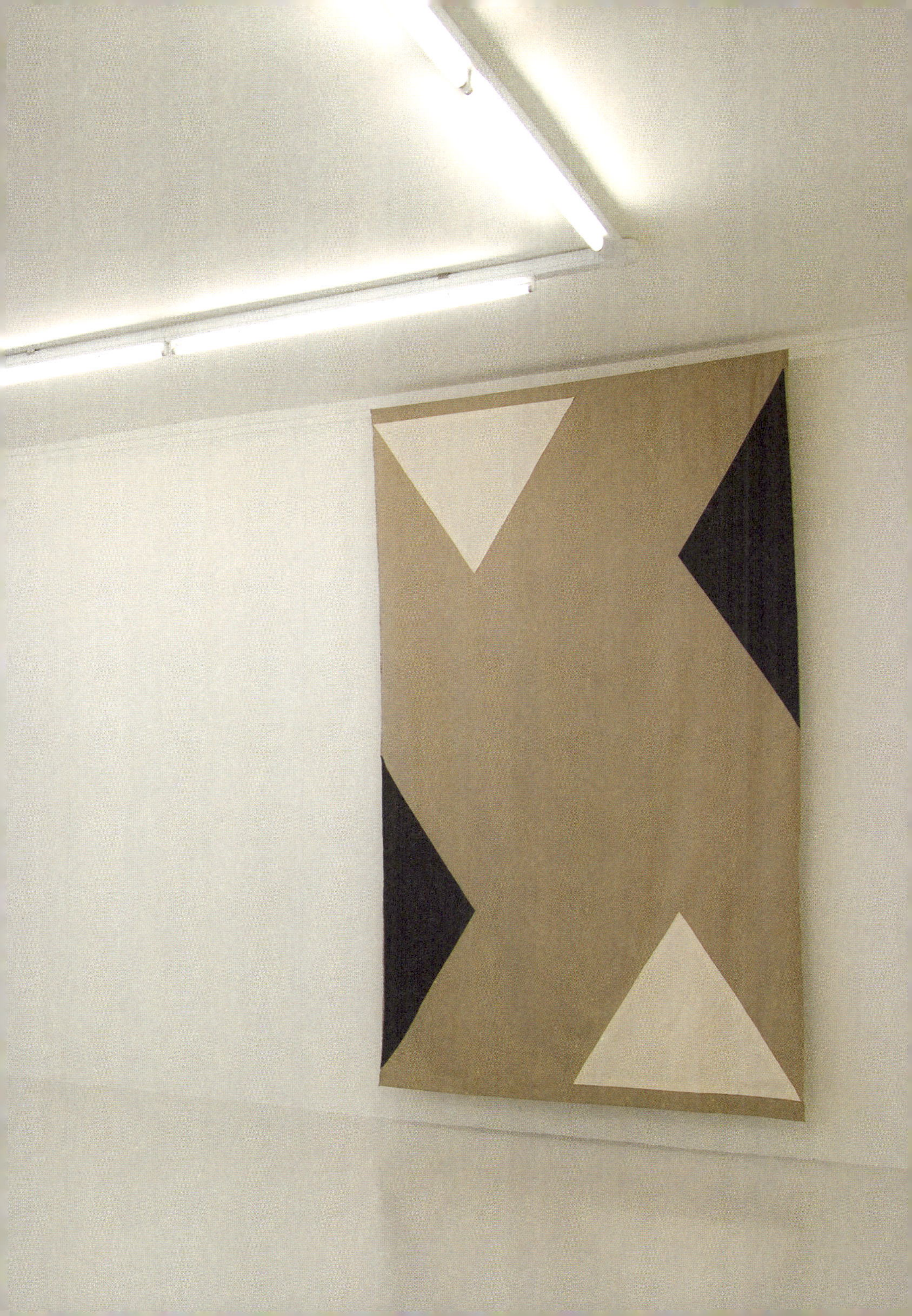

2012

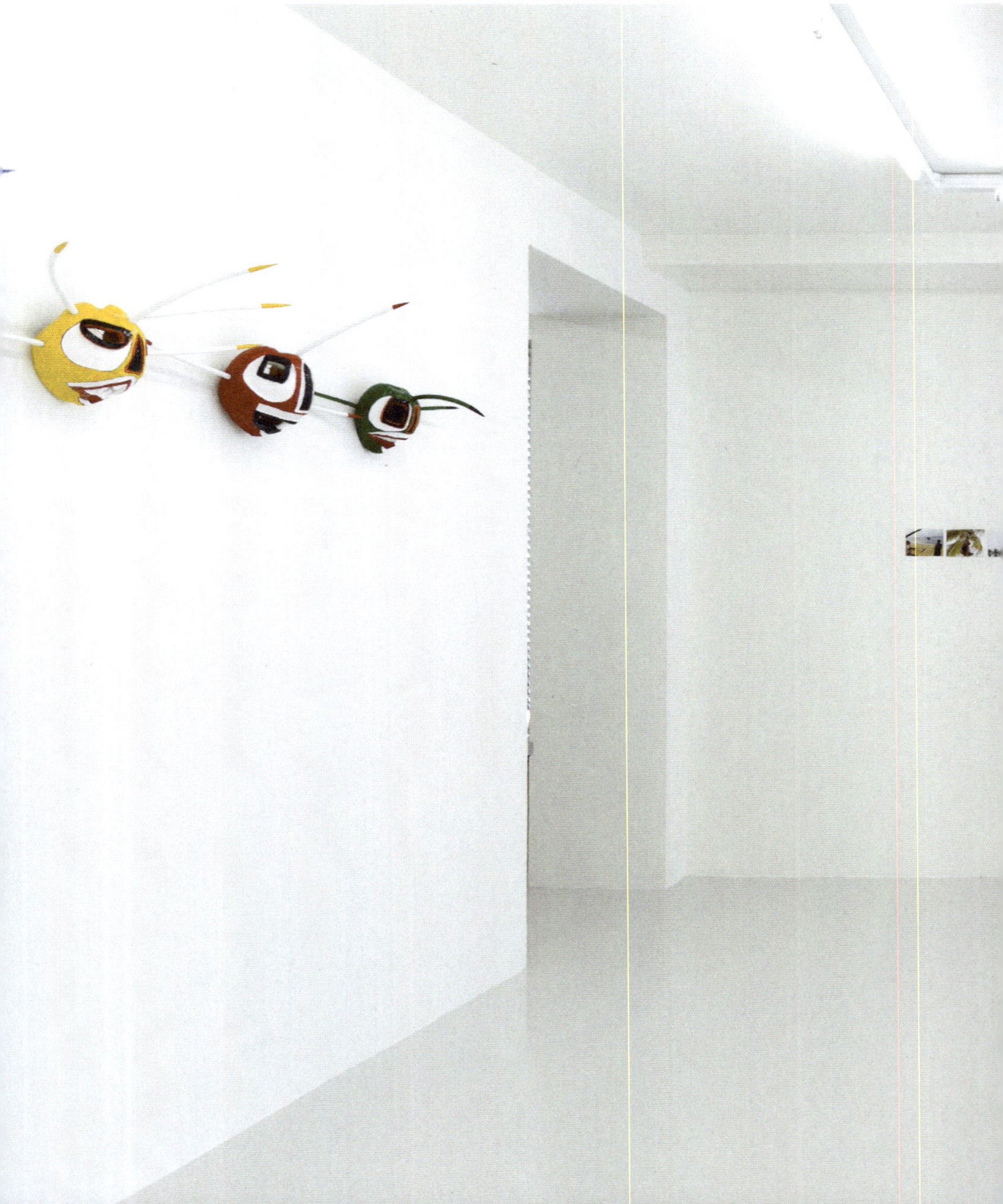

Loiza-Zurich Folkloric Encounter

Encuentro Folclórico Loiza-Zúrich

5 May
—
2 June

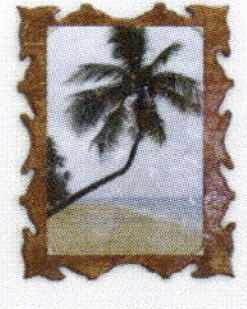

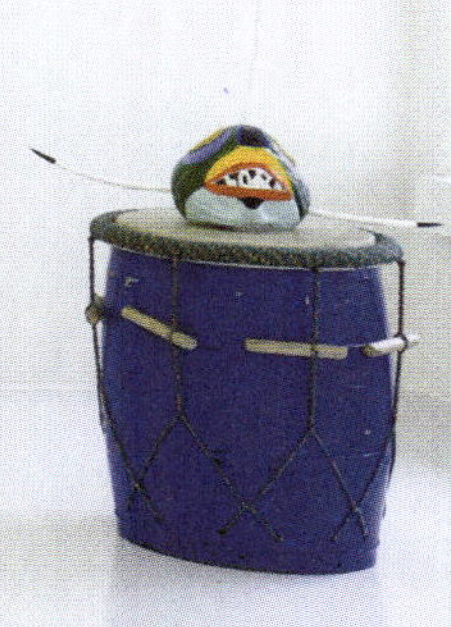

Puerto Rico

Jesús "Bubu" Negrón

 Christinger De Mayo is proud to invite Pablo León de la Barra to curate the first solo exhibition in Europe of Puerto Rican artist Jesús "Bubu" Negrón.

In his article "Art in Puerto Rico," published in *The Art Gallery Magazine* in December 1967, New York art critic Jay Jacobs presented a condescending and paternalistic view of his understanding of the art context of the island. The picture he presented was quite pathetic: a lack of market and institutional support, with artists in Puerto Rico divided between the desire to be international and the need to auto-exoticize themselves in order to have their work bought by the tourist market. Jacobs concluded that the Puerto Rican artist was "better off economically if he allows himself to be regarded patronizingly as an exotic, a manufacturer of *souvenirs.*" He also quoted an American expatriate on the island who affirmed: "… the only native culture this place has ever had is carving coconut masks."

In December 2011, for his participation in the 1st Grand Tropical Biennial, which took place at the seaside near the village of Loiza in Puerto Rico, artist Jesús "Bubu" Negrón carved a series of coconut masks that he copied from the traditional masks made by the descendants of African slaves in the town. Negrón learned from a YouTube video the secrets of mask carving. He had previously tried without success to convince a master artisan to teach him how to make the masks, but the artisan refused. Once Negrón had carved and painted his own coconut masks, he proceeded to install them over coconuts on palm trees. With this, he returned nature (the coconuts), which had been transformed into culture (the masks), back to its origins. There was also an irony in having a coconut mask being used as a mask for a coconut in a palm tree. For this work, Negrón received the Golden Pineapple Award for best artist of the biennial. The award included the invitation to remake this exhibition in Zurich at Christinger De Mayo.

Traditionally, Loiza coconut masks are handmade by skilled craftsmen, with the knowledge passed down from generation to generation. Still, as with many other traditional crafts of the island, the number of people who possess this knowledge is quickly disappearing and new generations are not interested in either learning these techniques or continuing the tradition. Coconut masks are used during the feasts of Santiago Apostol [St. James] that last for a week during the month of July. The coconut masks represent evil devils, forefathers who come back from the past to celebrate with their descendants the harvesting of the crops. Today, some see the devils as figures of resistance to colonialism and imperialism.

For this exhibition in Zurich, Negrón found a master coconut carver, Wicelino "Celele" Pizarro, who was willing to collaborate with him. Negrón commissioned him to create new masks. In the same way that Duchamp transformed the urinal into an artwork by presenting it within an exhibition space, the new masks function as tropical readymades. In exhibiting the masks inside the white space of an art gallery, Negrón erases the traditional distinctions between folk and high art, between artisans and artists. As Walter Benjamin wrote in his 1929 text "Some Remarks on Folk Art," unpublished in his lifetime: "Art teaches us to see into things. Folk art and kitsch allow us to see outward from within things." In this way, wearing the coconut masks allows us to become the other, see outwards, and by doing this action destabilize notions of contemporary art.

In 2006, Negrón performed a similar operation as part of his project honoris causa, for the Whitney Biennial in New

York. There he introduced inside the lobby of the museum, for the duration of the exhibition, two activities that normally happen outside the Whitney every day: a cart selling hot dogs and a stall selling African masks. With this operation Negrón questioned conventions of what is normally excluded from institutional culture and what should be allowed inside the museum.

Before travelling to Zurich, the masks were also installed in a palm tree in Loiza. A photograph documenting this action and framed in the traditional Puerto Rican popular way is also included in the exhibition. A drum used to play *bomba,* a traditional rhythm from Loiza, is also in the exhibition space. Two other works form part of the *Loiza-Zurich Folkloric Encounter.* One is a series of ink and crayon drawings by Negrón, which confront Loiza's traditions with images of Switzerland's folkloric traditions, and which form part of the images of the country that circulate through the media and the Internet. The other work is a double video projection of videos found on the Internet. One projection shows people from Loiza playing *bomba* drums while at the same time another video shows Swiss people playing the alphorn, a traditional Swiss instrument. In playing both videos simultaneously a new musical rhythm is created by the overlapping of both traditions. The idea of the exhibition is that the *Folkloric Encounter* will continue in Loiza, with Negrón exhibiting the results of his research on Swiss folklore there.

Pablo León de la Barra

Jesús "Bubu" Negrón

Born in 1975 in Barceloneta, Puerto Rico, he lives in Puerta de Tierra, San Juan, Puerto Rico. He is one of Puerto Rico's most respected young contemporary artists, and part of San Juan's vibrant contemporary art community. Negrón has participated in several international biennales, including: 1st Grand Tropical Biennial (2011) where he obtained the Golden Pineapple Award for the best artist; Poly/Graphic Triennial, San Juan, Puerto Rico (2009, curated by Adriano Pedrosa, Julieta González, and Jens Hoffmann); Sharjah Bienal (2007, curated by Mohammed Kazem, Eva Scharrer, and Jonathan Watkins); Whitney Biennial, New York (2006, curated by Chrissie Iles and Phillipe Vergne); and T1 Torino Triennale (2005, curated by Francesco Bonami and Carolyn Christov–Bakargiev). Group exhibitions include *Crisisss*, Palacio de Bellas Artes, Mexico City (2011, curated by Gerardo Mosquera); *An Unruly History of the Ready Made,* Jumex Collection, Mexico (2008, curated by Jessica Morgan); and *Tropical Abstraction,* Steidelijk Bureau Museum, Amsterdam (2005, curated by Ross Gortzak). Recent solo shows include *Jackpot Series,* Roberto Paradise, San Juan, Puerto Rico, 2012.

Pablo León de la Barra

He is an independent curator, exhibition maker, and researcher born in Mexico City in 1972. He works internationally and is one of the most active curators working between the American continent and Europe, creating through his exhibitions and projects dialogues and networks between different artistic scenes, positions, and sensibilities. He also publishes his own blog: http://centre-fortheaestheticrevolution.blogspot.com

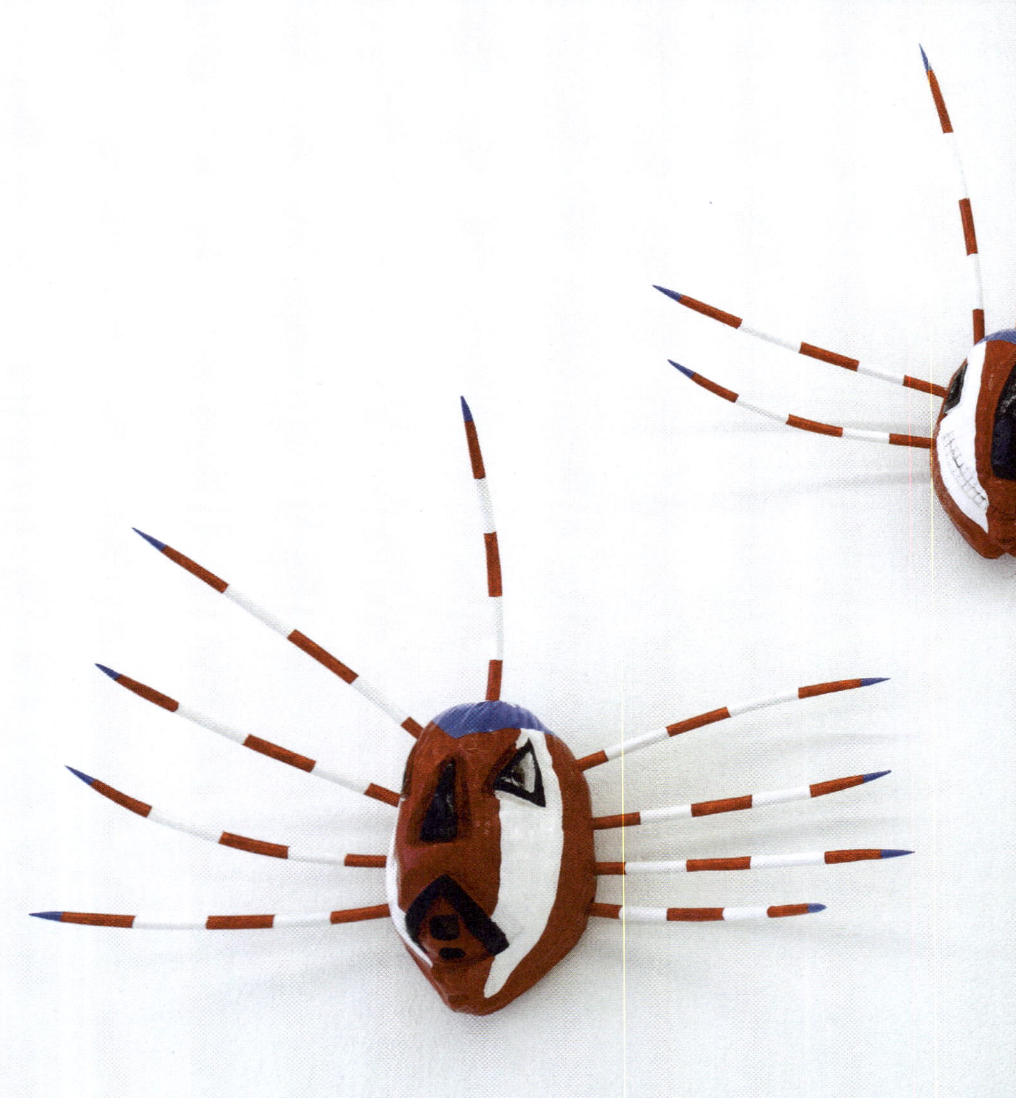

Jesús "Bubu" Negrón, *Celele Masks / Máscaras celeles,* 2012, coconut and acrylic / coco y acrílico

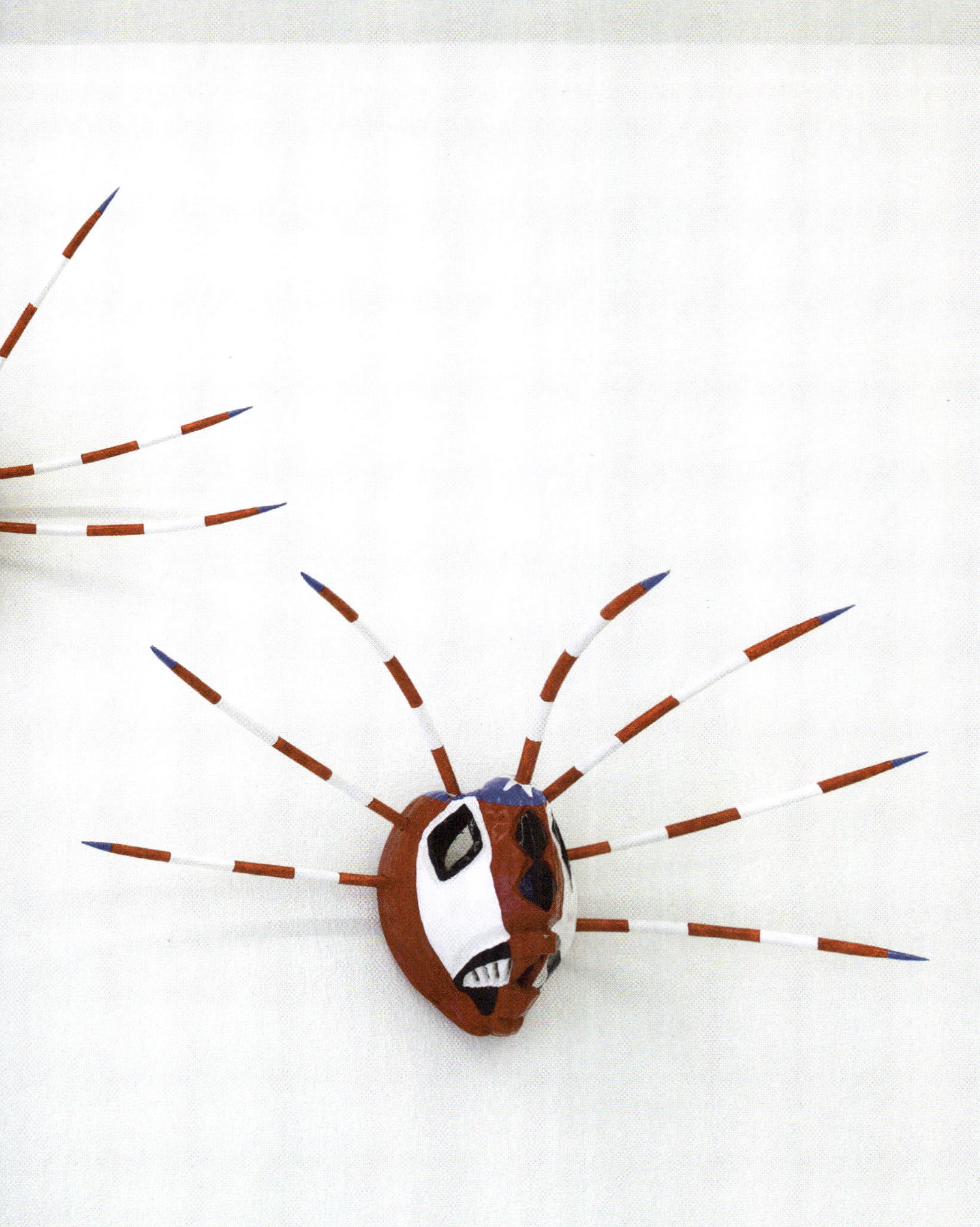

ES Christinger De Mayo se enorgullece en invitar a Pablo León de la Barra como curador de la primera exposición individual en Europa del artista puertorriqueño Jesús "Bubu" Negrón.

En su artículo "Art in Puerto Rico", publicado en *The Art Gallery Magazine* en diciembre de 1967, el crítico de arte neoyorquino Jay Jacobs expuso una visión condescendiente y paternalista de su comprensión del contexto artístico de la isla. La imagen que presentó era algo patética: una falta de apoyo institucional y de mercado, con los artistas de Puerto Rico divididos entre el deseo de ser internacionales y la necesidad de hacerse exóticos para que el mercado turístico compre su trabajo. Jacobs concluyó que el artista puertorriqueño estaría "mejor económicamente si se permitiera a sí mismo ser considerado condescendientemente como exótico, como un productor de *souvenirs*". También citó a un expatriado estadounidense en la isla que afirmaba: "La única cultura nativa que este lugar ha tenido es tallar máscaras de coco."

En diciembre de 2011, con motivo de su participación en la 1ª Gran Bienal Tropical, que tuvo lugar en la costa cercana al pueblo de Loiza en Puerto Rico, el artista Jesús "Bubu" Negrón talló una serie de máscaras de coco que copiaba de las máscaras tradicionales hechas por descendientes de esclavos africanos del pueblo. Negrón aprendió de un vídeo de YouTube los secretos de tallar una máscara. Anteriormente, había intentado sin éxito convencer a un maestro artesano que le enseñara cómo hacer máscaras, pero el artesano rehusó. Una vez que Negrón talló y pintó sus propias máscaras de coco, las instaló sobre cocos en palmeras. Con esto, devolvió la naturaleza (los cocos), que se había transformado en cultura (las máscaras), a sus orígenes. También era una ironía el haber usado una máscara de coco como una máscara para un coco en una palmera. Por este trabajo, Jesús "Bubu" Negrón recibió la Piña de Oro al mejor artista de la bienal. El premio incluía una invitación para hacer esta exposición en Zúrich, en Christinger De Mayo.

Tradicionalmente, las máscaras de coco de Loiza son hechas por artesanos expertos cuyo conocimiento se transmite de generación en generación. Sin embargo, como con muchas otras artesanías tradicionales de la isla, el número de personas que posee este conocimiento está menguando rápidamente y las nuevas generaciones no están interesadas en aprender estas técnicas ni en continuar con la tradición. Las máscaras de coco se usan durante una semana, en el mes de julio, en las festividades de Santiago Apóstol. Representan demonios malignos, ancestros que regresan del pasado para celebrar con sus descendientes la recolección de la cosecha. Hoy algunos ven a los demonios como figuras de resistencia al colonialismo y al imperialismo.

Para esta exposición en Zúrich, Negrón encontró un maestro tallador de coco, Wicelino "Celele" Pizarro, que estaba dispuesto a colaborar con él. Negrón lo comisionó para crear nuevas máscaras. De la misma manera en que Duchamp transformó el urinario en una pieza de arte presentándola dentro del contexto de una exposición, las nuevas máscaras funcionan como *ready-mades* tropicales. Exponiendo las máscaras en el espacio blanco de una galería de arte, Negrón borra las distinciones tradicionales entre el arte popular y el de la alta cultura, y entre artesanos y artistas. Como Walter Benjamin escribió en "Some Remarks on Folk Art", un texto inédito de 1929: "El arte nos enseña a observar las cosas. El arte popular y kitsch nos permite mirar hacia fuera desde el interior de las cosas". En este sentido, ponerse una máscara de coco nos permite ser otra persona, mirar al exterior, y al hacerlo se desestabilizan las nociones del arte contemporáneo.

En 2006 Negrón realizó una operación similar como parte de su proyecto honoris causa para la Whitney Biennial en Nueva York. Allá introdujo en el vestíbulo del museo, mientras duró la exposición, dos actividades que normalmente encontramos a diario fuera del Whitney: un carrito de perros calientes y una caseta en la que se venden máscaras africanas. Con esta operación, Negrón cuestionó las convenciones de lo que normalmente está excluido de una institución cultural y lo que debe estar permitido dentro de un museo.

Antes de viajar a Zúrich, las máscaras también fueron instaladas en una palmera en Loiza. Una fotografía que documenta esta acción, enmarcada a la manera tradicional y popular de Puerto Rico, también está incluida en la exposición. Un tambor usado para tocar bomba, un ritmo tradicional de Loiza, también se encuentra en ella. Otras dos obras forman parte del *Encuentro Folclórico Loiza-Zúrich.* La primera es una serie de pinturas en tinta y crayola hechas por Negrón, que confrontan las tradiciones de Loiza con imágenes de las tradiciones folclóricas de Suiza y que forman parte de las imágenes del país que circulan por los medios e internet. La segunda obra es una doble proyección de vídeos encontrados en internet. Una de las proyecciones muestra a habitantes de Loiza tocando *bomba* en sus tambores mientras que, al mismo tiempo, la segunda muestra a un grupo de suizos tocando la trompa de los Alpes, un instrumento tradicional suizo. Al proyectar los dos vídeos simultáneamente, se crea un nuevo ritmo musical gracias a la superposición de ambas tradiciones. La idea de la exposición es que el encuentro folclórico continúe en Loiza, cuando Negrón exponga allá los resultados de su investigación sobre el folclore suizo.

Pablo León de la Barra

Jesús "Bubu" Negrón

Nació en 1975, en Barceloneta, Puerto Rico. Vive en Puerta de Tierra, San Juan, Puerto Rico. Es uno de los artistas contemporáneos jóvenes más respetados de Puerto Rico y forma parte de la vibrante comunidad de arte contemporáneo de San Juan. Negrón ha participado en varias bienales internacionales, entre ellas: la 1ª Gran Bienal Tropical (2011, donde obtuvo el Premio Piña de Oro al mejor artista); la Trienal Poligráfica de San Juan, Puerto Rico (2009, curada por Adriano Pedrosa, Julieta González y Jens Hoffmann); la Bienal de Sharjah (2007, curada por Mohammed Kazem, Eva Scharrer y Jonathan Watkins); la Whitney Biennial, Nueva York (2006, curada por Chrissie Iles y Phillipe Vergne) y la T1 Torino Triennale (2005, comisariada por Francesco Bonami y Carolyn Christov-Bakargiev). Ha participado en exposiciones colectivas como *Crisiss en Latinoamérica* en el Palacio de Bellas Artes, Ciudad de México (2011, curada por Gerardo Mosquera); *Una historia irreal del ready-made,* Colección Jumex, México (2008, curada por Jessica Morgan) y *Abstraccción tropical,* Steidelijk Bureau Museum, Ámsterdam (2005, curada por Ross Gortzak). Entre las exposiciones individuales recientes destaca *Serie Jackpot,* en Roberto Paradise, San Juan, Puerto Rico, de 2012.

Pablo León de la Barra

Es un curador independiente, expositor e investigador nacido en Ciudad de México en 1972. Trabaja internacionalmente y es uno de los curadores más activos entre el continente americano y Europa, que crea, a través de sus exposiciones y proyectos, diálogos y redes entre diferentes escenarios artísticos, posiciones y sensibilidades. Es también editor de su propio blog: http://centrefortheaestheticrevolution.blogspot.com

2011

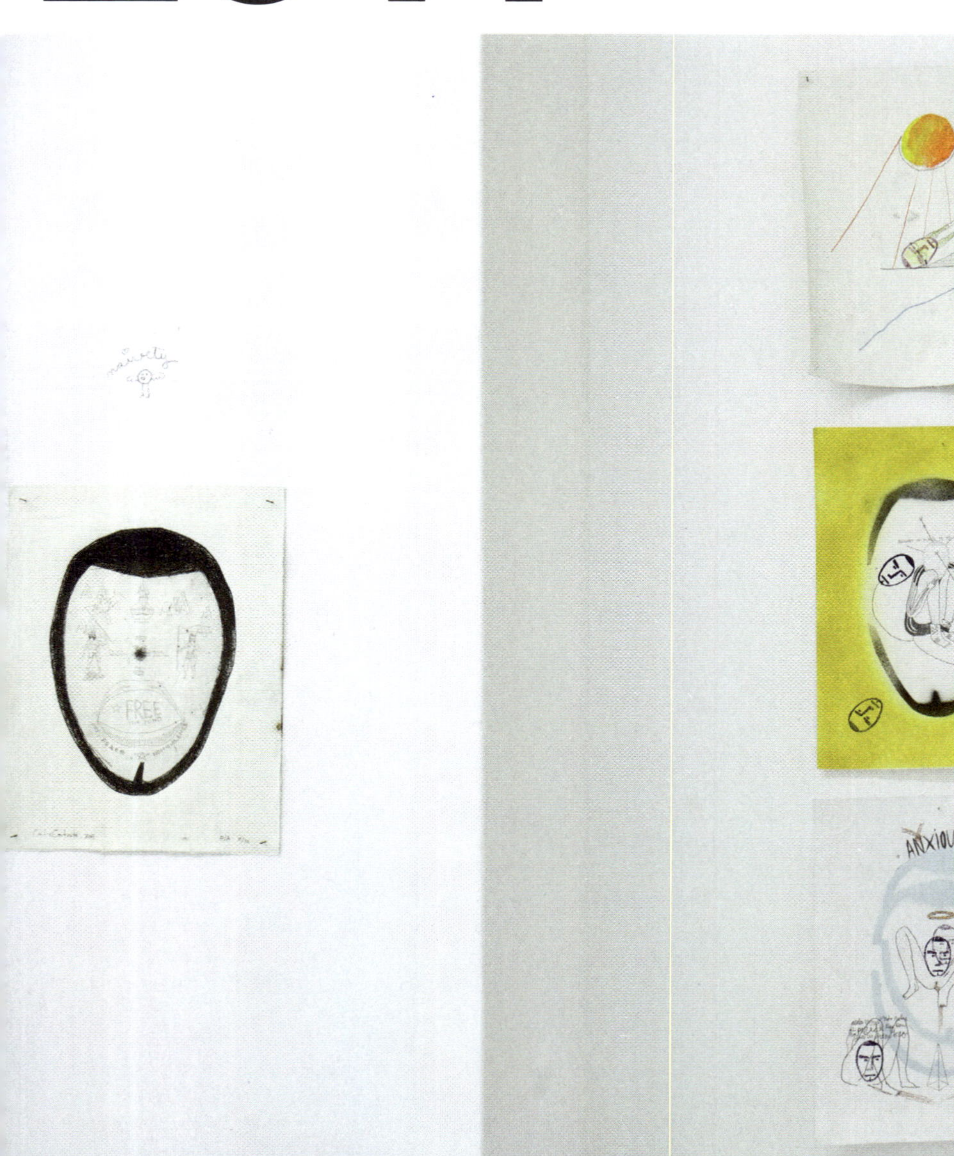

Infinite Jungle of Individual Repetition

Jungla infinita de repetición individual

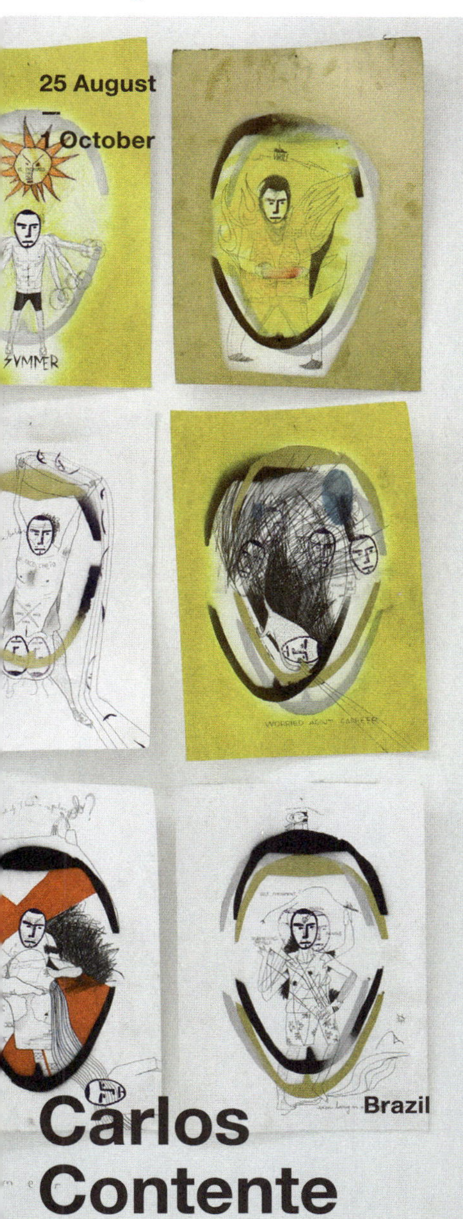

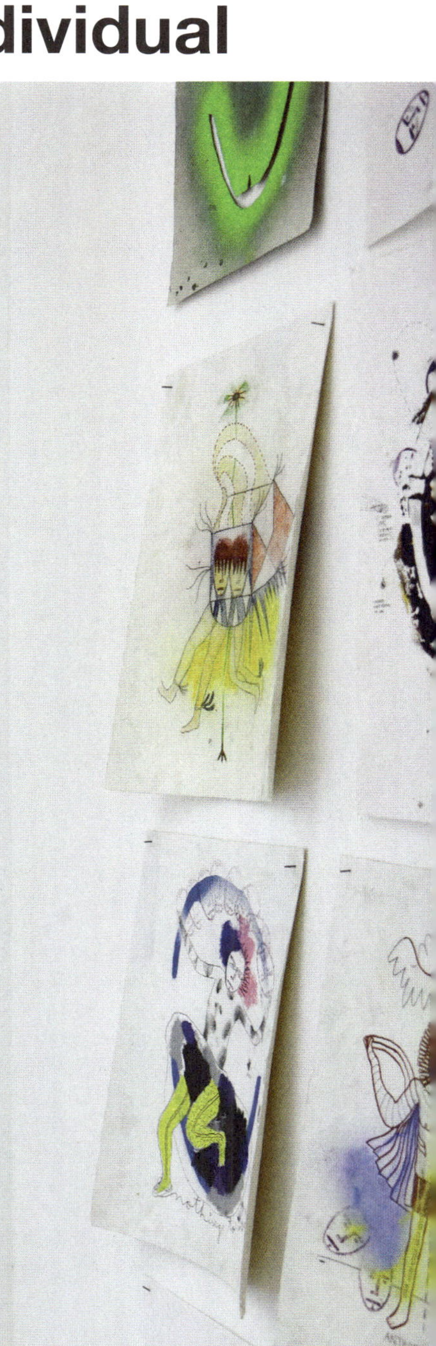

Carlos Contente

EN   *It is not the right angle that attracts me, nor the straight line, hard and inflexible, created by man. What attracts me is the free and sensual curve – the curve that I find in the mountains of my country, in the sinuous course of its rivers, in the body of the beloved woman. The whole universe is made of curves.*

Oscar Niemeyer, 1996

From a European perspective Brazil's art scene prospers in the shadow. Over the last decade this enormous country has developed a vivid museum, gallery, and exhibition landscape, which receives almost no recognition in Europe. A laudable exception is the Daros Latinamerica Collection that performs important pioneer work.

Christinger De Mayo now attempts to support the interaction of Brazil and Swiss artists on an intimate and personal level. For the season opening, A Gentil Carioca, a vital gallery from Rio de Janeiro, was invited to present an artist to the public of Zurich. The gallery is considered an important institution in Rio that supports and promotes young artists.

The art of Carlos Contente is direct and at times inspired by the political graffiti during the military dictatorship, indigenous objects of the Amazon, and the strength of Art Brut. The works of the young artist are a direct reflection of an increasingly complex world in the megalopolis of the twenty-first century. The Creole roots of Brazil, the rural exodus, and an enormous optimism characterize this city, which presents itself to be more complicated and dynamic than that to which most people from Zurich are accustomed.

The title of the exhibition, *Infinite Jungle of Individual Repetition,* counterposes the artist's own world perception (represented by the serial appearance of the mask ego) with the "jungle" of the metropolis and questions personal space as well as society. Contente confronts himself with his own obsessions, prejudices, and experiences as an artist with humor and a certain twist, as well as referring to the influences that have helped to define his works. The Swiss observer will quickly realize while viewing the wall reliefs and drawings that he has more in common with a Brazilian artist than expected.

Carlos Contente

Born in 1977 in Rio de Janeiro, Brazil. He studied at the School of Fine Arts – Universidade Federal do Rio de Janeiro. Various solo and group exhibitions, including: A Gentil Carioca, Rio de Janeiro; ARCO art fair, Madrid; Museu da Cidade de Lisboa, Portugal; Museo Nacional de Arte La Paz, Bolivia; and Frieze art fair, London. He lives and works in Rio de Janeiro.

 No me atraen ni el ángulo recto ni la línea recta, duros e inflexibles, creados por el hombre. Lo que me atrae es la curva libre y sensual, la que encuentro en las montañas de mi país, en el curso sinuoso de sus ríos, en el cuerpo de la mujer amada. Todo el universo está hecho de curvas.

Oscar Niemeyer, 1996

Desde el punto de vista europeo, la escena artística brasileña prospera en la sombra. A lo largo de la última década, ha florecido en este vasto país un vibrante plantel de museos, galerías y exposiciones, al que casi no se ha dado reconocimiento desde Europa. Loable excepción es la Daros Latinamerica Collection, de Zúrich, que lleva a cabo un importante trabajo pionero en este sentido.

La galería Christinger De Mayo trata de impulsar la colaboración entre artistas brasileños y suizos en la esfera íntima y personal. Para la apertura de la temporada, A Gentil Carioca, una activa galería de Río de Janeiro, fue invitada a presentar un artista en Zúrich. La galería, que apoya a artistas jóvenes y promueve su obra, es considerada una importante institución en Río.

El arte de Carlos Contente destaca por su carácter directo y se inspira en ocasiones en los grafitos políticos que se pintaban durante la dictadura militar, en los objetos fabricados por los nativos de la Amazonía y en la fuerza del art Brut. Las obras de este joven artista son reflejo directo del mundo cada vez más complejo que nace en las megalópolis del siglo XXI. Caracterizan a la capital carioca las raíces criollas comunes a todo el Brasil, la acogida del éxodo rural y un desbordante optimismo. Río de Janeiro se nos presenta como una ciudad de una complejidad y dinamismo al que los zuriqueses no están muy acostumbrados. El título de la exposición, *Jungla infinita de repetición individual,* contrapone la propia percepción del mundo del artista (representada por la aparición seriada del ego de la máscara) con la "jungla" de la metrópoli, cuestionando los conceptos de espacio personal y sociedad. Contente se enfrenta a sus propias obsesiones, prejuicios y experiencias como artista con humor, dando un cierto giro a las cosas y aludiendo a las influencias que han contribuido a definir su arte. Al contemplar los relieves y dibujos murales, el espectador suizo se percatará de inmediato de que tiene más en común de lo que creía con este artista brasileño.

Carlos Contente

Nacido en 1977 en Río de Janeiro (Brasil), estudió en la Escuela de Bellas Artes de la Universidad Federal de esa ciudad. Ha participado en varias exposiciones colectivas y también se le han dedicado exposiciones individuales en distintas instituciones y eventos, entre ellas A Gentil Carioca (Río de Janeiro), ARCO (Madrid), el Museu da Cidade de Lisboa (Portugal), el Museo Nacional de Arte La Paz (Bolivia) o la Frieze Art Fair (Londres). Vive y trabaja en Río de Janeiro.

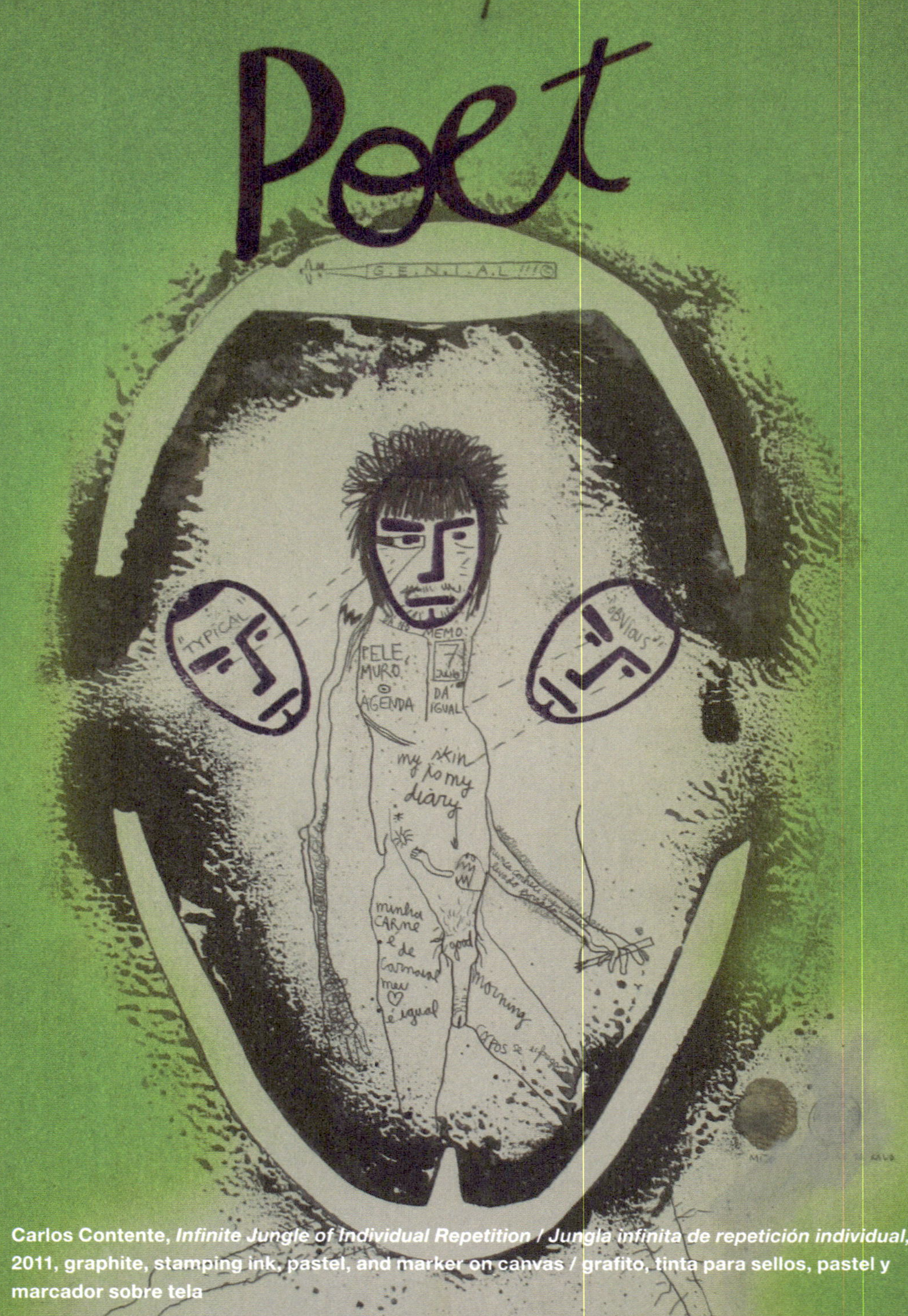

Carlos Contente, *Infinite Jungle of Individual Repetition / Jungla infinita de repetición individual*, 2011, graphite, stamping ink, pastel, and marker on canvas / grafito, tinta para sellos, pastel y marcador sobre tela

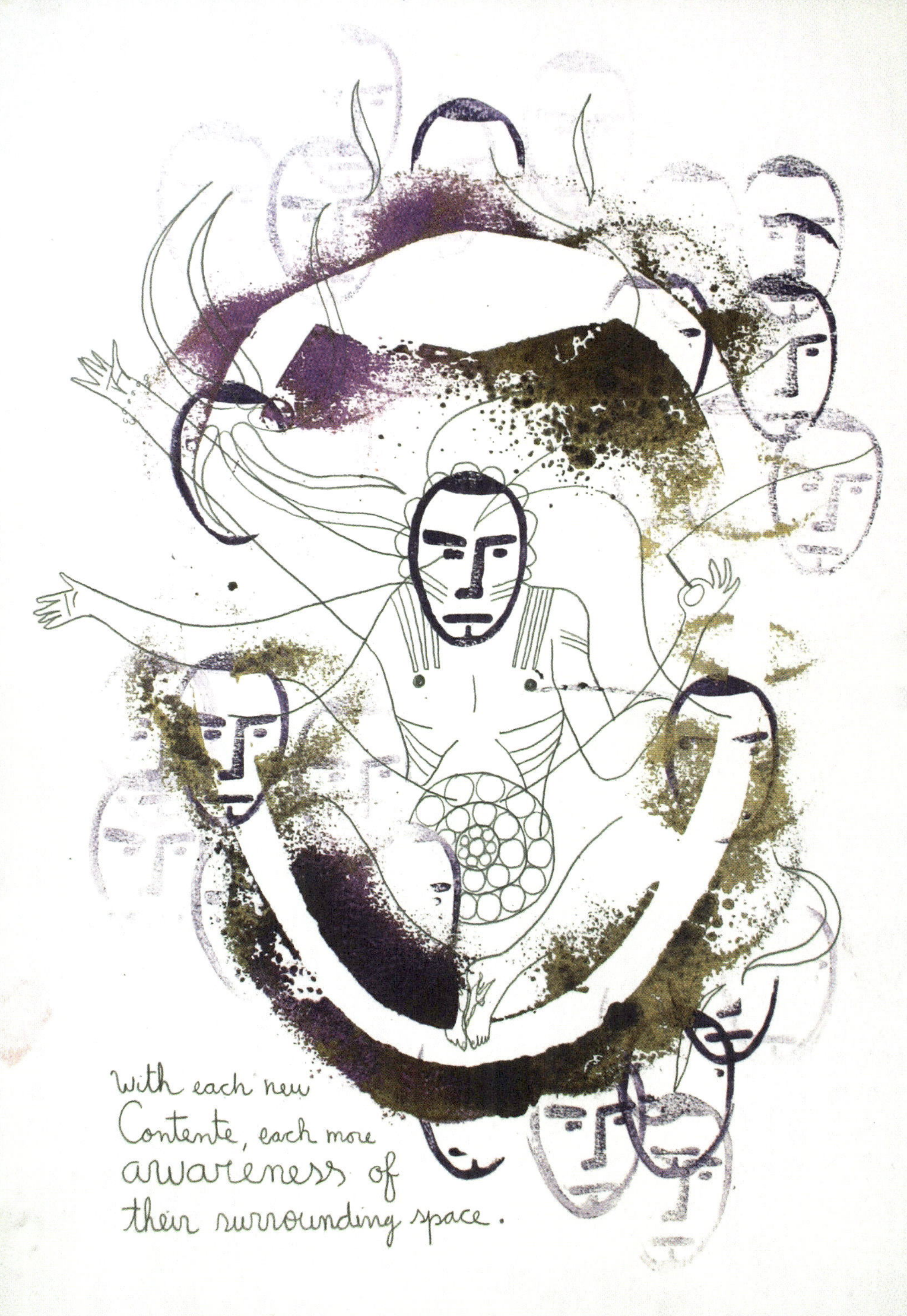

with each new
Contente, each more
awareness of
their surrounding space.

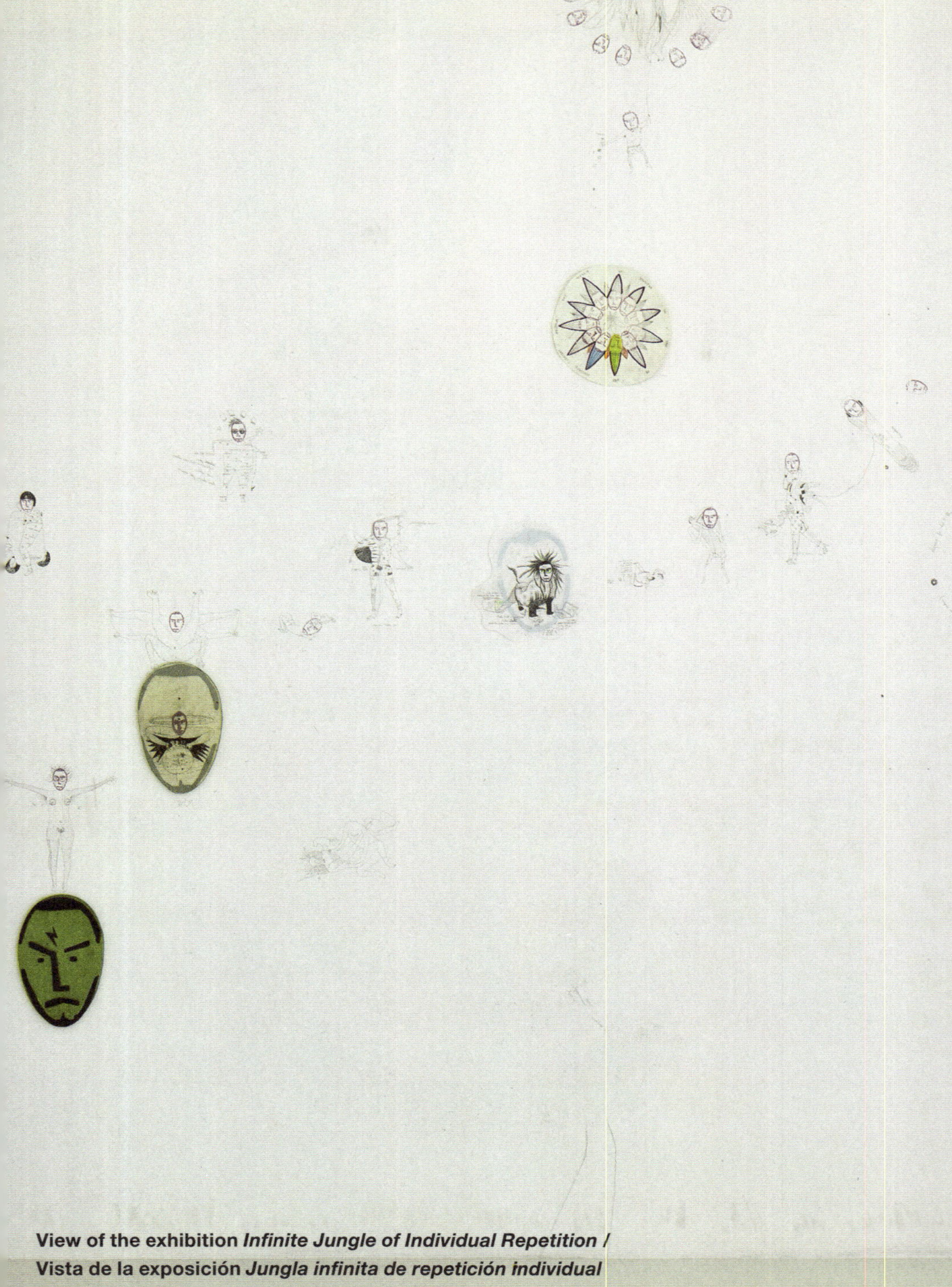

View of the exhibition *Infinite Jungle of Individual Repetition* /
Vista de la exposición *Jungla infinita de repetición individual*

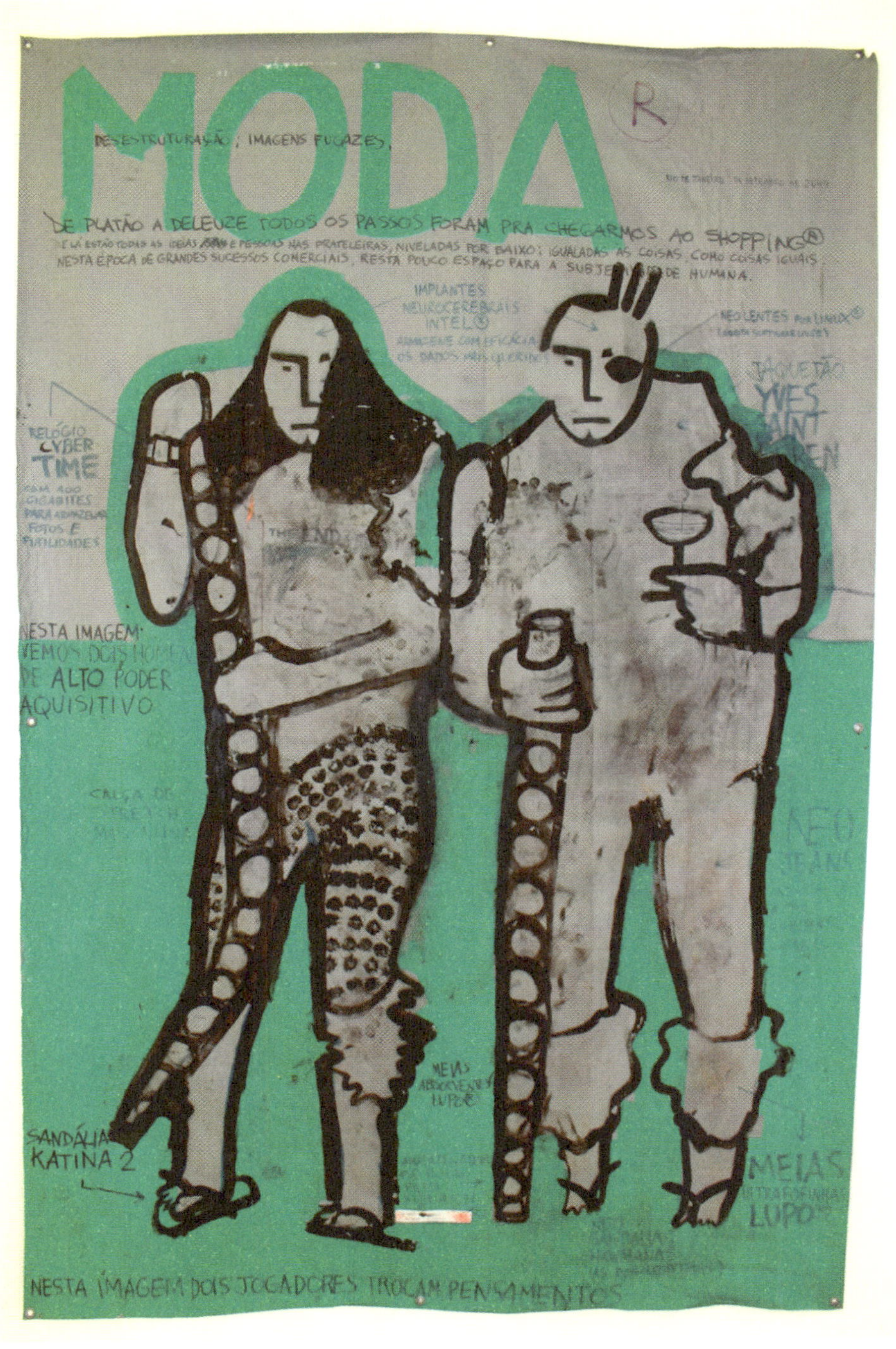

Carlos Contente, *Fashion / Moda*, 2004, acrylic and felt-tipped pen / acrílico y bolígrafo de fieltro

2010

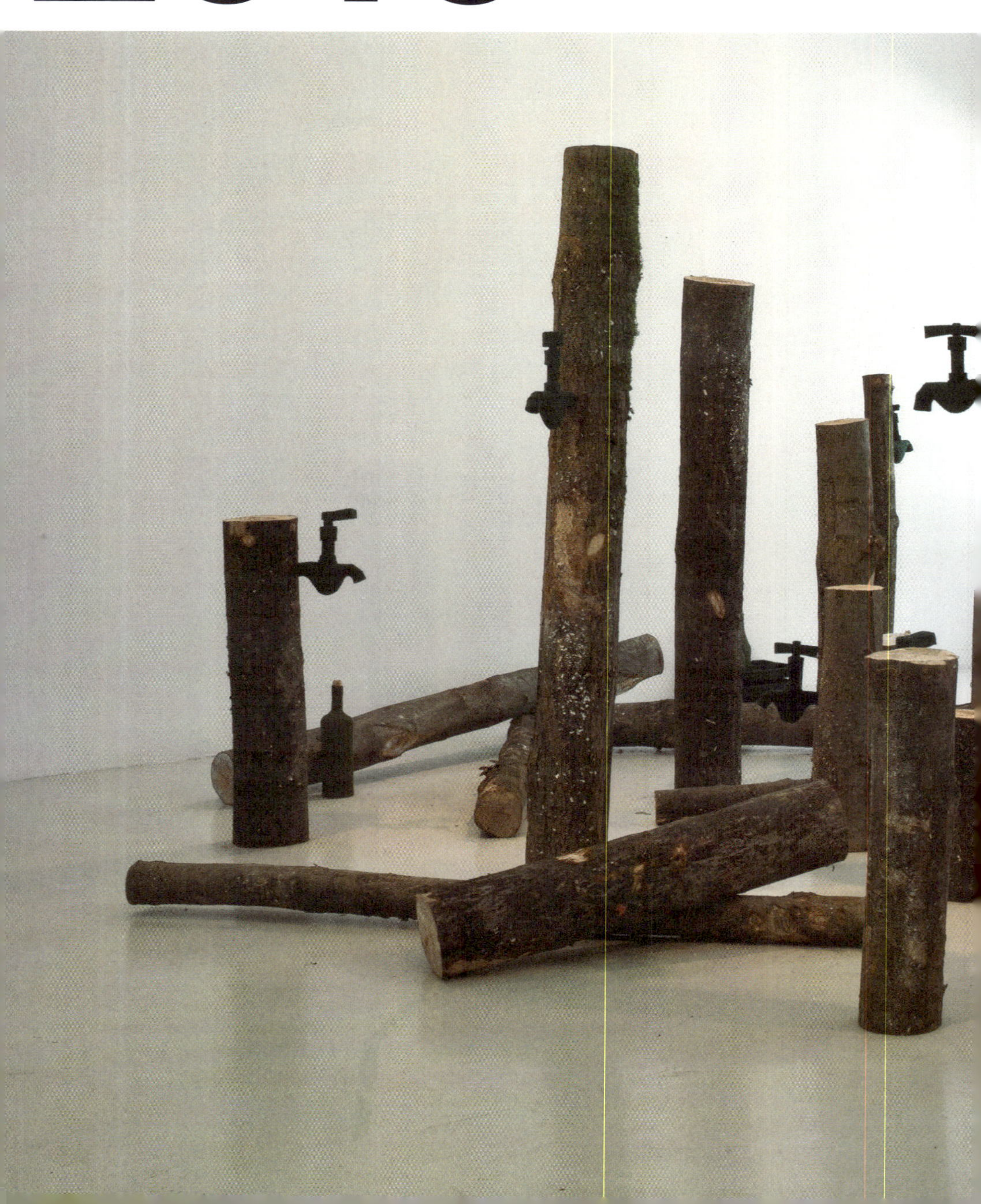

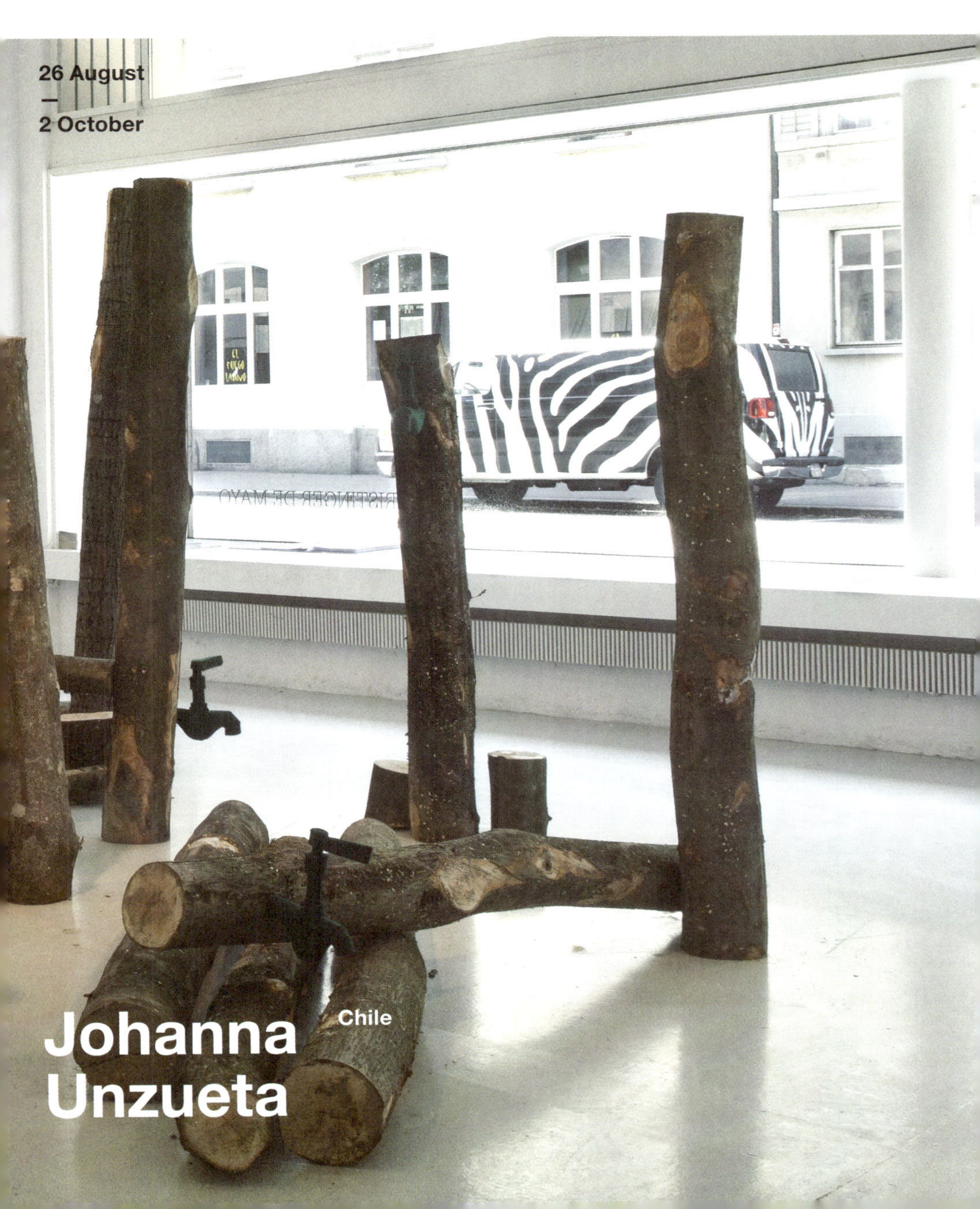

Wintergarden

Jardín
de invierno

26 August
—
2 October

Johanna
Unzueta

Chile

 For the season opening, Christinger De Mayo is pleased to present a solo exhibition by the Chilean artist Johanna Unzueta (1974). The exhibition is the first of a two-part project that will conclude with a solo presentation at Art Positions during Art Basel Miami Beach in December.

Wintergarden is a self-contained space utilized by Unzueta for a subtle questioning of reality. The tools of the artist, including felt, wood, drawing, and video, are thereby uncovering a truth behind the truth, which is always surmized to exist.

The moon moth in Unzueta's video is protagonist of this poetic reality as emblematic guardian animal of the winter garden. Moon moths, animals of the dark and the woods, fall into a state of rapture as soon as the light of the moon touches them. We learn at school that the moon does not glow internally, rather it reflects sunlight. This does not seem to concern the moon moth as the light of the satellite is exactly the texture that makes its wings dance.

The drawings juxtaposed on the artist's felt sculptures hold a connection between the different elements of the exhibition. They refer to a basic hypothesis in Unzueta's work; behind the wall of the objective reality, the skeletal structure of things is actually always the same. It only needs to be uncovered and made visible. It surfaces in the most banal things of everyday life – faucets, tube systems, cups, industrial buildings, milk cartons, or pickaxes – and only has only to be perceived. The materiality of reality and the essence of truth behind the truth are connected. With the means of art we can apprehend the knots.

Johanna Unzueta

Born in 1974 in Santiago de Chile, Chile. Studied Master of Fine Arts at the Pontificia Universidad Católica de Chile in 1998. Various solo and group exhibitions, including: Queens Museum of Art, New York; David Rockefeller Center for Latin American Studies, Cambridge; Sezession Wichtelgasse, Vienna; A Gentil Carioca, Rio de Janeiro; New Capital Projects, Chicago; Museo del Barrio, New York; Museu de Arte Contemporanea da Universidade de São Paulo; and Art Basel, Miami. The artist lives and works in New York.

ES   La galería Christinger De Mayo se complace en presentar, para la inauguración de la temporada, una exposición individual de la artista chilena Johanna Unzueta (1974). Esta exposición es la primera parte de un proyecto que culminará con una presentación individual en las Art Positions durante la Art Basel Miami Beach en diciembre de 2010.

Wintergarden es un espacio autónomo utilizado por Johanna Unzueta para un sutil cuestionamiento de la realidad. Las herramientas de la artista –que incluyen fieltro, madera, dibujo y vídeo– están, de este modo, descubriendo una verdad detrás de la verdad, que siempre se supone que existe.

La polilla luna en el vídeo de Unzueta es la protagonista de esta realidad poética como guardián del jardín de invierno. Las polillas luna, animales de la oscuridad y los bosques, caen bajo un estado de éxtasis tan pronto como la luz de la luna las toca. Aprendemos en el colegio que la luna no brilla por sí misma, sino por el brillo del sol en ella. Esto no parece importarle a la polilla de luna, pues la luz del satélite es exactamente la atmósfera que hace que sus alas bailen.

El dibujo que se yuxtapone a las esculturas de fieltro de la artista mantiene una conexión entre los diferentes elementos de la exposición. Estos se refieren a una hipótesis básica en el trabajo de Johanna Unzueta: la estructura esquelética de las cosas, detrás de la pared de la realidad objetiva, es de hecho siempre la misma. Solo necesita ser descubierta y hecha visible. En las cosas más banales de la vida cotidiana: grifos, tuberías, tazas, edificios industriales, cartones de leche o zapapicos, sale a la superficie y solo tiene que ser percibida. La materialidad de la realidad y la esencia de una verdad detrás de la verdad están conectadas. Por medio del arte podemos captar los puntos de unión.

Johanna Unzueta

Nacida en 1974 en Santiago de Chile, estudió una maestría de Bellas Artes en la Pontificia Universidad Católica de Chile en 1998. Ha participado en diferentes exposiciones individuales y colectivas en lugares como el Queens Museum of Art, Nueva York; el David Rockefeller Center for Latin American Studies, Cambridge; el Sezession Wichtelgasse, Viena; A Gentil Carioca, Río de Janeiro; New Capital Projects, Chicago; el Museo del Barrio, Nueva York; el Museu de Arte Contemporanea da Universidade de São Paulo, y en Art Basel, Miami. La artista vive y trabaja en Nueva York.

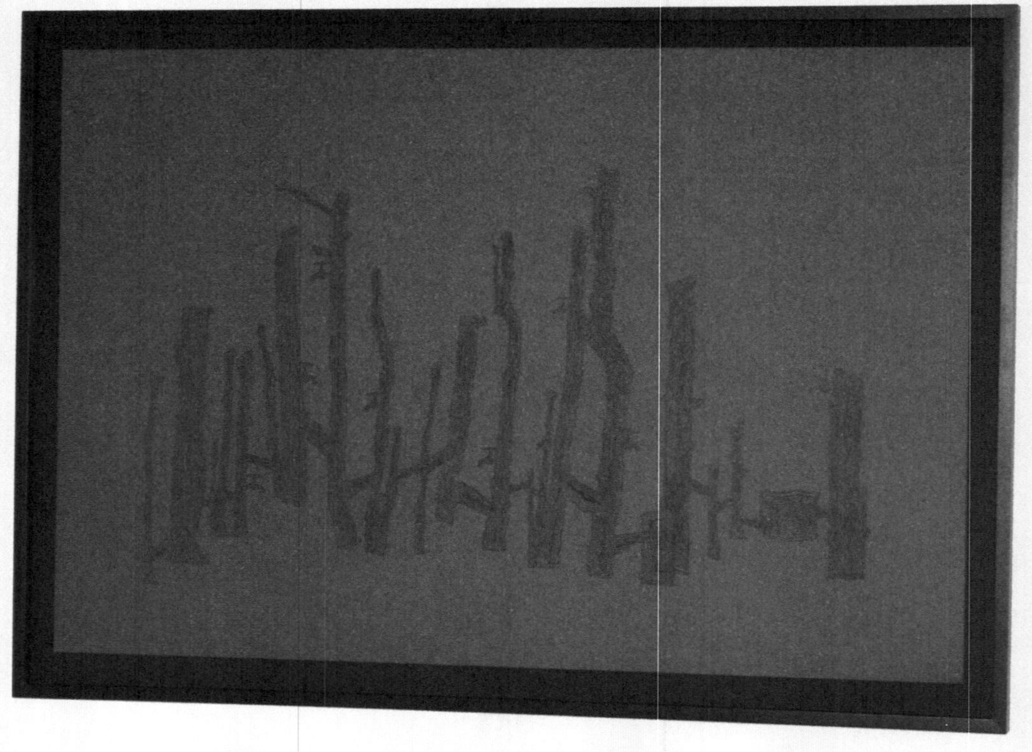

Johanna Unzueta, *Wintergarden / Jardín de invierno*, 2010, felt and thread /
fieltro e hilo

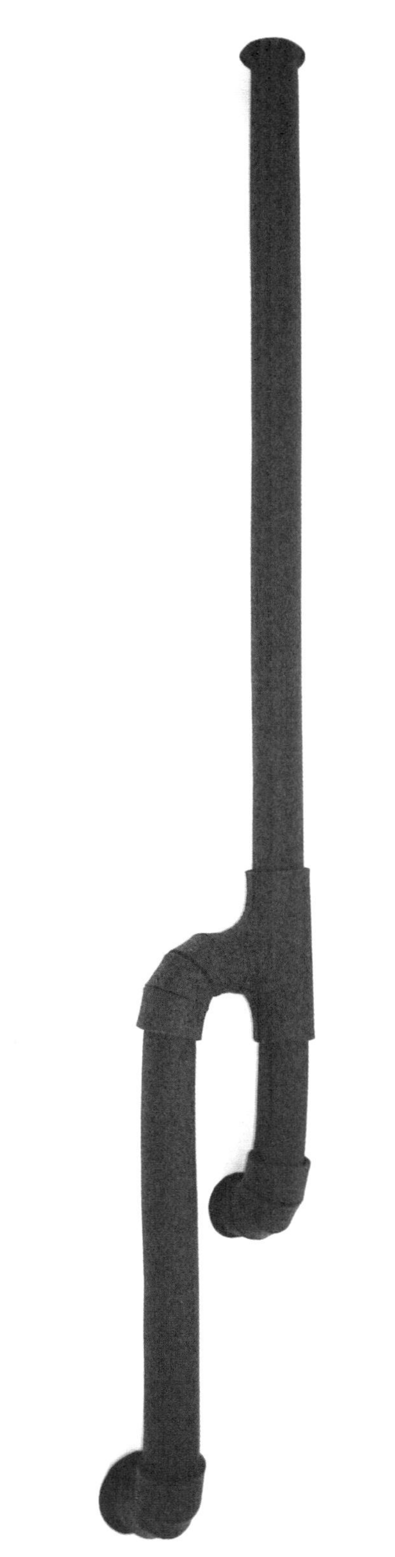

Acknowled-gements

Agrade-cimientos

Artists / Artistas
Adán Vallecillo
ADP – Óscar Gardea Duarte y
Guillermo Ramírez García
Agustín González
Alberto Rodríguez Collía
Ana Roldán
Bruno Baptistelli
Byron Mármol
Carlos Contente
Cat Tuong Nguyen
Clare Goodwin
Daniel Alcalá
Elena Damiani
Engel Leonardo
Estate Rafael Pérez
Felipe Mujica
Fernando Carabajal
Ishmael Randall-Weeks
Jaime Ruiz Otis
Jessica Kairé
Jesús "Bubu" Negrón
Johanna Unzueta
Jorge de León
José Luis Landet
Juan Brenner
Justin Hibbs
Marcela Armas
Mariano Gaich
Mauro Giaconi
Michael Günzburger
Mónica Espinosa
Monica Ursina Jäger
Monika Bravo
Montez Magno
Moris
Naufus Ramírez-Figueroa
Omar Barquet
Omar Rodríguez-Graham
Otto Berchem
Óscar Gardea Duarte

Pablo López Luz
Radamés "Juni" Figueroa
Ricardo Rendón
Stefan Benchoam

**Collaborators & Mentors /
Colaboradores y mentores**
Damian Christinger
Elisio Yamada
Gustavo Arróniz
Henrique Miziara
Julieta González
Linda Christinger
Lisa Blackmore
Muriel Pérez
Nicole Herzog & Brioche
Pablo Faccinetto
Pablo Léon de la Barra
Rolf Zanoni
Stefan von Bartha

Donors / Donantes
Corinne Rohner
Eunice Kuwornu
Ingo Gehrung
Marina Arnold
Martin Kunzi
Melody Gygax
Nicole Herzog
Rolf Zanoni
La Mobiliar

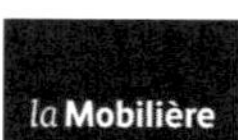

Team / Equipo
Lina María Cárdenas
Patricia Bently

Photo Credits / Créditos fotográficos
Andrea Hinteregger De Mayo
Andreas Zimmermann
Pablo Faccinetto
Ricardo Alcaide
Justin Hibbs
Adán Vallecillo

Art Director / Director de arte
Jürg Aemmer & Shirkaan

Layout / Maquetación
Comando-G

Printing & Binding / Impresión
y encuadernación
Turner

ISBN 978-84-17866-03-7
DL M-17001-2019
Printed in Spain

Distributor / Distribuido por
TURNER
www.turnerlibros.com

Spain / España
Machado Grupo de Distribución
machadolibros@machadolibros.com
www.machadolibros.com

Latin América / Latinoamérica
Océano
info@oceano.com
www.oceano.com

USA / EE UU
DAP
orders@dapinc.com
www.artbook.com

Europe / Europa
ACC
sales@antique-acc.com
www.accdistribution.com/uk

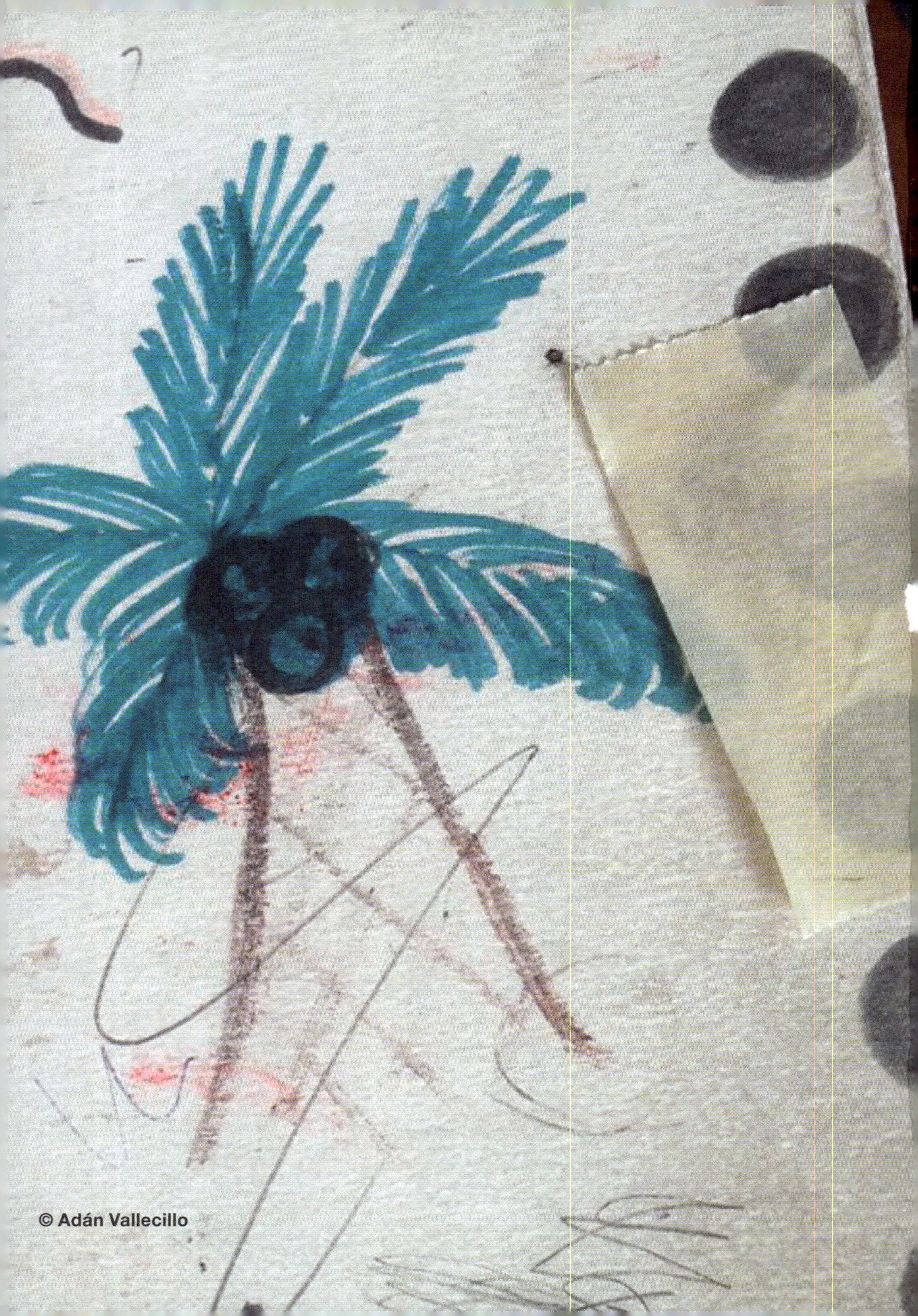

© Adán Vallecillo